Island
Ein mythologischer Führer

Þórólfr gab der Landzunge zwischen dem Vigrafjord und Hofsvágr den Namen Þórsnes, „Thors Landzunge". Auf dieser Landzunge befindet sich ein Berg; für diesen Berg hatte Þórólfr eine so große Verehrung, dass kein Mann ungewaschen seinen Blick dorthin richten sollte und man auf dem Berg nichts und niemanden töten sollte, weder Vieh noch Menschen, außer wenn es selbst wegginge. Diesen Berg nannte er Helgafell, den „heiligen Berg", und glaubte, dass er dorthin gehen würde, wenn er stirbt, und ebenso alle seine Verwandten auf der Halbinsel.

Die *Eyrbyggja saga* über Þórólfr Mostr-Bart, den ersten Landnehmer auf Þórsnes auf der Halbinsel Snæfellsnes, und seinen heiligen Berg Helgafell.

Island
Ein mythologischer Führer

Ein Führer zu Stätten der isländischen
Mythologie, Archäologie und Geschichte

von
Matthias Egeler

Institut für Nordische Philologie
Ludwig-Maximilians-Universität München
in Kommission bei BoD, Norderstedt

2017

Umschlagbild: Im Hochland am Vulkan Askja.

1. Auflage, Februar 2017

Bibliografische Information der Deutschen Nationalbibliothek:
Die Deutsche Nationalbibliothek verzeichnet diese Publikation in
der Deutschen Nationalbibliografie; detaillierte bibliografische Daten
sind im Internet über http://dnb.dnb.de abrufbar.

Dieses Werk ist urheberrechtlich geschützt.
Die dadurch begründeten Rechte, insbesondere die der Übersetzung,
des Nachdrucks, der Entnahme von Abbildungen, der Wiedergabe auf
photomechanischem oder ähnlichem Wege und der Speicherung in
Datenverarbeitungsanlagen bleiben – auch bei nur auszugsweiser
Verwendung – vorbehalten.

Copyright © Matthias Egeler, 2017

ISBN: 9783743162631

Herstellung und Verlag:
BoD – Books on Demand, Norderstedt

Inhaltsverzeichnis

1. Einleitung 9
   Hintergründe 10
   Namensformen und Aussprache 20
   Reisepraktisches 21

2. Eine Reise durch die isländische Mythologie und
   Religionsgeschichte 25
   1. Die Fährpassage nach Island: Von Göttern, Riesen
      und der Midgardschlange 27
   2. Seyðisfjörður: Von Drachenschiffen, Invasoren und
      Landgeistern 35
   3. Hrafnkelsdalur: Von Hrafnkell dem Freyr-Priester .. 40
   4. Drekagil: Von Drachen 48
   5. Ásbyrgi: Von Felswänden, Pferden und dem Gott
      Loki 54
   6. Raufarhöfn: Von einem Steinkreis und einer
      Weltenschau 65
   7. Hraunhafnartangi: Von einer Eisbärenmahlzeit 70
   8. Goðafoss und Bárðardalur: Von Götterbildern und
      Trollen 74
   9. Akureyri: Von Heidentum und Christentum 79
   10. Munkaþverá: Von einem Totschläger und dem Gott
       Freyr 85
   11. Hvanndalur: Vom Land der Unsterblichkeit 90
   12. Þingeyrar: Von den Zweikämpfen eines Skalden ... 97
   13. Vatnsdalur: Von finnischen Sehern und einem
       nordischen Wiedergänger 103
   14. Haukadalur: Von einem Schuh, einem Schiff und
       dem Schnee auf einem Grabhügel 112
   15. Hringsdalur: Von der Jenseitshoffnung toter
       Krieger 116

16. Ásgarður: Von den Wohnstätten der Götter.........122
17. Bjargtangar: Vom fernen Westen........................127
18. Krosshólaborg und Hvammur: Von der zweifachen Bestattung einer Landnehmerin.........131
19. Hjarðarholt: Von Óláfr Pfau und seiner Halle......138
20. Eiríksstaðir: Von klassischen Mythen und zauberkundigen Frauen.........145
21. Flatey: Von einem Buch und der Göttin Freyja....151
22. Þórsnes: Von Hochsitzpfeilern und einem Tempel.........163
23. Helgafell: Von einem heiligen Totenberg............171
24. Fróðá auf der Halbinsel Snæfellsnes: Von einigen berüchtigten „Wundern".........175
25. Reykholt: Von der Snorra-Edda.........182
26. Surtshellir: Von Feuer, Riesen und dem Weltuntergang.........189
27. Borgarnes: Vom Gott der Krieger und Dichter....202
28. Reykjavík: Von Landnahme, Handschriften und Götterstraßen.........217
29. Þingvellir: Von der Volksversammlung des Jahres 999/1000.........221
30. Laugarvatn: Von Warmtäufern.........228
31. Vestmannaeyjar: Von irischen Sklaven, irischen Sagen und nordischen Mythen.........231
32. Stöng und Þjóðveldisbær: Von Mythologie und Architektur.........241
33. Oddi: Von der Lieder-Edda.........249
34. Hlíðarendi: Von toten Helden und offenen Grabhügeln.........254
35. Þórsmörk: Vom Wald des Donnergottes.........263
36. Jökulsá: Von Magiern, Erdrutschen und Gletscherläufen.........270
37. Hörgsland, Hörgslandskot, Hörgsdalur: Von der Religionsgeschichte einiger Ortsnamen.........274

38. Dverghamrar: Von den Bewohnern der
    Lavaklippen 277
39. Hof am Álftafjord: Von Disen, Sehern und dem
    Glaubenswechsel 282
40. Papey: Von irischen Pilgern und der Hoffnung auf
    das Paradies 288

3. Anhänge 295
   1. Einige Ruinenstätten und archäologische Fundplätze
      in Island 297
   2. Museen und Ausstellungen von besonderem
      archäologischem, religionsgeschichtlichem oder
      allgemeinem mediävistischem Interesse 319
   3. Musealisierte Grassodenhöfe und
      Grassodenkirchen 322
   4. Verschiedenes 324

4. Weiterführende Literatur 325
5. Abbildungsnachweise 327
Danksagung 328

Die in diesem Führer behandelten Stätten im Überblick. Die Nummern entsprechen den Nummern der Abschnitte in Kapitel 2:

2. Seyðisfjörður;
3. Hrafnkelsdalur;
4. Drekagil;
5. Ásbyrgi;
6. Raufarhöfn;
7. Hraunhafnartangi;
8. Goðafoss;
9. Akureyri;
10. Munkaþverá;
11. Hvanndalur;
12. Þingeyrar;
13. Vatnsdalur;
14. Haukadalur;
15. Hringsdalur;
16. Ásgarður;
17. Bjargtangar;
18. Krosshólaborg und Hvammur;
19. Hjarðarholt;
20. Eiríksstaðir;
21. Flatey;
22. Þórsnes;
23. Helgafell;
24. Fróðá;
25. Reykholt;
26. Surtshellir;
27. Borgarnes;
28. Reykjavík;
29. Þingvellir;
30. Laugarvatn;
31. Vestmannaeyjar;
32. Stöng und Þjóðveldisbær;
33. Oddi;
34. Hlíðarendi;
35. Þórsmörk;
36. Jökulsá;
37. Hörgsland;
38. Dverghamrar;
39. Hof am Álftafjord;
40. Papey.

In der Karte nicht berücksichtigt ist das Anreisekapitel 1 („Die Fährpassage nach Island").

1. Einleitung

Die Geschichte Islands beginnt mit einer Suche nach dem Paradies. Eine unserer ältesten Quellen zur isländischen Geschichte berichtet, dass es nicht skandinavische Auswanderer der Wikingerzeit waren, die als erste Menschen ihren Fuß auf isländischen Boden setzten, sondern frühmittelalterliche irische Mönche. Solche seefahrende Mönche sind auch aus irischen Quellen gut bekannt: Dort wird immer wieder geschildert, wie sich heilige Männer auf eine Pilgerfahrt in die Weiten des Ozeans begeben, um dort entlegene Inseln zu finden, wo sie das Himmelreich gewinnen können. Dabei wird immer wieder deutlich, dass diese Asketen nicht nur auf der Suche nach einem Ort der Stille und der Meditation waren. Mitunter befanden sie sich buchstäblich auf der Suche nach dem irdischen Paradies, demselben Paradies, das die Bibel als den Wohnort Adams und Evas vor dem Sündenfall beschreibt und das den Heiligen am Ende der Zeit versprochen ist.

Ganz am Anfang der Landnahme in Island steht somit, wenn man den Quellen glauben will, die Sehnsucht nach einem Gelobten Land. Island scheint schon ganz am Beginn seiner menschlichen Besiedlung ein Ort gewesen zu sein, dessen Landschaft nicht nur Fels und Erde und Wasser war, sondern über sich selbst hinausverwies auf jenseitige, anderweltliche Gefilde. Von Menschen wie den irischen Pilgermönchen, aber auch später von den nordischen Landnehmern in Island wurde der isländischen Landschaft immer wieder ein mythischer Sinn eingeschrieben und wurde diese Landschaft mit Erzählungen über übernatürliche Orte und Ereignisse verbunden.

Eine Reise durch Island kann so leicht zu einer Reise in die Mythologie des nordischen Mittelalters werden. Ziel des vorliegenden Führers ist es, den modernen Reisenden ganz in diesem Sinne durch die isländische Landschaft zu begleiten. Dabei wird erläutert, welche der Erzählungen der mittelalterlichen Mythologie Islands direkt oder indirekt mit Orten der isländischen Landschaft verbunden sind, und welche Erzählungen von Göttern und Helden, Zwergen und Riesen,

Wiedergängern und Zauberern damit verknüpft wurden. Eine Reise durch Island führt zudem an vielen der Orte vorbei, an denen die Handschriften verfasst worden sind, in denen die nordische Mythologie überliefert ist. So ist eine Islandreise immer auch eine Reise in die Überlieferungsgeschichte der nordischen Mythenwelt. Anhand von vierzig ausgewählten Orten, die eine Reiseroute einmal rund um Island markieren, soll dieser Führer modernen Reisenden solche Themen erschließen und eine Einführung in die Religionsgeschichte und Mythologie des Nordens geben, von der Wikingerzeit über die Christianisierung Islands bis ins Hochmittelalter.

Hintergründe

Die einzelnen Kapitel des Führers setzen keine Vorkenntnisse zum mittelalterlichen Norden voraus. Einige Rahmendaten sind vielleicht jedoch hilfreich, wenn man sich über das mittelalterliche Island einen Überblick verschaffen will.

Die ersten Siedler in Island sollen der nordischen Überlieferung nach irische Mönche gewesen sein, die sogenannten *papar*. (Ausführlich werden diese *papar* im Kapitel zu →Papey vorgestellt.) Wenn man der literarischen Überlieferung Glauben schenken darf, gelangten diese irischen Asketen bereits im 8. Jahrhundert nach Island, gaben die Insel mit dem Beginn der skandinavischen Landnahme jedoch wieder auf. Archäologische Beweise für diese frühe irische Präsenz in Island fehlen allerdings bislang.

Die Landnahme skandinavischer Siedler in Island begann den mittelalterlichen Schriftquellen zufolge etwa um das Jahr 870 n. Chr.; diese Landnahme ist die Landnahme der „Wikinger". Dabei ist freilich zu bedenken, dass „Wikinger" strenggenommen kein Volk sind, sondern nordische Seeräuber, die ihren nordischen Zeitgenossen mitunter ebenso viel Kopfzerbrechen bereiteten wie dem Rest Europas, das sie auf ihren Plünderzügen heimsuchten. Die isländischen Landnehmer waren im Grunde vor allem skandinavische Großbauern, die sich in Island als Fischer und Bauern ein neues Leben aufbauen wollten. Dies heißt freilich nicht, dass sich unter den Islandsiedlern nicht auch manch einer befunden hätte, der tatsächlich im eigentlichen Sinne ein „Wikinger" war oder eine lange und blutige Karriere als Wikinger hinter sich hatte. Und noch weniger heißt dies, dass die frühen isländischen Siedler immer die friedliebendsten und umgänglichsten Zeitgenossen gewesen wären. Die mittelalterlichen Isländersagas sind zwar Erzählungen über die Geschichte großer Bauerngeschlechter, aber sie sind nichtsdestoweniger voll von blutigen Fehden. Wer nach Island auswanderte, tat dies nicht zuletzt, um im neuen Land sein eigener Herr zu sein. Der frühe isländische Staat hatte keine institutionalisierte Zentralgewalt; wer sein (gefühltes oder wirkliches) Recht durchsetzen wollte, der konnte dies nur tun, wenn er und seine Verbündeten selbst genug Macht besaßen, um sich mit Gewalt Recht verschaffen zu können. So konnten Konflikte zwischen den letztlich unabhängigen Familien schnell und drastisch eskalieren.

Ganz ohne staatliche Strukturen kam aber auch Island nicht lange aus. Bald nach der Landnahme – den mittelalterlichen Quellen zufolge im Jahre 930 – wurde eine gesamtisländische Volksversammlung geschaffen, die einmal jährlich in →Þingvellir im isländischen Südwesten tagte. Hier wurde jedes Jahr ein Drittel der isländischen Gesetze vorgetragen, so dass innerhalb von drei Jahren in Þingvellir das ganze Korpus der gültigen Gesetze einmal rezitiert wurde. Dies war die Aufgabe des „Gesetzessprechers", der damit das wichtigste Amt des isländischen Freistaats innehatte. Ferner wurden in Þingvellir Rechtsstreitigkeiten entschieden, die sich auf lokaler Ebene nicht lösen ließen. Dass in Þingvellir rechtsverbindliche Urteile gefällt werden konnten, heißt aber nicht, dass es auch zur Ausbildung einer Exekutive kam: Selbst wenn man in Þingvellir vor Gericht Recht behielt, blieb es einem doch weiterhin selbst überlassen, das gefällte Urteil auch zu vollstrecken. Unter der allgemeinen Volksversammlung in Þingvellir standen institutionell die vier Viertelthinge, Versammlungen für die vier „Viertel" Islands; und darunter wiederum standen dreizehn lokale Versammlungen. Zentrale Personen innerhalb dieses Systems waren die sogenannten „Goden" (altnordisch *goði*), die Funktionen als lokale Anführer erfüllten und deren Amt in der einen oder anderen Weise ursprünglich wohl mit einer Rolle als Priester im heidnischen Kult verbunden war. Diese ursprüngliche priesterliche Funktion ist in den erhaltenen Quellen jedoch kaum noch konkret fassbar. In der mittelalterlichen Literatur, wie sie uns heute vorliegt, handeln die Goden vor allem als Häuptlinge und als eine weltliche Führungsschicht.

Einen zentralen Wendepunkt in der Religionsgeschichte Islands stellte die Volksversammlung dar, die im Jahre 999/1000 in Þingvellir abgehalten wurde: Auf dieser Volksversammlung wurde der Übertritt der gesamten Insel zum Christentum beschlossen. (Diese Ereignisse werden unten ausführlich unter →Þingvellir erzählt.) Diesem Beschluss folgten Massentaufen (→Laugarvatn) und der Aufbau einer kirchlichen Machtstruktur. Im Jahr 1056 wurde in Skálholt, nicht weit von Þingvellir entfernt, Islands erster Bischofssitz gegründet. Im Jahr 1106 wurde dem südisländischen Bischofssitz in Skálholt ein eigenes Bistum für Nordisland gegenübergestellt, dessen Bischof seinen Sitz in Hólar hatte. Diese Struktur, wonach Island zwei Bistümer besaß, blieb für viele Jahrhunderte erhalten; erst in den Jahren um 1800 trat ein einziges (nun evangelisch-lutherisches) Bistum in Reykjavík an die Stelle der beiden Bistümer von Hólar und Skálholt. Heute sind beide Orte Sitz von Weihbischöfen.

Teil der Etablierung kirchlicher Strukturen in Island war auch die Gründung einer Vielzahl von Klöstern. Die isländischen Klöster waren ein wichtiger Ort für die Abfassung mittelalterlicher Handschriften; damit spielten sie für die Kultur- und Literaturgeschichte Islands eine ganz zentrale Rolle. Wie auch in anderen protestantischen Ländern, kam das Klosterwesen jedoch auch in Island mit der Reformation um 1550 zu einem abrupten Ende. Die Reste isländischer Klöster sind an verschiedenen Orten archäologisch untersucht worden. Solche Ausgrabungen lassen sich heute etwa noch auf der Insel Viðey bei Reykjavík und vor allem im ostisländischen Skriðuklaustur besichtigen.

Die Niederschrift von Sagas im Kloster: Bleiglasfenster in der Stadtkirche von Akureyri.

Die große Zeit der isländischen Prosaliteratur, als die meisten der berühmten isländischen Sagas verfasst wurden, waren das 13. und 14. Jahrhundert – eben die Zeit, als Island sich dem Herrschaftsanspruch des norwegischen Königs unterwarf und damit seine Selbständigkeit verlor (1262). Die hochmittelalterlichen Sagas kommen trotz dieser späten Entstehungszeit immer wieder auch auf die Vorstellungswelt des isländischen Heidentums vor der Konversion zum Christentum zu sprechen. Neben den Isländersagas, wie der „Saga von Njáll", der „Saga von Egill Skallagrímsson" oder der „Saga von Grettir", wurde in dieser Zeit zudem auch eine

Vielzahl anderer Werke verfasst oder zumindest niedergeschrieben, die für unsere Kenntnis der nordischen Mythologie von zentraler Bedeutung sind; hier sind vor allem viele der Lieder der sogenannten Lieder-Edda (→Oddi) und die Werke des Historikers Snorri Sturluson zu nennen (geb. 1178/79, gest. 23.9.1241; →Reykholt). Alle diese Werke stammen erst aus dem Hochmittelalter, und auch wenn sie oft deutlich älteres Material verarbeiten, schafft ihre späte Niederschrift doch einige Probleme für ihre Verwendung als Zeugnisse für die Mythologie und Glaubenswelt der Wikingerzeit. Gerade auf diese Problematik wird bei den einzelnen Orten wiederholt zurückzukommen sein (besonders →Krosshólaborg).

Was nun die mythischen Erzählungen selbst betrifft, so stehen zwei Götterfamilien im Zentrum der nordischen Mythologie: die Asen und die Wanen. In der Urzeit führten diese beiden Götterfamilien einen Krieg gegeneinander, am Ende versöhnten sie sich jedoch und schlossen einen Bund, der durch den Austausch von Geiseln und Heiratsbande zwischen den zwei Familien besiegelt wurde. Seitdem leben sie gemeinsam in Asgard, dem Land der Götter.

Unter den Asen ist als erster der Gott Odin zu nennen; in der nordischen Mythologie des Mittelalters ist er der Göttervater, Götterkönig, Kriegsgott und Gott der Dichter. Seine Wohnung ist die Halle Walhall, in der er die toten Helden empfängt. Dort sitzt er auf seinem Thron, flankiert von zwei Wölfen und den zwei Raben Huginn und Muninn; diese Raben fliegen jeden Tag in die Welt hinaus und bringen ihm Kunde von allem, was sich ereignet. Sein Speer Gungnir verfehlt nie sein Ziel, und sein achtbeiniges Ross Sleipnir kann schnell wie der Wind in jedes Land laufen, sogar ins Land der Toten. (→Borgarnes; Ásbyrgi; Hringsdalur; u.ö.)

Thor ist ein Sohn Odins und der gewaltigste Kämpfer unter den Asen. Er ist der Donnergott, der regelmäßig zu Kriegszügen gegen die Riesen auszieht, gegen die er die Welt der Götter mit seinem Hammer Mjöllnir verteidigt. Er fährt auf einem Streitwagen dahin, der von zwei Ziegenböcken gezogen wird, gebietet über Sturm und Regen und steht den

Männern bei, die zur See fahren. Thor scheint einer der Lieblingsgötter der isländischen Landnehmer gewesen zu sein. Viele von ihnen trugen einen Namen, der mit dem Namen des Gottes gebildet war (hierher gehören die vielen Namen, die mit Þor- oder Þór- beginnen), und vielfach ließen skandinavische Landnehmer den Gott Thor durch ein Orakel darüber entscheiden, wo sie sich in der neuen Heimat niederlassen sollten. (→Fährpassage; Ásbyrgi; Raufarhöfn; Akureyri; u.ö.)

Balder ist ein weiterer Sohn Odins. Er ist besonders schön und seine Richtsprüche sind besonders weise, aber in der Mythologie spielt er fast nur dadurch eine Rolle, dass er auf Anstiften Lokis hin ermordet wird. Dieser Mord innerhalb der Gemeinschaft der Götter ist eine unermessliche Tragödie, die auf den Weltuntergang hinführt. (→Ásbyrgi; Krosshólaborg; Surtshellir.)

Loki ist die ambivalenteste Gestalt unter den Asen: Er ist einerseits ein kluger Ratgeber, der in vielen brenzligen Situationen die rettende Lösung findet. Andererseits ist er jedoch auch ein boshafter Schelm, dessen Scherze ihren Opfern nicht immer unterhaltsam scheinen, und mitunter ist er sogar ein geradezu bösartiger Ränkeschmied. Im Lauf der Zeit wird die Kluft zwischen ihm und den anderen Göttern immer größer, und wenn einst das Weltende kommt, steht er nicht mehr auf Seiten der Asen und Wanen, sondern auf der Seite der Riesen, die die Welt vernichten werden. (→Ásbyrgi; Surtshellir.)

Tyr ist ein Ase, der in der erhaltenen Mythologie weitgehend in den Hintergrund tritt. Er spielt eine wichtige Rolle vor allem im Mythos von der Fesselung des Fenriswolfs, eines Ungeheuers, das eine zentrale und ungemein zerstörerische Rolle beim Weltuntergang spielt. Ansonsten tritt er jedoch kaum handelnd auf. (→Fährpassage; Surtshellir.)

Heimdall ist ein rätselhafter Gott, von dem nur wenige Mythen überliefert sind, und diese nur ganz fragmentarisch. Seine wichtigste Rolle im Gefüge der nordischen Mythologie scheint darin zu bestehen, dass er den Zugang nach Asgard bewacht, damit die Riesen die Götter nicht überraschen können. (→Ásgarður; Hjarðarholt; Surtshellir; Þórsmörk.)

Weitere Asen, die sich noch nennen ließen, wären Hœnir (der bei der Schöpfung der Menschen eine wichtige Rolle spielt), Bragi (ein Gott der Dichtkunst und wohl selbst ein vergöttlichter Dichter), Ullr (berühmt für seine Fähigkeiten beim Schlittschuhlauf und im Gebrauch von Skiern), Höðr (der unabsichtlich den Gott Balder tötet), Víðarr, Váli und Forseti. Was uns an nordischen Mythen aus Island überliefert ist, verrät uns leider jedoch vergleichsweise wenig über diese Götter.

Unter den Asinnen treten in der Mythologie vor allem drei hervor. Frigg ist die Götterkönigin, die Gemahlin Odins (→Ásbyrgi; Borgarnes), Idun behütet die goldenen Äpfel, deren Genuss den Göttern ihre Unsterblichkeit schenkt (→Ásbyrgi), und Sif ist die Gattin Thors, die zum Opfer eines der folgenreicheren Streiche Lokis wird (→Ásbyrgi). Viele andere Asinnen werden in den mythologischen Texten noch genannt, doch sind über sie kaum Mythen überliefert; selbst über die drei genannten Asinnen erfahren wir deutlich weniger, als wir das gerne hätten.

Wiederholt wirklich im Zentrum der Aufmerksamkeit steht in der nordischen Mythologie vor allem eine Göttin: die Wanin Freyja. Freyja erscheint als überaus schön und begehrenswert. Immer wieder werfen einzelne Riesen ein Auge auf sie und führen damit zu mehr oder weniger bedrohlichen Verwicklungen; für die fraglichen Riesen nehmen diese Verwicklungen aber immer ein böses Ende. Freyja ist dabei nicht nur selbst begehrenswert, sondern auch eine Göttin, die gerade über Liebesangelegenheiten gebietet und gut in Liebesfragen anzurufen ist. Und zugleich hat sie noch eine ganz andere, blutige Seite: Sie ist die Herrin einer Halle, in der die Hälfte der Gefallenen nach ihrem Tod wohnen, und sie reitet zur Schlacht aus, um sich diese ihre Hälfte unter den Toten zu wählen. (→Ásbyrgi; Eiríksstaðir; Hjarðarholt; Flatey; u.ö.)

Freyjas Bruder ist der Gott Freyr. Über sein Kultbild im schwedischen Uppsala überliefert ein mittelalterlicher Historiker, dass es ihn *cum ingenti priapo* dargestellt habe: „mit einem gewaltigen Phallus". Freyr ist ein Gott der Fruchtbarkeit, der Frieden und Wohlstand und die Früchte der Erde schenkt, und mehrfach wird über isländische Landnehmer berichtet, dass sie gerade zu Freyr ein besonders enges Verhältnis hatten. (→Hrafnkelsdalur; Munkaþverá; Haukadalur; Ásgarður; Flatey.)

Der Vater von Freyja und Freyr ist der Gott Njörd, auch er ein Wane. Njörd ist ein Gott des Meeres, der den Wind und die See beherrscht. Den Fischern schenkt er einen reichen Fang, und wer ihn darum anruft, der erhält von ihm zudem reiche Ländereien und bewegliches Gut. Ebenso wie die anderen Wanen, ist auch Njörd ein Gott des Wohlstands und des Reichtums. (→Fährpassage; Ásgarður; Flatey.)

Neben diesen Göttern kennt die nordische Mythologie noch ein reiches und buntes Spektrum weiterer Akteure: Alben und Zwerge, Drachen und Riesen, Zauberer und Untote geben sich in den mythologischen Texten ein Stelldichein. Der Kosmos als ganzer wird dabei dreiteilig gedacht: Er besteht aus Midgard (der Welt der Menschen), Asgard (der Welt der Götter) und Utgard (der Welt der Riesen und Ungeheuer). Verbunden sind diese drei Welten durch den Weltbaum Yggdrasill. Yggdrasill bildet gewissermaßen die Weltachse, an der diese verschiedenen Welten angeordnet sind und die diese Welten zusammenhält. Eine Quelle sagt, dass unter einer der drei Wurzeln des Weltbaum die Menschenwelt liegt, unter einer zweiten das Land der Riesen und unter der dritten das Totenreich. Nach einem anderen Text erstrecken sich die drei Wurzeln zu den Göttern, zu den Riesen und zur Unterwelt, während die Zweige Yggdrasils über die ganze Welt ausgreifen und sogar noch über den Himmel hinausragen. Bei derjenigen Wurzel, die ins Land der Götter reicht, entspringt eine heilige Quelle, an der die Götter ihre Versammlungsstätte haben.

Viele der mythologischen Vorstellungen, die in die isländische Literatur des Mittelalters Eingang gefunden haben, dürften die isländischen Landnehmer aus ihrer alten Heimat in Skandinavien mitgebracht haben. Vieles hat aber auch auffallend isländisches Lokalkolorit. Wenn etwa die Menschen am Anfang der Welt gerade aus Treibholz geschaffen werden, dann dürfte dies eine Vorstellung sein, die sich in dieser Form erst in Island herausgebildet hat: Treibholz aus Sibirien, das an den isländischen Küsten in großen Mengen angeschwemmt wird, war im waldarmen Island eine der wichtigsten Quellen von Baumaterial; im waldreichen Skandinavien spielt es hingegen keine nennenswerte Rolle (→Raufarhöfn). Erst für einen Isländer konnte sich dieses Material als ein Stoff von solcher Bedeutung darstellen, dass es sogar zum Grundmaterial für die Schöpfung des Menschen wurde. Ähnlich ist die Entstehung von Erdbeben aus den Schmerzenswindungen des gefolterten Gottes Loki eine Vorstellung, die eher im erdbebengeplagten Island entstanden sein wird als im tektonisch deutlich ruhigeren Skandinavien (→Ásbyrgi). Und auch die lange Wanderzeit, die der Besiedlung Islands oft vorausging, hat ihre Spuren in der isländischen Mythologie hinterlassen. Viele Landnehmer kamen nicht auf direktem Wege von Skandinavien nach Island, sondern machten auf den Britischen Inseln Zwischenstation – manchmal für viele Jahre oder gar mehr als eine Generation. So gelangte auch manch ein mythisches Motiv aus Irland und Großbritannien nach Island (→Vestmannaeyjar; Bjargtangar). Wer auf den Spuren der isländischen Mythologie des Mittelalters durch Island reist, sollte sich also immer dessen bewusst bleiben, dass die Mythologie Islands etwas spezifisch Isländisches ist. Sie ist nicht eine allgemeine Mythologie der Wikingerzeit, sondern eben eine isländische Mythologie.

Die isländische Chronologie im Überblick

8. Jahrhundert(?)
Entdeckung Islands durch irische Eremiten
(archäologisch nicht bewiesen)

um 870
Beginn der Landnahme durch skandinavische Siedler

930
Gründung des Althings, der Volksversammlung in Þingvellir;
Beginn des isländischen Freistaats als (loser) Institution

999/1000
Konversion Islands zum Christentum

1056
Gründung des ersten isländischen Bistums in Skálholt (Südisland)

1106
Gründung eines eigenen Bistums Nordisland mit Bischofssitz in Hólar

1178/79 – 23. Sept. 1241
Snorri Sturluson

1262
Ende der isländischen Unabhängigkeit

um 1550
Reformation

Namensformen und Aussprache

Wo für Gestalten der nordischen Mythologie etablierte deutsche Namensformen existieren, wurden im Folgenden grundsätzlich diese deutschen Formen verwendet. Also: Odin, *nicht* Óðinn; Thor, *nicht* Þórr; Heimdall, *nicht* Heimdallr; etc. Für weniger bekannte Gestalten und menschliche Personen wurde die altnordische Form als solche belassen. Also etwa: Eiríkr, *nicht* Erik; Óláfr, *nicht* Olaf. Bei der Bildung des Genitivs solcher Namen wurde im Deutschen berücksichtigt, dass die altnordische Nominativendung außerhalb des Nominativs wegfällt; also z.B.: „Eiríkr hatte eine Halle in Eiríksstaðir", aber: „Eiríks Halle stand in Eiríksstaðir".

Bei den Namen von Fjorden wurde das Hinterglied *fjörður* („Fjord") durchgehend eingedeutscht; also etwa Þistilfjord, *nicht* Þistilfjörður. Dies wurde aber in den Fällen nicht getan, wo sich die Bezeichnung nicht auf den Fjord, sondern auf eine gleichnamige Siedlung bezieht. Ich spreche also z.B. von der Siedlung Seyðisfjörður, aber vom Fjord Seyðisfjord.

Bei geographischen Namen stellt sich oft die Frage, ob es sinnvoller ist, die mittelalterlichen Namensformen zu verwenden oder die modernen isländischen Namen. Eine wirklich konsequente Lösung gibt es für diese Frage nicht, und im vorliegenden Führer werden je nach Kontext bald mittelalterliche und bald moderne Namensformen verwendet, ganz abhängig davon, was im jeweiligen Zusammenhang sinnvoller schien. Ohnehin beschränken sich die Unterschiede meist auf Details der Orthographie. Am markantesten ist dabei die unterschiedliche Schreibung von Endungen auf -*r*: Wo im Altnordischen am Wortende ein einfaches -*r* erscheint, wird im Neuisländischen -*ur* geschrieben, also altnordisch *fjörðr* („Fjord"), aber neuisländisch *fjörður*; altnordisch *dalr* („Tal"), aber neuisländisch *dalur*.

Die wichtigsten Sonderzeichen des isländischen Alphabets sind Þ/þ (entsprechend einem englischen stimmlosen th) und ð (entsprechend einem englischen stimmhaften th). Altnordisch æ und œ entsprechen im Deutschen in etwa einem langen ä bzw. ö. Ein Akzent auf Vokalen (á, ó, ú, ý) bezeichnet im Altnordischen keine Betonung, sondern kennzeichnet einen Vokal als lang. Die Betonung liegt stets auf der ersten Silbe.

Reisepraktisches
Wer Island flächendeckend bereisen will, braucht ein eigenes Fahrzeug. Eine Möglichkeit, dieses Problem zu lösen, bieten die vielen Autoverleihfirmen im Land. Deren Preise sind jedoch durchgehend horrend, so dass es bei einem längeren Islandaufenthalt durchaus der Überlegung wert ist, mit der Autofähre anzureisen und das eigene Fahrzeug von daheim mitzubringen. Derzeit gibt es nur eine Fähre, die zwischen Island und dem europäischen Kontinent verkehrt: die M/S Norröna der Reederei Smyril Line (www.smyrilline.de). Die M/S Norröna pendelt zwischen dem dänischen Hafen Hirtshals, Tórshavn auf den Färöern und dem Hafen Seyðisfjörður in Ostisland. Der vorliegende Führer ist daher so angeordnet, dass er zunächst mit der Fährpassage nach Island beginnt (in deren Rahmen die Mythologie des Meeres behandelt wird, das Island umgibt) und nach der Ankunft an Land eine Rundreise durch Island vorschlägt, die von Seyðisfjörður ihren Ausgang nimmt und einmal gegen den Uhrzeigersinn rings um die Insel herumführt. Wer Island auf einem anderen Weg (und das heißt: über den Flughafen Keflavík bei Reykjavík) erreicht oder wer auf einer anderen Route reisen will, muss sich hiervon jedoch nicht abschrecken lassen. Die einzelnen Kapitel des Reiseführers können grundsätzlich in beliebiger Reihenfolge und beliebiger Auswahl gelesen werden.

Zur Orientierung in Island ist eine gute Straßenkarte unerlässlich; ein Satellitennavigationssystem ist in Anbetracht des vergleichsweise einfach gestrickten Straßennetzes hingegen entbehrlich. Eine der besten und praktischsten Islandkarten für den Autofahrer ist der Straßenatlas *Ísland vegaatlas* im Maßstab 1:200.000, herausgegeben von Ferðakort und in Island weithin erhältlich (z.B. im Fährterminal in Seyðisfjörður). Um das Auffinden der im Führer beschriebenen Orte zu erleichtern, wird für jeden Ort angegeben, wo er in diesem Straßenatlas zu finden ist. Diese Angaben folgen

In Island unterwegs: Wegmarkierungen aus der Zeit vor dem Bau der modernen Ringstraße. Die heutige, mittlerweile weitgehend asphaltierte Ringstraße ist links im Bild zu sehen.

dabei dem Muster [Seitenzahl im Atlas] [Buchstabe des horizontalen Planquadrats][Nummer des vertikalen Planquadrats]. Für das Beispiel Reykjavík wird somit etwa angegeben „1 J11". Zugrunde liegt diesen Angaben die 3. Auflage des Straßenatlasses von 2013. Zusätzlich werden knappe konventionelle Wegbeschreibungen gegeben.

Fast alle der im vorliegenden Führer behandelten Stätten sind mit einem normalen Straßenauto erreichbar. (Dies heißt freilich nicht, dass die Straßen immer im besten Zustand wären. Davon kann man in Island grundsätzlich nicht ausgehen, auch wenn das isländische Straßennetz mittlerweile deutlich besser ist als sein Ruf.) Da Island als Reiseland viele Besucher jedoch gerade durch das Hochland mit seinen berühmt-berüchtigten Pisten anzieht, wurden auch zwei Orte aufgenommen, die nur mit einem Geländewagen (oder alternativ: einem organisierten Ausflug) erreichbar sind: Drekagil im Kraterrand der Askja (Nr. 4) und Þórsmörk (Nr. 35). Zur Höhle Surtshellir (Nr. 26) gelangt man am einfachsten mit einem Geländewagen, aber vom letzten „straßenautotauglichen" Parkplatz aus lässt sich der letzte Streckenabschnitt auch noch zu Fuß bewältigen. Das Tal Hvanndalur (Nr. 11) ist nicht ans Straßennetz angeschlossen und nur zu Fuß im

Rahmen einer langen Wanderung zu erreichen; idealerweise sollte man dafür zwei Tage einplanen.

Unterwegs auf Nebenstraßen: im Nebel auf der Halbinsel Langanes.

2. Eine Reise durch die isländische Mythologie und Religionsgeschichte

1. Die Fährpassage nach Island: Von Göttern, Riesen und der Midgardschlange*

Zwei Tage und zwei Nächte auf See dauert es heute, um mit der mehr als 160 Meter langen Fähre M/S Norröna – der einzigen Island-Fähre – vom dänischen Hafen Hirtshals über die Färöer bis nach Island zu gelangen. Und schon während dieser zwei Tage in der Weite des Nordatlantiks bewegt man sich als Reisender durch ein Terrain, das mythologisch aufgeladen ist.

Ähnlich wie die griechische Mythologie, verbindet auch die Mythologie des Nordens mit der hohen See eine Vielzahl von göttlichen und dämonischen Figuren. Eine der wichtigsten Quellen zur nordischen Mythologie ist das Werk des Historikers und Mythographen Snorri Sturluson (geb. 1178/9, gest. 1241; →Reykholt). Ihm zufolge wurde die Rolle eines Meeresgottes im vorchristlichen Norden vom Gott Njörd übernommen. In Snorris Edda wird Njörd in folgender Weise charakterisiert:

Er wohnt im Himmel an dem Ort, der Nóatún („Schiffsplatz") heißt. Er herrscht über die Bewegung des Winds und lenkt die See und das Feuer. Ihn soll man bei der Seefahrt und beim Fischfang anrufen. Er ist so reich und wohlhabend, dass er dem, der ihn darum anruft, Reichtum an Ländereien oder beweglichem Gut geben kann. Njörd gehört nicht zur Familie der Asen. Er wurde in Vanaheimar großgezogen, dem Land der Wanen, aber die Wanen gaben ihn als Geisel zu den Göttern, und im Gegenzug erhielten die Wanen von den Asen denjenigen als Geisel, der Hœnir heißt. Er wurde zum Unterpfand für den Frieden zwischen Göttern und Wanen.

Njörd erscheint hier als eine wohlwollende, freigebige Gottheit. Er ist allerdings kein Ase, sondern ein Wane. Die Mythologie des mittelalterlichen Nordens unterscheidet zwei

---

* Auf hoher See zwischen Hirtshals (Dänemark) und Seyðisfjörður (Island); Tórshavn auf den Färöern.

Unterwegs nach Island: Durchfahrt durch die Färöer.

Familien der Götter, die Asen einerseits und die Wanen andererseits. Diese beiden Familien gerieten in Urzeiten in Streit miteinander, aber der folgende Krieg zwischen ihnen wurde schließlich beendet und der neugewonnene Frieden durch einen Austausch von Geiseln besiegelt – wobei die jeweiligen „Geiseln" auf beiden Seiten fast vollständig in ihr neues Umfeld integriert wurden. Die Wanen sind dabei durchgehend eng mit Vorstellungen von Wohlstand, Reichtum und Prosperität assoziiert. Im Fall Njörds besteht der Reichtum, den diese Götter spenden, nicht zuletzt auch in den Gaben des Meeres. Deshalb soll man ihn um Erfolg beim Fischfang bitten.

Snorri zufolge führte Njörd eine wenig erfolgreiche Ehe mit der Riesin Skaði. Ein Mythos erzählt, wie es zu dieser Ehe kam: Skaðis Vater, der Riese Þjazi, unternimmt einen Versuch, die Göttin Idun zu entführen und den Göttern die Äpfel Iduns zu rauben. Diese Äpfel schenken den Göttern ihre ewige Jugend, und so wird Þjazi von den Göttern für dieses Verbrechen erschlagen (→Ásbyrgi). Skaði zieht daraufhin aus, um ihren Vater zu rächen. Um weitere Feindseligkeiten zwischen Göttern und Riesen zu verhindern, vereinbaren die Götter einen Ausgleich mit Skaði. Dieser Friedensschluss sieht u.a. vor, dass sie sich unter den Göttern einen Mann wählen darf – die einzige Bedingung ist, dass sie ihre Wahl nach den Füßen der Götter treffen muss und sonst von ihnen nichts sehen darf. Skaði wählt nun das schönste

Paar Füße in der Annahme, dass diese Füße zum Gott Balder gehören werden. Es stellt sich jedoch heraus, dass es sich um Njörds Füße handelt. Skaði und Njörd heiraten zwar, doch wird bald deutlich, dass die beiden Eheleute wenig haben, was sie miteinander verbindet: Skaði ist ein Geschöpf der Berge, eine Skifahrerin, Bogenschützin und Jägerin, die die Wildnis des Gebirges liebt und „Skigöttin" genannt wird. Njörd hingegen liebt die See, die Seevögel und die Küste. Als es an die Wahl einer gemeinsamen Wohnstatt geht, vereinbaren die beiden einen Kompromiss, wonach sie jeweils neun Nächte an der Küste und neun Nächte in den Bergen verbringen sollen. Hiermit ist jedoch keiner recht glücklich: Njörd hasst das Heulen der Wölfe, und Skaði kann beim Geschrei der Seevögel nicht schlafen. So kehrt Skaði bald in ihre Bergheimat zurück.

Über die Geschichte von seiner unglücklichen Ehe mit Skaði hinaus sind kaum Mythen über Njörd im Detail überliefert. Dennoch scheint er im Kult eine wichtige Gottheit gewesen zu sein: In Norwegen und Schweden ist eine große Zahl von Ortsnamen bezeugt, die auf lokale Kulte Njörds hindeuten, wie etwa *Njarðarlög*, „Njörds Bezirk, Njörds Kultplatz", ein historischer Name für eine Insel in der Nähe von Bergen.

*
* *

Auf etwa halber Strecke zwischen Dänemark und Island legt die M/S Norröna auf den Färöern eine Zwischenstation ein; dort läuft sie den Hafen der färöischen Hauptstadt Tórshavn an. Auch beim Namen dieser Stadt handelt es sich um einen Ortsnamen, der – wie Njarðarlög – mit einem Götternamen gebildet ist: Tórshavn bedeutet nichts anderes als „Thors Hafen". Thor ist einer der prominentesten Götter der nordischen Mythologie; sein wichtigstes Attribut ist der Hammer Mjöllnir. Das Stadtwappen von Tórshavn erinnert noch heute an den vorchristlichen Ursprung der Stadt und an ihre Verbindung mit dem Gott Thor: Es zeigt eine Hand, die einen Hammer hält, über einer Wasserfläche. Damit setzt es

Tórshavn („Thors Hafen"): die Hauptstadt der Färöer.

die beiden Elemente des Stadtnamens direkt ins Bild um: den Gott mit seinem Hammer und den Hafen.

Der hochmittelalterliche Mythograph Snorri klassifizierte Njörd als den Gott der Seefahrt. Damit ordnete er sein Material in einem gewissen Umfang jedoch seinem eigenen Ordnungswillen unter; denn in der Wirklichkeit des religiösen Lebens hatte Njörd auf diesen Bereich der Welt kein Monopol. Dies zeigt sich schon in der Benennung des heute wichtigsten färöischen Hafens nach dem Gott Thor, und noch konkreter fassbar wird es in einer Notiz, die sich in der *Landnámabók* findet, dem „Landnahmebuch". Das Landnahmebuch stellt ein außergewöhnliches historisches Dokument dar, in dem die erste Besiedlung Islands detailliert beschrieben wird; es enthält Notizen über buchstäblich Hunderte von Siedlern, ihre Siedlungsplätze und verschiedenste mit ihnen verbundene Anekdoten. Dabei ist das Landnahmebuch jedoch kein literarischer Monolith, sondern in verschiedenen Fassungen erhalten, die im 13. Jahrhundert einsetzten und bis in die frühe Neuzeit reichen. Die älteste erhaltene Fassung dieses Texts berichtet über einen gewissen „Helgi den Mageren", dass dieser im christlichen Irland erzogen worden war und – wohl infolgedessen – „im Glauben sehr gemischt war; er glaubte an Christus, aber bei der Seefahrt und bei gefährlichen Unternehmungen rief er Thor an". Im Fall Helgis war der Gott seines Vertrauens in Seefahrtsfragen somit nicht Njörd, wie Snorris Systematisierung dies vermuten lassen könnte, sondern der weithin beliebte Thor.

Mit der See verbunden ist Thor auch im Mythos von seinem Fischzug gegen die Midgardschlange. Die Midgardschlange ist ein urzeitliches Ungeheuer, das in der Tiefe des Meeres liegt. Ihrer Abstammung nach ist sie halb göttlicher und halb riesischer Natur, da sie die Tochter des Gottes Loki (→Ásbyrgi) und einer Riesin ist. Nachdem sie geboren worden war, erfuhren die Götter durch Prophezeiungen, dass großes Unheil von ihr ausgehen würde. Da warf der Allvater Odin sie in den Ozean, der die Welt umgürtet, und dort wuchs die Midgardschlange zu solcher Größe heran, dass ihre Windungen um die ganze Welt herumreichen und sie sich in den Schwanz beißt.

Der Mythos von Thors Fischzug ist in der schriftlichen Überlieferung in (geringfügig) verschiedenen Varianten bezeugt; daneben existieren ferner noch mehrere Bilddenkmäler, auf denen die zentrale Szene dieses Mythos dargestellt ist. Die ungewöhnlich große Zahl von Belegen dürfte darauf hindeuten, dass es sich hier um einen Mythos gehandelt hat, dem in der vorchristlichen Zeit eine besondere Bedeutung zukam. Eine seiner ausführlichsten literarischen Behandlungen hat er im eddischen Lied *Hymiskviða* erfahren. Dieses Lied stammt zwar erst aus dem 12. oder 13. Jahrhundert und ist damit grob zweihundert Jahre nach der Christianisierung Islands entstanden; Anspielungen in Gedichten und Bildzeugnissen der heidnischen Zeit deuten jedoch darauf hin, dass der Dichter der *Hymiskviða* nichtsdestoweniger authentisch heidnische Vorstellungen verarbeitet hat.

Die *Hymiskviða*, das „Lied vom Riesen Hymir", beginnt damit, dass die Götter den Riesen Ägir aufsuchen und bei ihm ein Fest feiern wollen; denn Ägir ist für seine Braukunst berühmt. Das Ansinnen der Götter kommt für Ägir jedoch ungelegen: Ehe er für die Götter Bier brauen könnte, müssten sie ihm zunächst einen Kessel beschaffen, der dafür groß genug wäre. Nachdem ein entsprechend großer Kessel zunächst nirgendwo zu finden ist, rät der Gott Tyr schließlich dazu, seinen Vater aufzusuchen, den Riesen Hymir. So machen Thor und Tyr sich zusammen zu Hymirs Halle auf. Hymir ist bei ihrer Ankunft gerade nicht zuhause, und so werden sie von Tyrs Mutter empfangen; da Hymir nur ungern Besuch hat, versteckt diese die beiden Götter vorerst, um eine jähzornige Reaktion ihres Mannes zu verhindern. Als Hymir spät am Abend mit vereistem Bart von der Jagd nach Hause kommt, erzählt sie ihm von den Ankömmlingen; der Riese sieht die Säule, hinter der sie sich verstecken, daraufhin so wild an, dass sie zerspringt. Ungeachtet dieser wenig warmherzigen ersten Reaktion wird für die Gäste nun ein Festmahl bereitet – und Thor allein verspeist zwei ganze Ochsen. Hymirs Reaktion auf den Appetit seiner Gäste ist der Vorschlag, am folgenden Tag zum Fischen auszufahren, um die Vorräte wieder aufzufüllen. Als Hymir und Thor am nächsten Morgen zum Aufbruch bereit sind, sagt der Riese dem Gott, er solle sich selber um einen Köder für seine Angel kümmern. Daraufhin geht Thor zu Hymirs Rinderherde und reißt dort einem Stier den Kopf ab. Dass Hymir hierüber wenig erfreut ist, versteht sich von selbst. Nun rudern die beiden ungleichen Fischer los. Dabei zieht es Thor deutlich weiter auf das offene Meer hinaus als Hymir, und er rudert das Boot bis in eine Meeresregion weit jenseits von Hymirs gewöhnlichen Fanggründen. Als sie endlich mit dem eigentlichen Fischfang beginnen, zieht Hymir zwei Wale aus dem Wasser. Die Pläne Thors sind jedoch um einiges ehrgeiziger: Mit dem Stierkopf als Köder will er die Midgardschlange angeln – und dies gelingt ihm auch:

Der Töter des Wurms, *der die Menschen beschützt,*
hängte den Kopf eines Ochsen *als Köder an den Haken;*
der, den die Götter hassen, *öffnet das Maul für den Haken,*
von unten, der Gürtel *aller Länder.*

Töter des Wurms = Töter der Midgardschlange = Thor;
Beschützer der Menschen = Thor;
der, den die Götter hassen = Midgardschlange;
Gürtel aller Länder = Midgardschlange.

Verwegen zog   der mutige Thor
den giftfarbenen Wurm   zur Schiffsseite herauf;
mit dem Hammer schlug er   des Haars Hochgebirge,
das abstoßende, von oben, des unzertrennlichen Bruders des Wolfs.
Hochgebirge des Haars = Kopf;
Bruder des Wolfs = Bruder des Fenriswolfs = die Midgardschlange.

Des Rentiers Feinde heulten,   Felsflächen hallten wieder,
es bebte die ganze   alte Erde.
Darauf versank   der Fisch im Meer.
Feind des Rentiers = Wolf;
Fisch = Meerwesen = Midgardschlange.

Thor gelingt es somit, die Midgardschlange zu ködern, sie aus dem Wasser zu ziehen und ihr mit seinem Hammer Mjöllnir einen Hieb zu verpassen. (Ob dieser Hieb für die Midgardschlange tödlich ist oder ob sie noch immer in der Tiefe des Meeres weiterlebt, ist einer der Punkte, in denen sich die verschiedenen Überlieferungen zum Mythos von Thors Fischzug voneinander unterscheiden.) Hymir hingegen verschlägt es während der Begegnung mit der Weltschlange vor Angst die Sprache. Als sie wieder an Land zurückgekehrt sind, hat Hymir sich jedoch so weit von seinem Schrecken erholt, dass er Thor zu weiteren Kraftproben herausfordern kann. Keine von ihnen geht für den Riesen gut aus, und so bekommen Thor und Tyr schließlich Hymirs gewaltigen Kessel und bringen ihn zu Ägir. Ägir braut nun den Göttern Bier.

Das Hymir-Lied beginnt und endet mit der Gestalt des Riesen Ägir, der als ein berühmter Bierbrauer erscheint und für die Götter ein Festmahl ausrichtet. Ägirs Fähigkeiten als Brauer und die Feste, zu denen er die Götter einlädt, sind feststehende, häufig wiederkehrende Topoi der altnordischen Literatur; im Hymir-Lied tauchen sie ebenso auf wie in den eddischen Liedern *Grímnismál* und *Lokasenna*, in der Prosa-Edda des Snorri Sturluson und in den dichterischen Umschreibungen der Skaldendichtung (→Borgarnes). Ägirs Halle, in der diese Göttergelage abgehalten werden, wird von Snorri und in der Lieder-Edda als ein Ort unvorstellbarer Pracht beschrieben: Sein Haus wird nicht durch ein Feuer erhellt, sondern durch den Glanz leuchtenden Goldes, und Speis und Trank tragen sich von selbst auf. Wie die Midgardschlange ist dabei auch die Gestalt des Riesen Ägir eine zentrale Figur der Mythologie des Meeres. Snorris Edda zufolge wohnt er auf einer Insel, sein Name kann als eine Bezeichnung für das Meer verwendet werden, seine neun Töchter sind die Wellen des Meeres, und seine Frau Ran besitzt ein Netz, in dem sie jeden fängt, der auf See verloren geht. Ägir ist so der Riese des Meeres schlechthin, der Meerriese der nordischen Mythologie. Und wenn seine Frau auch die Ertrunkenen in ihrem Netz fängt, so macht dies seine Halle doch noch zu keinem Ort des Grauens: Ihre Pracht und ihre stete Assoziation mit großen Festmählern der Götter legt vielmehr nahe, dass Ägirs Haus zwar vielleicht ein Haus der Toten sein mag, aber dass die Toten beim Eintritt in seine Halle immerhin einem paradiesischen Schicksal entgegensehen.

2. Seyðisfjörður: Von Drachenschiffen, Invasoren und Landgeistern*

Schon die Ankunft in Island ist bei klarem Wetter ein Spektakel, das dem Reisenden einen Vorgeschmack dessen gibt, was ihn auf der Insel erwartet. Im Zwielicht des frühen Morgens schieben sich langsam die zackigen Gipfel der Berge an der ostisländischen Küste über den Horizont. Auf ihren Hängen harren einzelne Schneeflächen selbst noch im Hochsommer bis weit zum Meer hinab aus und machen so anschaulich, warum die frühen nordischen Siedler der Insel gerade den Namen *Ísland* gegeben haben: „Eisland". Die Berge und Küstenklippen scheinen zwischen dem blauen Meer und dem blauen Himmel im Nichts zu schweben; es dauert lange, bis einige wenige winzige Flecken an der Küste als Häuser erkennbar werden und damit dem Beobachter erstmals einen Maßstab geben, um die Höhe des völlig baumlosen Küstengebirges abzuschätzen. Aus der Ferne wirken die Berge dieser Steilküste wie eine geschlossene Kette, doch während sich das Schiff dem Land nähert, öffnet sich schließlich die Mündung des Seyðisfjords, in den die Fähre eintaucht. Zwischen Wasserfällen und schneebedeckten Gipfeln führt die Schiffsfahrtsroute bis ganz ans Ende des Fjords in diesen hinein, zur gleichnamigen winzigen Siedlung Seyðisfjörður. Dort legt die Norröna im Hafen an.

Wie schon die See selbst, so wird auch die Ankunft an Land von der mittelalterlichen Literatur des Nordens mit farbenfrohen mythologischen Details verbunden. Ein einschlägiges Zeugnis findet sich im isländischen Landnahmebuch. Eine der verschiedenen Fassungen des Landnahmebuchs enthält folgende kurze Bemerkung über die nordischen „Drachenschiffe" – die Ikone der Wikingerzeit schlechthin – und darüber, was bei der Einfahrt eines solchen Drachenschiffs in einen Hafen zu beachten ist:

Das war der Beginn der heidnischen Gesetze, dass die Leute kein Schiff mit einem Kopf auf offener See haben sollten, und wenn sie es

---

* Ferðakort-Straßenatlas 9 AG6 / AH6.

hätten, dann sollten sie den Kopf abnehmen, ehe sie in Sichtweite des Landes kämen, und nicht mit gähnenden Köpfen oder gaffenden Mäulern auf das Land zu segeln, so dass die Landgeister erschreckt würden.

Diesem Text zufolge war es somit verboten, sich mit einem Tier- oder sonstigen Kopf am Steven des Schiffs der Küste zu nähern; die Drachenköpfe an den Steven der Drachenschiffe seien abzunehmen, ehe die Schiffe der Küste nahe genug kommen, um die „Landgeister" zu verschrecken, von denen das Wohlergehen des Landes und seiner Menschen wesentlich abhängig gedacht wurde.

Inwieweit sich die Landgeister von einem grinsenden Kopf an einem Schiffssteven tatsächlich bedroht fühlten, sei allerdings dahingestellt – auch das Landnahmebuch wurde erst Jahrhunderte nach den dort beschriebenen Ereignissen abgefasst und mag mit seiner Schilderung der heidnischen Frühzeit Islands nicht immer Recht haben. Dezidiert schwer zu beeindrucken und ohne weiteres dazu fähig, sich zu behaupten, sind die Landgeister Islands jedenfalls einem anderen Text zufolge. Der isländische Historiker und Mythologe Snorri Sturluson verfasste im 13. Jahrhundert – wohl in den Jahren nach 1230 – eine umfangreiche Geschichte der norwegischen Könige: die *Heimskringla*. Dieses Werk enthält

Der erste Eindruck: Islands Küste bei Tagesanbruch.

Seyðisfjörður im sommerlichen Morgenlicht.

auch eine kurze Anekdote über den dänischen König Haraldr Gormsson. Dieser Dänenkönig war von den Isländern kollektiv verhöhnt worden, und als sich Haraldr eines Tages ohnehin mitten in einer Strafexpedition befindet, beschließt er, bei dieser Gelegenheit auch gleich seine Rechnung mit den Isländern zu begleichen – ein Vorhaben, das von den isländischen Landgeistern jedoch schon in seiner Planungsphase durchkreuzt wird:

Haraldr Gormsson, der Dänenkönig, erfuhr, dass Jarl Hákon vom Christentum abgefallen war und das Land des Dänenkönigs an vielen Stellen verheert hatte. Da hob Haraldr der Dänenkönig ein Heer aus und fuhr danach nach Norwegen. Und als er in das Reich kam, das Jarl Hákon unter seiner Herrschaft hatte, da plünderte er dort und verwüstete das ganze Land, und das Kriegsvolk kam auf die Inseln, die Sólundir heißen. Nur fünf Höfe standen unverbrannt in Sogn im Læradalr, und die ganze Bevölkerung floh ins Gebirge und in die Wälder mit all dem, was sich mitnehmen ließ. Danach beabsichtigte der Dänenkönig, sein Kriegsvolk nach Island einzuschiffen und die Beleidigung zu rächen, mit der ihn alle Isländer verhöhnt hatten: Das war in Island als Gesetz verabschiedet worden, dass man für jeden Einwohner, der im Land war, eine Spottstrophe auf den Dänenkönig dichten sollte; und das war der Grund gewesen, dass ein Schiff, das sich im Besitz von Isländern befand, in Dänemark Schiffbruch erlitt, und die Dänen nahmen die gesamte Ladung und nannten sie Strandgut. Dafür war ein

Vogt des Königs verantwortlich, der Birgir hieß. Eine Spottstrophe wurde auf sie beide gedichtet. Folgendermaßen heißt es in der Spottstrophe:

> *Da, als Haraldr, den man als Mörder kennt,*
> *auf dem heidekrautbewachsenen Land des Penises*
> *von Süden her in Pferdegestalt stampfte,*
> *da wurde Vinðis Mörder zu bloßem Wachs;*
> *und Birgir, der den Göttern der Bergsäle*
> *im Land als unrein gilt,*
> *der Schäbige — das sah die Welt —*
> *in Stutengestalt davor.*

Vinðis Mörder = König Haraldr; Götter der Bergsäle = Landgeister. Die Strophe beschreibt den dänischen König als einen impotenten Hengst und seinen Vogt als eine Stute, die sich von ihm besteigen lassen würde – wenn der König denn könnte. Da der Vorwurf der Homosexualität im mittelalterlichen Norden als die denkbar größte Beleidigung galt, stellte eine solche Strophe nach zeitgenössischer Auffassung einen mehr als ausreichenden Grund für eine Strafexpedition dar.

König Haraldr gebot einem zauberkundigen Mann, eine Zauberreise nach Island zu unternehmen und herauszufinden, was er ihm sagen könne. Der unternahm die Reise in der Gestalt eines Wals. Und als er zum Land kam, da reiste er am nördlichen Teil des Landes entlang nach Westen. Er sah, dass alle Berge und Hügel voller Landgeister waren, manche groß und manche klein. Und als er auf die Höhe des Vápnafjords kam, da schwamm er in den Fjord hinein und wollte an Land gehen. Da fuhr ein großer Drache das Tal entlang herab, und ihm folgten viele Schlangen, Kröten und Nattern und spuckten Gift auf ihn. Und er wandte sich ab und gen Westen am Land entlang, den ganzen Weg, bis er auf Höhe des Eyjafjords war. Er schwamm in diesen Fjord hinein. Da fuhr ihm ein so großer Vogel entgegen, dass sich seine Flügel nach beiden Seiten zu den Bergen hin streckten, und eine große Zahl anderer Vögel, sowohl große als auch kleine. Er schwamm von da weg und nach Westen um das Land herum und so nach Süden zum Breiðafjord, und er steuerte da in den Fjord hinein. Da fuhr ihm ein großer Stier entgegen, und er watete auf die See hinaus und begann furchterregend zu brüllen. Eine große Zahl Landgeister folgte ihm. Weg schwamm er von da und nach Süden um Reykjanes, und er wollte bei Víkarsskeið an Land gehen. Da kam ihm ein Bergriese entgegen, und er hatte einen Eisenstab in der Hand, und er trug den Kopf höher als die Berge, und viele andere Riesen waren bei ihm. Von da schwamm er nach Osten, von einem Ende bis zum anderen am ganzen Land entlang. – „Da war nichts außer Sandebenen und hafenloser Einöde und schwerer Brandung draußen, und ein Meer so groß zwischen den Ländern," sagte er, „dass dort für Langschiffe keine sichere Überfahrt ist."

Nachdem Haralds Zauberer dem König über die wehrhaften Landgeister und die unwirtlichen Küsten Islands Bericht erstattet hat, sieht der dänische König von einer Islandexpedition ab. Die großen Landgeister, die seine Angriffspläne im Keim erstickten, sind heute ein fester Bestandteil des isländischen Staatswappens: der Stier, der Vogel, der Drache und der Riese mit dem Stab fungieren dort als die Schildhalter, die den Schild mit dem weiß-roten Kreuz auf blauem Grund stützen.

Zwischen Meer und Wolken in Seyðisfjörður.

3. Hrafnkelsdalur: Von Hrafnkell dem Freyr-Priester*

Das Tal Hrafnkelsdalur ist heute einer der abgelegeneren Flecken Islands. Wenn man von Norden her kommt, lässt es sich jedoch immerhin erreichen, ohne dass man dafür mit dem Auto eine Furt durchqueren müsste. Um trockenen Fußes in dieses Tal zu gelangen, biegt man von der Ringstraße etwa 53 Kilometer westlich von Egilsstaðir nach Süden auf die Straße Nr. 923 ab. Dieser Straße folgt man darauf durch das Tal Jökuldalur („Gletschertal"). Nach 29 Kilometern kommt man zu einer Brücke über die Jökulsá á Dal. Mit der Überquerung dieser Brücke gelangt man ins Hrafnkelsdalur, und die Straße ändert ihren Namen in F910; man ist nun auf einer der „Bergstraßen" angekommen („F" steht für *fjall*, „Berg"), die im Grunde nur für geländegängige Fahrzeuge gedacht sind und deren Flussübergänge zumeist über keine Brücken verfügen. Für die nächsten 12 Kilometer bis nach Aðalból versperrt jedoch immerhin kein Fluss den Weg. In Aðalból befindet sich eine kleine Tankstelle, und auch Unterkunft und ein Imbiss ist dort zu bekommen – was allein in Anbetracht der Abgelegenheit von Aðalból für jeden Mittel- oder Westeuropäer einem kleinen Wunder gleichen muss. Kurz hinter Aðalból kreuzt die Straße den Fluss Hrafnkelá, den „Hrafnkellfluss". Da die Straße diesen Fluss nicht auf einer Brücke, sondern in einer Furt überquert, macht die Hrafnkelá an diesem Punkt das Weiterkommen für alle normalen Straßenautos unmöglich.

Im Hrafnkelsdalur ist man stolz darauf, dass dieses Tal der Schauplatz einer der berühmtesten Isländersagas ist: der *Hrafnkels saga Freysgoða*, der „Saga von Hrafnkell dem Freyr-Priester". Im Tal wurde sogar ein (etwas rudimentär beschilderter) Sagawanderpfad eingerichtet, und bei einem Grabhügel etwas nördlich von Aðalból soll es sich um das Grab des Helden der Saga handeln, des Hrafnkell Freysgoði („Freyr-Priester").

---

* Ferðakort-Straßenatlas 10 AC7.

Bei Regen im Hrafnkelsdalur, dem Tal Hrafnkels des Freyr-Priesters.

Die *Hrafnkels saga* ist eine der kürzesten und klarsten, zugleich aber auch eine der verwirrendsten Isländersagas. Die Geschichte hebt damit an, dass Hrafnkels Vater Hallfreðr mit seiner Familie nach Island auswandert. Dort baut er sich zunächst einen Hof in einem Tal namens Geitdalr, hat aber eines Nachts einen Traum, in dem ein Mann zu ihm tritt und ihm sagt, dass sein Glück weiter im Westen auf ihn wartet und er umziehen soll. Hallfreðr tut dies sofort, und unmittelbar nach seinem Umzug geht ein Erdrutsch ab und zerstört seine vorherige Wohnstatt.

Hallfreðs Sohn Hrafnkell entdeckt später während eines sommerlichen Erkundungsritts ein noch unbesiedeltes Tal, das ihm ein guter Platz für einen eigenen Hof zu sein scheint. Dort siedelt er sich an, gibt dem Tal seinen Namen Hrafnkelsdalr (oder neuisländisch: Hrafnkelsdalur) – der Name bedeutet einfach „Hrafnkels Tal" – und errichtet seinen Hof Aðalból. Danach veranstaltet er ein Opferfest und errichtet einen Tempel für den Gott Freyr, einen Gott aus dem Geschlecht der Wanen, der Wohlstand und Fruchtbarkeit schenkt (→ Munkaþverá; →Vatnsdalur; →Haukadalur; →Ásgarður; →Flatey; →Surtshellir). Diesem Gott ist Hrafnkell besonders eng verbunden; mit seiner besonderen Verehrung für Freyr erwirbt er sich den Beinamen *Freysgoði*,

„Freyr-Priester" oder „Freyr-Gode", und seine Verehrung geht so weit, dass Hrafnkell dem Gott die Hälfte seiner wertvollsten Tiere weiht. Dabei ist ihm besonders viel an einem bestimmten Hengst gelegen. Diesem Hengst gibt er den Namen Freyfaxi („Freyr-Hengst"), weiht ihn Freyr zur Hälfte und schwört, jeden Mann zu töten, der ihn ohne seine Erlaubnis reiten würde. Hrafnkell beansprucht in seinem Tal von Anfang an die Rolle eines Goden (altnordisch *goði*). Diese Rolle umfasst einerseits eine gewisse priesterliche Funktion, andererseits aber auch eine ganz weltliche Funktion als Häuptling und lokaler Anführer. Oder anders gesagt: Das Godenamt ist eine sowohl religiöse als auch weltliche Machtposition. Diese Macht beansprucht und benutzt Hrafnkell mit größter Skrupellosigkeit; die Saga beschreibt ihn ausdrücklich als einen tüchtigen Mann, aber auch als ungerecht gegenüber allen, die sich ihm nicht unterwerfen, und als ausgesprochen gewalttätig. Hrafnkell ist ein klassischer Antiheld, ein rücksichtsloser Egomane und Totschläger, der sich vielerlei Übergriffe zuschulden kommen lässt, dafür aber nie die Buße zahlt, die vom Gesetz verlangt wird.

Eines Frühjahrs trägt es sich nun zu, dass ein armer Nachbar Hrafnkels namens Þorbjörn nicht mehr dazu in der Lage ist, seine ganze Familie selbst auf seinem Hof zu ernähren; daher schickt er seinen ältesten und sehr tüchtigen Sohn Einarr fort, um sich eine Anstellung zu suchen. Einarr wendet sich an Hrafnkell, der ihn als einen guten Mann kennt und mit offenen Armen empfängt. Es gibt jedoch ein Problem: Da Þorbjörn seinen Sohn erst nach der Zeit losgeschickt hat, zu der Arbeiter sich dem Herkommen nach neue Anstellungen suchen, hat Hrafnkell schon für fast alle Arbeiten Leute in seinen Dienst genommen. Für Einarr bleibt nur noch die niedrige Arbeit eines Schafhirten; Einarr ist hierüber nicht begeistert, akzeptiert Hrafnkels Angebot aber. Hrafnkell klärt Einarr nun noch über seinen Schwur betreffs des Hengsts Freyfaxi auf und schärft ihm nachdrücklich ein, dass er gerne alle anderen Pferde verwenden kann, aber keinesfalls Freyfaxi reiten darf. Damit tritt Einarr seinen Dienst an.

Bis Mittsommer geht für Einarr alles gut; dann fehlen ihm jedoch plötzlich dreißig Schafe. Als er die unmittelbare Umgebung abgesucht hat und seine Suche ausdehnen will, beschließt er, eines von Hrafnkels Pferden zu nehmen, da er so viel Zeit sparen kann. Er geht nun zu Freyfaxis Herde, um eine von Freyfaxis Stuten zu satteln. Die Stuten laufen jedoch alle davon, was für sie ein ganz ungewöhnliches Verhalten ist; nur Freyfaxi selbst bleibt ruhig stehen. Einarr denkt sich nun, dass Hrafnkell es ohnehin nicht erfahren wird, wenn er gerade dieses Pferd reitet, und sattelt Freyfaxi. Dieser Hengst leistet ihm bei der folgenden langen Suche hervorragende Dienste, und tatsächlich findet Einarr mit Freyfaxis Hilfe schließlich alle Schafe. Nach dem langen Ritt auf der Suche nach den verlorenen Schafen ist Freyfaxi nassgeschwitzt und dreckig; und nach dem Ende der Suche ist er nun auch plötzlich nicht mehr so gefügig wie während des Tages, sondern läuft davon und geradewegs nach Aðalból. Vor Hrafnkels Hof wiehert Freyfaxi laut und lockt seinen Herrn so vor die Tür. Als Hrafnkell sieht, in welchem Zustand sich sein Freyr-Pferd befindet, ist ihm sofort klar, dass jemand den Hengst geritten hat. Er verspricht dem Pferd Rache hierfür, und Freyfaxi läuft darauf zurück zu seiner Herde. Am nächsten Morgen packt Hrafnkell seine Axt, reitet zu Einarr und stellt ihn zur Rede. Einarr streitet nichts ab, und Hrafnkell sagt, dass er Einarr diese Tat nur zu gern verziehen hätte, wenn da nicht sein Gelübde wäre. So aber will er lieber nicht riskieren, seinen Eid zu brechen, da dies nur Unglück bringt – und er erschlägt Einarr.

Hrafnkell – der brutale Gewaltmensch, der trotz vielfacher Totschläge noch nie zuvor für das Leben eines anderen Mannes Buße gezahlt hatte – bedauert diesen Vorfall selbst so sehr, dass er Þorbjörn für den Tod seines Sohnes eine überaus großzügige, geradezu maßlose Wiedergutmachung anbietet. Þorbjörn jedoch lehnt ab: Er will ein formales Vergleichsverfahren. Hrafnkell hält dies für völlig absurd. Auch alle Verwandten Þorbjörns raten Þorbjörn dazu, Hrafnkels einzigartig großzügiges Wiedergutmachungsangebot anzunehmen. Alles andere sei pure Dummheit, schon aus dem

Grund, dass Hrafnkell noch jeden Prozess durch schiere Gewalt so entschieden hat, dass sein Gegner zumindest nicht besser, meist aber schlechter dran war als zuvor. Da Þorbjörn jedoch auf sein Recht pocht, einen Prozess anzustrengen, kann er schließlich seinen rechtskundigen Verwandten Sámr dazu verpflichten, ihn auf der Volksversammlung im Prozess gegen Hrafnkell zu vertreten – obwohl auch Sámr der Meinung ist, dass Þorbjörn eine große Dummheit begeht.

Die Ereignisse auf der Volksversammlung verlaufen nun zunächst ganz so, wie dies Þorbjörn vorhergesagt worden war: Keiner der mächtigen Männer will seine Sache unterstützen und sich für Þorbjörn auf einen Streit mit einem so mächtigen und ruchlosen Mann wie Hrafnkell einlassen. Sámr und Þorbjörn haben schon fast aufgegeben, als sie plötzlich zwei einflussreiche junge Männer aus den Westfjorden auf ihre Seite holen können, die Þorbjörns Anliegen für ehrenhaft halten und sich zudem einen großen Prestigegewinn davon versprechen, einem Mann wie Hrafnkell die Stirn zu bieten. Hrafnkell seinerseits hält Þorbjörns Plan, gegen ihn einen Prozess zu führen, für so lächerlich, dass er der Sache kaum Aufmerksamkeit schenkt; für Hrafnkell kommt sehr deutlich der Hochmut vor dem Fall. Beides zusammen – die unerwarteten Hilfe aus den Westfjorden einerseits und Hrafnkels arrogante Unachtsamkeit andererseits – führen dazu, dass es Sámr gelingt, Hrafnkell formell zu ächten.

Sáms und Þorbjörns Gönner aus den Westfjorden stellen im Folgenden die Männer bereit, die es Sámr und Þorbjörn erlauben, dieses Urteil auch durchzusetzen. Mit ihrer Hilfe überwältigen sie Hrafnkell in Aðalból buchstäblich im Schlaf und haben ihn damit in ihrer Hand. Sáms und Þorbjörns Gönner aus dem Westen raten ihnen dringend dazu, Hrafnkell zu töten. Sámr jedoch lässt Hrafnkell die Wahl zwischen dem Tod und einer Verbannung in Schande, und Hrafnkell wählt Letzteres. Sámr übernimmt so den Hof Aðalból und Hrafnkels Godenwürde, während Hrafnkell davonzieht. Dem Hengst Freyfaxi wird von den Männern aus den Westfjorden derweil ein Stein um den Hals gebunden, und so beschwert schickt man ihn zu Freyr, indem man ihn über eine

Klippe in einen Wasserfall wirft. Auch der Freyr-Tempel wird von Sáms Gönnern geplündert und niedergebrannt.

Weit weg von Aðalból kauft Hrafnkell sich einen kleinen Hof, und selbst dafür muss er sich verschulden. Mit viel harter Arbeit gelingt es ihm jedoch, diesen Hof zu einem stattlichen Anwesen auszubauen, und er ist überaus erfolgreich beim Fischfang und bei der Viehzucht. Zudem ist er jetzt ebenso umgänglich, wie er zuvor brutal und rücksichtslos gewesen war. Ganz verändert hat sich auch sein Verhältnis zu Freyr: Nachdem er von der Tötung Freyfaxis und der Brandschatzung seines Tempels gehört hat, erklärt er allen Glauben an die Götter für Torheit und opfert seinen Lebtag nie wieder.

Hrafnkell wird in seiner neuen Heimat zunehmend zu einem angesehenen Mann und beliebten Anführer; es kommt so weit, dass er schließlich an seinem neuen Wohnsitz ein größeres Gefolge hat, als dies im Hrafnkelsdalur je der Fall gewesen war. Seine Erniedrigung durch Sámr hat er allerdings nicht vergessen.

Einige Jahre nach Hrafnkels Vertreibung von Aðalból kommt Sáms Bruder Eyvindr nach Island zurück, der schon vor dem Beginn der Auseinandersetzung zwischen Hrafnkell und Sámr ins Ausland gegangen war. Jetzt hält Hrafnkell die Zeit seiner Rache für gekommen: Er ruft seine Männer zusammen und tötet Eyvindr – wobei dieser ohne weiteres hätte entkommen können, wenn er sich nicht zu stolz dafür gewesen wäre, auf den guten Rat seiner Begleiter zu hören. Noch in derselben Nacht beendet Hrafnkell seine Vergeltung, indem er Sámr auf Aðalból im Schlaf gefangen nimmt. Er stellt Sámr nun vor eine ganz ähnliche Wahl, wie Sámr sie ihm einige Jahre zuvor gelassen hatte, und Sámr zieht ein Leben als Gefolgsmann Hrafnkels dem Tod vor. Hrafnkell kehrt in großem Wohlstand und als mächtiger Mann nach Aðalból zurück. Dort übernimmt er wieder seine alte Godenwürde, die er fortan zusätzlich zu der Godenwürde innehat, die er sich inzwischen am Ort seiner Verbannung erarbeitet hat. Sámr versucht im Folgenden, in den Westfjorden Hilfe zu bekommen, um Hrafnkell zu vertreiben. Dort sagt man ihm jedoch, dass nur das eingetreten sei, wovor

Ein (weitgehend eingeebneter) Grabhügel im Hrafnkelsdalur. Traditionell wird dieser Grabhügel Hrafnkell dem Freyr-Priester zugeschrieben.

man ihn gewarnt hat, als er Hrafnkell das Leben schenkte. So bleibt Sámr bis zum Ende seines Lebens Hrafnkels Untergebener und vermag niemals, das ihm angetane Unrecht zu rächen. Hrafnkell hingegen lebt bis zu seinem Tod als angesehener Mann in Aðalból und wird dann in einem Hügel in der Nähe des Hofs bestattet.

Die Saga von Hrafnkell dem Freyr-Priester ist in der Geschichte der Forschung zu den Isländersagas auf die denkbar unterschiedlichsten Arten gedeutet worden, und bis heute wurde kein Konsens darüber erzielt, wie die merkwürdige Erzählung vom Aufstieg, Fall und erneuten Aufstieg Hrafnkels zu interpretieren ist. Kaum jemand würde heute mehr die Auffassung vertreten, dass diese Erzählung im Detail tatsächliche historische Ereignisse widerspiegelt; vielmehr ist sie ein fiktiver Text, ein kurzer, durchkomponierter Roman. Doch was will dieser Roman aus dem 13. Jahrhundert seinen Lesern sagen? Man könnte in der Erzählung von Hrafnkell ebenso eine zutiefst amoralische Lobeshymne auf den rücksichtslosen Herrenmenschen sehen wie eine Parabel über den verderblichen Einfluss des Hochmuts und über das Verhältnis von Christentum, Heidentum und Rechtschaffenheit. Letztlich erschließt jedoch nichts dem modernen Leser wirklich das eigentümliche Ende der Erzählung, in der Gewalt und Schlauheit über die Leichen Unschuldiger gehen und am Ende nicht scheitern, sondern sich kompromisslos durchsetzen. Nicht einmal das Verhältnis zwischen Freyr und Hrafnkell wird wirklich klar. Warum bringt gerade das geweihte Pferd Freyfaxi in einer geradezu vorsätzlichen Art und Weise das ganze Unglück ins Rollen? Warum werden Freys Gaben von Wohlstand, fruchtbaren Herden und einer blühenden Landwirtschaft Hrafnkell sogar noch nach seiner Abwendung vom Heidentum zuteil? Dient dieses Paradox dazu, Hrafnkels heidnischen Kult aus der Sicht eines christlichen Autors als absurd zu defamieren? Aber wenn dies die Botschaft des Sagaverfassers ist, warum ist Hrafnkels so ganz unchristliches Verhalten dann am Ende der Erzählung so erfolgreich? Zeigt sich hier vielleicht die Verrohung einer Zeit, in der die alten Normen des Heidentums längst außer Kraft gesetzt sind, die neuen Normen des Christentums aber noch nicht im Stande waren, sich wirklich durchzusetzen? Oder hält der Verfasser seiner eigenen Zeit, die von innerisländischen Kämpfen geprägt war, im Medium des Kurzromans einen Spiegel vor, in dem sich das 13. Jahrhundert selbst erkennen und erschaudern soll?

4. Drekagil: Von Drachen*

Einen Drachen will man nicht vor seiner Haustür haben. So ist es nur passend, dass die drei „Drachenorte" Islands – die „Drachenklamm" Drekagil, der „Drachensee" Drekavatn und die „Drachenkrater" Drekagígar – sich allesamt im Hochland befinden, weit abseits der Routen, die mit normalen Straßenfahrzeugen zu erreichen sind. Vergleichsweise noch am besten erschlossen ist von diesen dreien Drekagil, die „Drachenklamm", eine Schlucht im Kraterrand der Askja, im Gebirge Dyngjufjöll; heute gehört das Gebiet zum Vatnajökull-Nationalpark. Am einfachsten ist diese Schlucht zu erreichen, indem man der Hochlandpiste F88 folgt, die etwa 33 Kilometer östlich des Sees Mývatn von der Ringstraße nach Süden abzweigt. Nach sechzig Kilometern und zwei Furten gelangt man zur Hochlandoase Herðubreiðarlindir in der Nähe des Tafelvulkans Herðubreið, der aufgrund seiner markanten Form als der schönste Berg Islands gilt. In Herðubreiðarlindir sollte man nicht versäumen, sich die (rekonstruierten) Reste der Schutzhütte anzusehen, die der Geächtete Fjalla-Eyvindur („Eyvindur von den Bergen") dort im 18. Jahrhundert errichtet haben soll. Danach folgt man erst der F88 und dann der F910 für weitere 33 Kilometer in zuerst südlicher und dann südwestlicher Richtung durch die menschenleere Steinwüste des Hochlands, bis man die Askja und die Drachenklamm erreicht. Der Eingang zur Schlucht ist nicht zu übersehen, da sich unmittelbar daneben einige der Berghütten des Nationalparks befinden. Wie der ganze Berg, bestehen die zerklüfteten Wände der Schlucht selbst aus tiefschwarzem Lavagestein; ihre schmale Sohle wird von einem Bach durchflossen. Man kann die Drachenklamm in einer halben Stunde in ihrer ganzen Länge hinaufwandern. Danach endet die Schlucht an einer senkrechten Felswand, über die ein Wasserfall herabstürzt.

Drachen spielen in der Mythologie und Heldensage des Nordens immer wieder eine Rolle, und auch in der Heldensage anderer germanischer Völker tauchen Drachen häufig

---

* Ferðakort-Straßenatlas 25 Z7.

Im Kraterrand des Vulkans Askja: zwischen den schwarzen Felswänden der „Drachenklamm" Drekagil.

auf. Einen ihrer berühmtesten Auftritte außerhalb der nordischen Literatur haben sie im mittelhochdeutschen Nibelungenlied, wo die Tötung eines Drachen durch den jungen Siegfried erwähnt wird. Ein anderer wichtiger Drachenauftritt findet sich im altenglischen Beowulf-Epos: Dieses Epos schließt mit einem Drachenkampf, in dem der Held Beowulf siegreich bleibt, aber tödlich verwundet wird.

Drachen sind mythische Wesen, die allen germanischen Völkern gemein sind. Dennoch beruhen das altnordische Wort *dreki*, „Drache", das deutsche Wort „Drache" und die Entsprechungen dieser beiden Begriffe in den anderen germanischen Sprachen auf einer Entlehnung aus dem Lateinischen (von *draco*, „Drache"). Zumindest der Begriff „Drache" stammt also aus dem Mittelmeerraum. Die Entlehnung dieses Worts kann dabei schon sehr alt sein, da die germanischen Stämme spätestens seit dem 1. Jahrhundert vor Christi Geburt mit den Römern in engem Kontakt standen. Dass die Germanen das Wort „Drache" entlehnt haben, beweist noch nicht, dass auch das Konzept eines Drachen aus dem Süden stammt; es ist aber durchaus vermutet worden, dass die ganze Idee eines Drachen von den drachengestaltigen Feldzeichen des römischen Heeres inspiriert sein könnte. Alternativ wurde vorgeschlagen, dass die Drachen der germanischen Völker mit der antiken Sitte zu verbinden seien, Schatztruhen mit Darstellungen von Schlangen oder Drachen zu schmücken, die einen Schatz bewachen.

Aber unabhängig davon, ob und von wo Drachen in die germanischsprachige Welt eingewandert sein mögen, spätestens im Frühmittelalter waren sie in den Heldensagen der germanischen Völker heimisch. Der berühmteste Drachenkampf der nordischen Heldensage findet sich in der *Völsunga saga*, der „Saga von den Völsungen", die die nordische Fassung der Nibelungensage enthält. Dieser Saga zufolge tötete einst Loki einen Otter mit einem Steinwurf und war sehr stolz auf seine Beute. Später stellt sich jedoch heraus, dass der Otter ein Mann gewesen war, der nur die Gestalt eines Otters angenommen hatte, um Fische zu jagen. Der Vater des Getöteten verlangt nun von Loki und den anderen beteiligten Göttern, diese Schuld dadurch wiedergutzumachen, dass sie den Balg des Otters außen wie innen mit Gold bedecken. Loki schafft es, das nötige Gold zu besorgen, indem er es einem Zwerg abpresst; der legt zwar einen Fluch auf das Gold, aber da Loki es ohnehin nicht behalten kann, stört ihn das nicht weiter. Dieser Hort wird nun dem Vater des Ottermannes übergeben. Der Fluch beginnt jedoch bald zu wirken: Fáfnir, einer der Brüder des Getöteten, entwickelt eine solche Begierde nach dem Gold, dass er seinen Vater erschlägt, den Schatz an sich nimmt und sich in der Gestalt eines Drachen auf der „Gnitaheide" auf den Hort legt. Sein Bruder Reginn geht dabei leer aus; auch ihn gelüstet es jedoch nach dem Schatz. Später lebt Reginn an einem Königshof und erzieht dort den jungen Sigurðr (den Siegfried des Nibelungenlieds). Hier nutzt er seinen Einfluss als Ziehvater, um seinen Zögling dazu anzustacheln, den Drachen zu töten und sein Gold zu rauben. Um die Drachentötung zu vollbringen, gräbt Sigurðr sich auf dem Pfad in den Boden ein, auf dem Fáfnir seiner Gewohnheit nach zum Wasser kriecht, um zu trinken. Als Fáfnir sich dem Loch nähert, speit er Gift und die Erde bebt, aber Sigurðr lässt sich davon nicht einschüchtern: Er wartet, bis der Drache über ihm ist, und stößt ihm dann das Schwert in den weichen Bauch. Fáfnir ist tödlich verwundet, warnt seinen Mörder Sigurðr aber trotzdem noch vor dem Fluch, der auf dem Schatz liegt, und vor der Treulosigkeit seines Bruders Reginn. Nachdem Fáfnir an seiner Wunde gestorben ist, kommt Reginn wieder aus seinem Versteck, schneidet Fáfnir das Herz heraus und bittet Sigurðr, es für ihn zu braten. Sigurðr erfüllt seinem Ziehvater auch diesen Wunsch. Doch als Sigurðr prüfen will, ob das Herz schon gar ist, verbrennt er sich den Daumen daran und steckt ihn in den Mund. Als der Saft von Fáfnis Herz seine Zunge berührt, kann Sigurðr jetzt plötzlich die Sprache der Vögel verstehen – und die Vögel warnen ihn davor, dass Reginn ihn ermorden will. So schlägt Sigurðr Reginn den Kopf ab, reitet zur Höhle des Drachen, birgt den Drachenhort und behält ihn für sich. Glück bringt ihm der Hort freilich nicht: Auch er wird dem Fluch zum Opfer fallen, der auf diesem Gold liegt.

Der Drachenkampf der *Völsunga saga* enthält einige Motive, die für nordische und andere germanische Drachen des Mittelalters typisch sind: die unterirdische Wohnung des Drachen; sein verwundbarer Bauch; das Speien von Gift; und insbesondere sein Schatz. Die Drachen der Heldensage sind Schatzhüter *par excellence* – dass ein Drache auf einem Schatz liegt, ist in der nordischen Literatur so selbstverständlich, dass „Bett des Drachen" in der altnordischen Dichtung als eine feststehende Umschreibung für „Gold" verwendet werden kann. Dabei ist die Aggressivität der Drachen in der Heldensage übrigens auffallend passiv: Fáfnir liegt zufrieden auf seinem Gold und tut an sich niemandem etwas zu Leide; es sind Reginn und Sigurðr, die Fáfnir angreifen, nicht umgekehrt. Ähnlich verhält es sich mit dem Drachen im altenglischen Beowulf: Er liegt für Jahrhunderte auf seinem Hort; erst als etwas von seinem Gold gestohlen wird, zieht er zu dem Rachefeldzug aus, der zu seinem und Beowulfs Tod führt.

Drachen sind in der altnordischen Literatur aber nicht auf die Heldensage beschränkt. Eine kuriose Stelle der *Njáls saga*, der „Saga von Njáll", lässt Drachen auch in die Welt der Isländersagas ein: Dort heißt es mit größter Selbstverständlichkeit über einen gewissen Þorkell hákr, dass er auf einer Ostlandfahrt einen Flugdrachen getötet habe. Dass Drachen so in gewissermaßen „realistischer" Weise behandelt werden, ist jedoch die Ausnahme; ihren festen Platz haben sie vor allem in den Sagen über die Helden der Vorzeit und in der Mythologie.

In der Mythologie ist die Midgardschlange ein Wesen, das den Drachen immerhin nahesteht; auch Thors Kämpfe gegen die Midgardschlange erinnern an die Drachenkämpfe der Heldensage (→Fährpassage). Die Midgardschlange wird bei aller Ähnlichkeit zu den Drachen im engeren Sinne jedoch nie als „Drache" (*dreki*) benannt. Ein mythologischer Drache im eigentlichen Sinne, der auch ausdrücklich als solcher bezeichnet wird, ist hingegen der Drache Níðhöggr. Das Eddalied *Grímnismál* aus dem 12. oder 13. Jahrhundert erzählt von Níðhöggr, dass er ganz unten am Weltbaum Yggdrasill sitzt und an seinen Wurzeln nagt. Die Vorstellung vom Drachen Níðhöggr als einem unterirdischen Wesen gehört jedoch nicht erst der Literatur des Hochmittelalters an, sondern findet sich schon im kosmologischen Lied *Völuspá*, der „Prophezeiung der Seherin", das wohl aus dem 10. oder 11. Jahrhundert stammt. Dieses Lied gibt in einem großen Bogen einen Abriss der Geschichte der Welt von ihrer Schöpfung bis zu ihrem Untergang und ihrer schlussendlichen Neuschöpfung. Níðhöggr erscheint dabei zweimal. Das erste Mal wird er im Zuge einer Schilderung der Unterwelt genannt: Dort ist er ein Wesen, das im Totenreich die Leichen aussaugt. In dieser Weise ist er ein Leichenfresser, der einem Gemälde des Hieronymus Bosch entsprungen sein könnte; er ist ein alptraumhaftes Ungeheuer, das im Jenseits die toten Verbrecher quält. Damit hat er mehr mit den Teufeln gemein, die in christlichen Höllenschilderungen des Mittelalters erscheinen, als mit den schätzehütenden Drachen der germanischen Heldensage, wie sie vom Drachen des Beowulf-Epos repräsentiert werden.

Seinen zweiten, deutlich größeren Auftritt hat Níðhöggr dann am Ende des Liedes. Die Welt ist untergegangen und neu erschaffen worden, und nach der Neuschöpfung der

Welt gehört Níðhöggr die allerletzte Szene im Weltpanorama der *Völuspá*. Denn das Lied endet mit der folgenden Strophe, in der der Drache sich ein letztes Mal erhebt, ehe er, der die Leichen der Unterwelt noch mit sich trägt, schließlich versinkt:

Da kommt der dunkle   Drache geflogen,
die glänzende Natter, herauf   von den Niðagebirgen;
er trägt bei sich auf den Schwingen   – er fliegt über das Feld –,
Níðhöggr, Leichen –   jetzt wird er versinken.

Wie am Anfang der Geschichte des Drachen in der germanischen Mythologie die Entlehnung des Wortes *draco* aus der Sprache und Mythologie der Römer steht, und wie die eben erwähnte Beschreibung des Unterweltsdrachen als Leichenfresser an christliche Höllenschilderungen erinnert, so mag auch der letzte Auftritt des Drachen Níðhöggr wieder nach Süden verweisen. Bis auf seinen unterirdischen Aufenthaltsort hat Níðhöggr hier erneut auffallend wenig mit den schätzehütenden Drachen der Heldensage gemein. Er ähnelt jedoch frappierend dem Drachen, der in der Bibel im zwölften Kapitel der Offenbarung des Johannes erscheint: Auch dort erscheint ein Drache am Himmel und stellt dadurch eines der Zeichen der Apokalypse dar. Es mag gut sein, dass der spätheidnische Dichter der *Völuspá* mit der Himmelserscheinung eines Drachen am Ende seiner Schilderung des Weltenschicksals auf den Drachen anspielt, der in der christlichen Prophezeiung vom Ende der Welt am Himmel auftaucht. Wieder wird der nordische Drache an ein christliches Unheilsbild angeglichen und so mit einer Bedrohung aufgeladen, wie sie die Drachen der Heldensage nie besessen hatten, waren diese Drachen doch stets damit zufrieden gewesen, in Ruhe auf ihrem Gold zu liegen. Was genau der Dichter der *Völuspá* durch diese christliche Anleihe jedoch zum Ausdruck bringen wollte, lässt sich heute kaum mehr bestimmen.

5. Ásbyrgi: Von Felswänden, Pferden und dem Gott Loki*

Ásbyrgi wird zumeist als ein „Hufeisental" beschrieben. Dies ist einerseits richtig, andererseits aber wird es kaum dem ersten Eindruck gerecht, den dieser Ort auf den (kontinentaleuropäischen) Besucher macht. Tatsächlich hat dieser erste Eindruck wenig mit dem gemein, was man von der Annäherung etwa an die Täler der Alpen gewohnt ist: Denn nähert man sich Ásbyrgi von Norden her auf der Straße 861 – der einzigen Straße in dieses Tal –, dann ist der erste Blick auf Ásbyrgi nicht so sehr ein Blick auf eine Öffnung in den Bergen, als vielmehr ein Blick auf eine gewaltige, senkrechte Felswand.

Geologisch handelt es sich bei Ásbyrgi um ein Geschöpf des Flusses Jökulsá á Fjöllum, dessen Flussbett heute etwas östlich von Ásbyrgi verläuft. Beim Sturz über die Klippen fraß das Wasser der Jökulsá im Lauf der Zeit eine tiefe Scharte in den Fels, die mit einer Länge von mehr als drei Kilometern und einer Breite von gut einem Kilometer näherungsweise die Form eines Hufeisens annahm. Der Vergleich mit einem Hufeisen ist umso zutreffender, als ein Felssporn in der Mitte Ásbyrgis der Wucht des Wassers widerstanden hat und somit den offenen Innenbereich des Hufeisens markiert. Seit der Verlagerung des Flussbetts bilden die Klippen, die Ásbyrgi auf mehreren Seiten umfassen, nun einen Schutzwall um eine abgeschirmte kleine Welt, die heute einen der wenigen Wälder Islands beherbergt.

Auch Ásbyrgi ist jedoch nicht nur von geologischem Interesse, sondern trägt auch mythologische Konnotationen: Denn Ásbyrgi ist mit dem Motiv verbunden, dass es sich bei dieser hufeisenförmigen Schlucht um einen Hufabdruck Sleipnirs handelt, des achtbeinigen Pferds, auf dem der Göttervater Odin durch die Welt reitet. Populär wurde dieses Motiv durch das Gedicht „Sommermorgen in Ásbyrgi"

---

* Ferðakort-Straßenatlas 20 Z3.

Die Straße ins Tal Ásbyrgi vom Felssporn im Zentrum des Hufeisens aus gesehen.

(*Sumarmorgunn í Ásbyrgi*) des isländischen Dichters Einar Benediktsson (geb. 1864; gest. 1940), der eine wesentliche Rolle für die isländische Unabhängigkeitsbewegung spielte. Auch im *Sommermorgen* geht es nicht nur um die Beziehung Sleipnirs zur isländischen Landschaft, sondern auch um die Forderung nach nationaler Freiheit von der Kolonialmacht Dänemark. Was hat es nun jedoch mit der mythologischen Seite dieses Gedichts auf sich, mit dem Hengst Sleipnir, der Ásbyrgi geschaffen haben soll? Genau diese Frage wird auch gestellt – und beantwortet – in der Edda des Snorri Sturluson.

Snorris Edda ist eine mittelalterliche Abhandlung über nordische Dichtung. Da sich die traditionelle Dichtersprache des Nordes in sehr großem Umfang mythologischer Bilder bedient, setzt die nordische Dichtkunst zu ihrem Verständnis detaillierte Kenntnisse des vorchristlichen Mythenrepertoires voraus. Solche Kenntnisse vermittelt Snorri seinen Lesern insbesondere in Form eines Gesprächs zwischen dem König Gangleri und drei Göttergestalten, die dem sterblichen König seine Fragen beantworten. Zu Sleipnir heißt es dort:

Da spricht Gangleri: „Wer besitzt den Hengst Sleipnir? Oder was ist von ihm zu sagen?"

Der Hohe sagt: „Du weißt keine Einzelheiten über Sleipnir und kennst die Umstände seiner Herkunft nicht! – Aber das wird dich erzählenswert dünken. Das war früh am Anfang der Zeit, als die Götter sich niederließen, als die Götter Midgard begründet und Walhall errichtet hatten; da kam ein Baumeister dorthin und bot an, ihnen in drei Halbjahren einen Wall zu bauen, so gut, dass er gegen die Berg- und Frostriesen verlässlich und sicher wäre, auch wenn sie über Midgard hereinkämen. Und er legte als Bezahlung für sich fest, dass er Freyja bekommen sollte, und er wollte die Sonne und den Mond haben. Da gingen die Asen, um hierüber zu sprechen, und sie berieten sich, und mit dem Baumeister wurde dies als Bezahlung vereinbart, dass er das bekommen sollte, was er verlangte, wenn er den Wall in einem Winter fertigstellen könnte; und falls irgendein Teil am Wall am ersten Tag des Sommers unvollendet sein sollte, dann wäre die Bezahlung verwirkt. Er solle bei der Arbeit von niemandem Hilfe erhalten. Und als sie ihm diese Bedingungen sagten, da bat er sich aus, dass sie erlauben sollten, dass er von seinem Hengst Hilfe bekäme, der Svaðilføri hieß. Und Loki war dafür verantwortlich, dass dies mit ihm vereinbart wurde.

Am ersten Tag des Winters begann er damit, den Wall zu errichten, und nächtens schleppte er auf dem Hengst Steine heran. Und das schien den Asen ein großes Wunder, wie große Felsen dieser Hengst zog, und der Hengst vollbrachte eine Krafttat, die doppelt so groß war wie die des Baumeisters. Aber bei ihrem Vertragsabschluss waren mächtige Zeugen angerufen und viele Eide geschworen worden, denn den Riesen schien es nicht sicher, ohne eine Garantie von freiem Geleit bei den Asen zu sein, falls Thor heimkäme; aber damals war er nach Osten gefahren, um Trolle zu verprügeln. Und als der Winter verstrich, da machte der Bau des Walls große Fortschritte, und er war so hoch und stark, dass man ihn nicht erstürmen konnte. Und als es bis zum Sommer noch drei Tage waren, da war er fast bis zum Burgtor gekommen. Da setzten die Götter sich auf ihre Richterstühle und versuchten, einen Plan zu ersinnen, und fragten einander, wer dafür verantwortlich gewesen war, Freyja nach Riesenheim zu verheiraten oder die Lüfte und den Himmel so zu verderben, dass sie Sonne und Mond von dort wegnehmen und den Riesen geben würden. Und alle wurden sich darüber einig, dass derjenige hierfür verantwortlich gewesen sein muss, der für das meiste Übel verantwortlich ist, Loki Laufeyjarson, und sie sagten, dass er einen schlimmen Tod verdiene, wenn er keinen Plan finde, damit der Baumeister seine Bezahlung verwirken würde. Und sie griffen Loki an. Und da er sich fürchtete, schwor er da Eide, dass er die Dinge so einfädeln würde, dass der Baumeister seine Bezahlung verwirken werde, was auch immer es ihn koste. Und am selben Abend, als der Baumeister mit dem Hengst Svaðilfæri um Steine ausfuhr, da lief eine Stute aus einem gewissen Wald auf den Hengst zu und wieherte ihn an. Und als der Hengst verstand, was für ein Pferd das war, da ging er durch und zerriss das Geschirr und lief zu der Stute; und sie lief weg zum Wald und der Baumeister hinterher, und er will den Hengst fangen; und diese Pferde liefen die ganze Nacht, und die Bauarbeit kam in dieser Nacht zum Stillstand. Und am nächsten Tag wurde nicht so viel gebaut, wie dies zuvor getan worden war. Und als der Baumeister sah, dass die Arbeit nicht zu Ende gebracht werden würde, da verfiel der Baumeister in einen Riesenzorn. Und als die Asen das mit Sicherheit sahen, dass da ein Bergriese gekommen war, da wurde der Eide nicht mehr geachtet, und sie riefen Thor an, und er kam sofort, und als nächstes fuhr der Hammer Mjöllnir in die Luft. Da bezahlte er den Baumeisterlohn, und zwar nicht mit Sonne und Mond: Stattdessen hielt er ihn davon ab, in Riesenheim zu wohnen, und verabreichte ihm den ersten Schlag, der seinen Schädel in kleine Stücke zerbrach und ihn unter Niflhel hinabsandte. Und Loki hatte da mit Svaðilfæri einen solchen Umgang gehabt, dass er etwas später ein Fohlen gebar. Das war grau und hatte acht Beine, und das ist das beste Pferd bei Göttern und Menschen.

Sleipnir erscheint in der Mythologie mehrfach; er kann nicht nur über Land, sondern auch über das Meer laufen, und selbst ins Totenreich können ihn seine Hufe tragen. Gerade Letzteres ist jedoch schon in Anbetracht von Sleipnirs Verwandtschaftsverhältnissen nicht verwunderlich. Denn Sleipnirs Vater Loki ist eine der ambivalentesten Gestalten der nordischen Götterwelt. Er gehört einerseits zu den Asen und ist doch andererseits immer wieder mit der Welt der Riesen, der Ungeheuer und der Toten verbunden, und er ist – wie

Snorri es im eben zitierten Mythos auf den Punkt bringt – gerade diejenige Figur des nordischen Götterhimmels, die „für das meiste Übel verantwortlich" zeichnet. Einer der Loki-Mythen, in denen die Ambivalenz dieses Gottes deutlich zum Ausdruck kommt, ist die Erzählung von der Entstehung der Götterkleinode; auch diese Geschichte ist in Snorris Edda überliefert. Dort heißt es, dass Loki eines Tages (und aus reiner Freude am Unfug) der Göttin Sif, der Frau Thors, ihr Haar abschnitt. Als Thor hiervon erfährt, ist er kurz davor, Loki jeden Knochen im Leib zu brechen; der kauft sich jedoch mit dem Versprechen los, für Sif neues Haar aus Gold zu beschaffen. Daraufhin geht er zu einigen Zwergen, die für ihn goldenes Haar für Sif, das Zauberschiff Skíðblaðnir und den Speer Gungnir erschaffen. Anstatt mit diesen Gegenständen wieder zu den Göttern zurückzukehren, schließt Loki nun allerdings mit einem weiteren Zwerg eine Wette ab, dass dessen Bruder nicht in der Lage wäre, drei Gegenstände zu schaffen, die ebenso gut wären wie diese drei; Lokis Einsatz ist dabei sein Kopf. Die Zwergenbrüder gehen in ihre Schmiede und legen zuerst eine Schweinehaut in den Schmiedeofen. Während einer der beiden Zwerge den Blasebalg bedient, setzt sich eine Fliege auf seinen Arm und sticht ihn; der Zwerg jedoch lässt sich in seiner Arbeit nicht beirren und betätigt den Blasebalg weiter, bis sein Bruder einen Eber mit goldenen Borsten aus dem Ofen nimmt. Daraufhin kommt Gold in den Ofen, und diesmal setzt sich die Fliege auf den Nacken des Zwergs am Blasebalg und sticht doppelt so stark; doch wieder lässt sich der Zwerg nicht beirren, und aus dem Ofen kommt der goldene Ring Draupnir. Nun wird Eisen in den Schmiedeofen gelegt, und der eine Zwerg verlässt die Schmiede, während der andere den Blasebalg bedient. Auch dieses Mal kommt die Fliege wieder – und macht sich nun an die Augenlieder des Zwergs. Sie quält ihn dabei so sehr, dass er ganz gegen Ende der Arbeit kurz die Hände vom Blasebalg nimmt und das Insekt verscheucht. Damit verdirbt er fast das Ergebnis der Arbeit, denn der Hammer, der nun aus dem Ofen kommt, hat jetzt einen Griff, der ein wenig zu kurz ist. Loki und der

Zwerg, gegen den er gewettet hatte, bringen nun ihre verschiedenen Kleinode nach Asgard, wo einige der wichtigsten Götter über sie urteilen sollen. Loki gibt Sif ihr goldenes Haar, das sofort an der Kopfhaut festwächst und dort nun wächst wie normales Haar; dem Göttervater Odin gibt er den Speer Gungnir, dessen Stoß nie sein Ziel verfehlt; und dem Gott Freyr gibt er das Schiff Skíðblaðnir, das stets guten Fahrtwind hat und sich so klein zusammenfalten lässt, dass man es in die Tasche stecken kann. Die drei Kleinode der Zwerge haben ähnlich wunderbare Eigenschaften: Der Ring Draupnir, den Odin erhält, tropft in jeder neunten Nacht acht gleiche Ringe; der goldene Eber wird Freyr übergeben, und dieser Eber kann schneller als jedes Pferd über den Himmel und das Meer laufen, und seine goldenen Borsten leuchten so hell, dass der Weg des Reiters immer beleuchtet ist; und der Hammer verfehlt im Wurf nie sein Ziel, kehrt stets in die Hand des Werfers zurück, und man kann damit so fest zuschlagen, wie man will. Diesen Hammer geben die Zwerge dem Gott Thor, und die versammelten Götter beschließen, dass dies der beste aller vorgelegten Gegenstände ist, da er den besten Schutz gegen die Riesen darstellt. Loki hat damit seine Wette verloren und seinen Kopf verwirkt. Als ihm der Zwerg nun den Kopf abschneiden will, weist Loki ihn jedoch darauf hin, dass ihm zwar der Kopf gehört, aber nicht der Nacken; so gibt der Zwerg sich damit zufrieden, Loki den Mund zuzunähen.

In dieser Geschichte tritt Loki einerseits als ein boshafter Schelm auf, andererseits jedoch führen seine Handlungen dazu, dass die Götter in den Besitz einer Reihe wichtiger Kostbarkeiten gelangen. Gerade Thors Hammer Mjöllnir ist ein zentrales Element der nordischen Mythenwelt; kleine Miniatur-Thorshämmer, von denen einige äußerst aufwendig gestaltete Höhepunkte der wikingerzeitlichen Goldschmiedekunst darstellen, wurden in der heidnischen Spätzeit weithin als Amulette verwendet. Einige Beispiele für solche Thorshammeramulette sind im isländischen Nationalmuseum (*Þjóðminjasafn Íslands*) in Reykjavík zu sehen.

Ásbyrgi: der Blick von der Südspitze der Hufeisenschlucht nach Norden.

Botnstjörn und Botnslækjarfoss: Teich und Wasserfall an der Südspitze der Hufeisenschlucht.

Ein weiterer Mythos, in dem Loki eine ambivalente Rolle spielt, handelt von der Entführung der Göttin Idun. Diese Ereignisse setzen damit ein, dass Loki sich mit den Göttern Odin und Hœnir auf eine Reise durch das Gebirge begibt. Unterwegs ist es schwierig, Essen zu beschaffen; als sie in einem Gebirgstal auf eine Rinderherde stoßen, beschließen sie daher kurzerhand, eines der Tiere zu schlachten und in einem Erdofen zu kochen. Wie lange sie jedoch auch warten, das Fleisch wird nicht gar. Da hören sie in den Zweigen einer Eiche über sich eine Stimme, die die Verantwortung dafür übernimmt, dass das Essen nicht gar wird. Als sie aufblicken, sehen sie einen gewaltigen Adler im Baum sitzen. Der Adler bietet ihnen einen Handel an: Wenn er sich am Fleisch satt essen darf, dann lässt er es gar werden. Darauf kann man sich einigen – doch als der Braten gar ist, frisst der Adler so viel davon, dass Loki wütend wird und im Jähzorn mit einem Stab nach dem Vogel schlägt. Der Adler fliegt davon, doch der Stab klebt nun am Adler fest, und Lokis Hände kleben am Stab; dabei fliegt der Adler gerade so hoch, dass Loki über den Boden geschleift wird. Dergestalt malträtiert, akzeptiert Loki die Bedingung, die ihm der Adler dafür stellt, dass er ihn loslässt: Loki muss die Göttin Idun mitsamt ihren Äpfeln vor die Tore Asgards locken. Loki tut dies im Folgenden, und der Adler – in Wirklichkeit der Riese Þjazi in Adlergestalt – entführt Idun. Dies hat für die Götter jedoch furchtbare Konsequenzen: Denn es sind gerade die Äpfel der Idun, die ihnen ihre ewige Jugend verleihen. Als die Götter nun alt und grau werden, drohen sie Loki Tod und Folter an, wenn er Idun nicht zurückbringt. Unter diesen Umständen leiht Loki sich von der Göttin Freyja ein Falkenhemd aus, verwandelt sich so in einen Vogel und fliegt los; als er Idun schließlich aufgespürt hat, verwandelt er sie in eine Nuss und trägt sie nach Hause. Der Riese Þjazi bemerkt bald, dass Idun fort ist, und folgt Loki. Loki schafft es jedoch, ihn auszumanövrieren, und Þjazi fliegt in seiner Adlergestalt in ein Feuer, das die Asen inzwischen entzündet haben. Die Asen töten den Riesen, und die Götterwelt ist gerettet. Allerdings hat die Tötung Þjazis ein Nachspiel: Seine Tochter Skaði greift zu den Waffen und begibt sich nach Asgard, um den Tod ihres Vaters zu rächen. Diesmal kann weiteres Blutvergießen aber verhindert werden, denn die Götter vereinbaren mit Skaði eine Wiedergutmachung. Diese Wiedergutmachung besteht darin, dass Skaði sich unter den Göttern einen Mann wählen darf (→Fährpassage), und dass die Götter Skaði zum Lachen bringen müssen. Letzteres wird von

Loki vollbracht, indem er eine Ziege mit ihrem Bart an seinen Hoden festbindet; als Loki und die Ziege schreiend aneinander ziehen und Loki sich schließlich in Skaðis Schoß fallen lässt, lacht die Riesentochter auf und der Friede ist wiederhergestellt.

Anders als im Mythos von den Götterkleinodien, in dem Loki sich nur einen zwar boshaften, aber letztlich harmlosen Schelmenstreich zuschulden kommen ließ, bringt er die Welt der Götter im Mythos von Iduns Entführung in ernsthafte Gefahr. Andererseits spielt er jedoch in diesem Mythos auch selbst die entscheidende Rolle dabei, die von ihm heraufbeschworene Gefahr abzuwenden, und zudem hatte er diese Gefahr nicht aus bösem Willen herbeigeführt, sondern hatte sich vielmehr durch seinen Jähzorn in eine Zwangslage gebracht. Solche Entschuldigungen für das von Loki verursachte Unheil bietet allerdings nicht jeder Mythos. Das schwärzeste Bild von Loki zeichnet der Mythos von Balders Tod.

Die ausführlichste Fassung dieses Mythos findet sich erneut bei Snorri. Die Ereignisse beginnen damit, dass der weithin beliebte Gott Balder – Snorri nennt ihn lobpreisend „Balder den Guten" – von Träumen geplagt wird, in denen sich ankündigt, dass sein Leben in Gefahr ist. Odins Gemahlin Frigg nimmt nun allem, was für Balder eine Gefahr darstellen könnte, einen Eid ab, ihm keinen Schaden zuzufügen – die Liste reicht von Feuer und Wasser über Krankheiten bis zu verschiedenen Tieren. Da Balder nun praktisch unverwundbar ist – immerhin hat fast alles auf der Welt geschworen, ihm keinen Schaden zuzufügen – machen die Asen sich im Folgenden einen Sport daraus, um Balder herumzustehen und ihn mit allerlei Gegenständen zu bewerfen. Loki wird zunehmend ungehalten darüber, dass Balder stets unverletzt bleibt, was auch immer man auf ihn wirft. Schließlich verwandelt er sich in eine Frau und verwickelt Frigg in ein Gespräch, in dem er sie darüber ausfragt, ob tatsächlich *alles* auf der Welt geschworen hat, Balder nicht zu verletzen. So findet er heraus, dass es eine Pflanze gibt, die keinen Eid abgelegt hat: der Mistelzweig – denn der schien Frigg gar zu jung, um einen Eid von ihm zu verlangen. Loki macht sich sofort auf, um den Mistelzweig zu pflücken, und geht damit zur Götterversammlung. Dort vergnügen sich die Götter immer noch damit, allerlei Geschoße nach Balder zu werfen; nur der blinde Höðr steht am Rande und ist nicht beteiligt. Loki geht nun zu Höðr und fragt ihn, warum er nichts auf Balder werfe. Höðrs Antwort ist, dass er blind sei und keine Waffen habe. Loki gibt dem Nichtsahnenden nun den Mistelzweig und weist ihm die richtige Richtung; Höðrs Schuss findet sein Ziel, und Balder fällt tödlich getroffen zu Boden. Die Götter sind sprachlos. Auf Friggs Vorschlag hin reitet nun Hermóðr auf Sleipnir ins Totenreich, um die Totengöttin Hel zu bitten, Balder wieder herauszugeben. Während Hermóðr neun Nächte lang durch dunkle und tiefe Täler reitet, wird Balder mit reichen Beigaben auf einem brennenden Schiff dem Meer übergeben. Hermóðr reist so über Land ins Totenreich, wohingegen Balder zu Schiff fährt. Als Hermóðr nach seiner neuntägigen Reise in der Halle der Totengöttin Hel ankommt, ist Balder bereits angekommen und sitzt auf dem Ehrenplatz. Hermóðr bringt nun sein Anliegen vor und bittet Hel darum, Balder herauszugeben. Hel erklärt sich hierzu bereit – aber nur unter einer Bedingung: Alle Dinge in der Welt, die lebenden wie die toten, müssten um Balder weinen; nur dann würde Hel glauben, dass die Trauer um Balder tatsächlich so groß ist, dass sie ihn herausgeben muss. Hermóðr reitet mit dieser Botschaft nach Asgard zurück, und die Götter senden Boten in die ganze Welt, um alles anzuweisen, Balder aus dem Totenreich freizuweinen – und daher komme es heute noch, dass alles weint, wenn man es aus der Kälte in die Hitze bringt. Auf ihrer Rückreise nach Asgard treffen die Boten jedoch auf eine Riesin, die sich weigert, um Balder zu weinen: Er habe ihr weder tot noch lebendig je genützt, und so solle Hel behalten, was sie hat. Da nahm man an, dass diese Riesin niemand anders war als Loki in einer seiner Verwandlungen; denn kein Ase habe so viel Unheil verursacht wie er.

In dieser Erzählung ist Loki somit uneingeschränkt eine Quelle des Unheils – ein Unheil, das im Rahmen der eddischen Mythologie ein besonderes Gewicht daraus bezieht, dass es unmittelbar auf den bevorstehenden Weltuntergang vorausverweist, auf die „Götterdämmerung". Den Mord an Balder angestiftet zu haben, verzeihen die Götter Loki entsprechend nicht. Er flieht, wird nach langer Jagd jedoch von den Asen gefangengenommen. Daraufhin bringen sie ihn in eine Höhle und legen ihn über drei Steinplatten. Da gewöhnliche Fesseln ihn nicht halten könnten, holen die Götter Lokis zwei Söhne und verwandeln einen von ihnen in einen Wolf; dieser Wolf zerreißt Lokis anderen Sohn, und die Götter können nun dessen Gedärme verwenden, um Loki zu binden. Skaði befestigt darüber hinaus noch eine Giftschlange über Loki, so dass ihm ihr Gift ins Gesicht tropft. Nur Lokis Frau Sigyn hält trotz allem zu ihm und fängt das Gift mit einer Schale auf – wenn die Schale jedoch voll ist und Sigyn aufstehen muss, um sie zu leeren, dann tropft ihm das Gift ins Gesicht und er windet sich so gewaltig, dass Erdbeben entstehen. Lokis Fesseln werden bis zum Weltuntergang halten; erst dann wird er loskommen und auf der Seite der Riesen gegen die Götter in die letzte Schlacht ziehen.

Loki scheint niemals als Gott verehrt worden zu sein; er ist eine Figur der Mythologie, nicht ein Gegenstand des Kults, und in ungemein ambivalenter Weise bald den Göttern hilfreich und bald zutiefst zerstörerisch. Diese Ambivalenz zeigt sich in den Mythen, in denen er handelnd auftritt, wie auch in seinen Nachkommen: Mit der Geburt Sleipnirs hat er den Göttern das beste Pferd geschenkt; anderen Mythen zufolge ist er zugleich jedoch auch der Vater der Hel, der Midgardschlange und des Fenriswolfs. Auch in diesen Nachkommen – wie in den Mythen, in denen Loki handelnd auftritt – überwiegt am Ende das unheilvolle Element: Hel ist die Totengöttin und die Personifizierung des Todes; und die Midgardschlange und der Fenriswolf sollen der Mythologie der Snorra-Edda zufolge in der letzten Schlacht am Ende der Welt die Götter Thor und Odin töten.

6. Raufarhöfn: Von einem Steinkreis und einer Weltenschau*

Im äußersten Nordosten Islands, an der Küste des Þistilfjords, liegt das kleine Fischerdorf Raufarhöfn: die nördlichste Siedlung auf dem isländischen Festland. Dieses Dorf lebt noch heute vom Fischfang – und doch ist bei der Fahrt durch das Dorf kaum zu übersehen, dass auch der Fisch nach Raufarhöfn keinen Reichtum bringt. Die Art, wie die Ringstraße sich hinter dem See Mývatn ins Inland wendet und mit großem Abstand am isländischen Nordosten vorbeizieht, ist wohl symptomatisch für manches. Religionsgeschichtlich war jedoch auch der ferne Nordosten Islands ein bestens integrierter Teil des nordatlantischen Raums der Wikingerzeit. Ein schönes Beispiel hierfür erreicht man etwa, wenn man der Straße Nr. 85 an der Küste entlang von Raufarhöfn erst nach Süden und dann nach Osten folgt, denn diese Straße führt den Reisenden nach sechzig Kilometern direkt zum Fischerort Þórshöfn: Dieses Dorf trägt genau denselben Namen – „Thors Hafen" – wie die färöische Hauptstadt Tórshavn (→Fährpassage, S. 29); der Unterschied zwischen *Þórshöfn* und *Tórshavn* ergibt sich nur daraus, dass die ursprüngliche altwestnordische Namensform in Island besser bewahrt ist als auf den Färöern.

Um mythologisch Interessantes zu finden, muss man von Raufarhöfn jedoch gar nicht so weit schweifen. Gerade deswegen, weil auch die Fischindustrie von Raufarhöfn schon bessere Zeiten gesehen hat, hat man große Anstrengungen unternommen, zumindest einige Touristen in die Region zu locken. Zu diesen Anstrengungen zählt etwa ein sehr gepflegter und kostenloser öffentlicher Campingplatz beim Schwimmbad, insbesondere aber auch eines der ehrgeizigsten Kunstprojekte in Island: Heimskautsgerði, der „Polarkreispark" oder die „Arctic Henge", initiiert von Erlingur Thoroddsen vom Hotel „Nordlicht". Der Plan dieser Anlage sah vor, dass eine steinerne, von gewaltigen Portalen durchbrochene Umfassungsmauer von 54 Metern Durchmesser in

---

* Ferðakort-Straßenatlas 19 AB2.

Das Dorf Raufarhöfn.

ihrem Inneren ein Arrangement von steinernen „Zwergen" enthalten und zum Kalender in Beziehung setzen sollte; bei der Ausführung sollten insbesondere die spezifischen Lichtverhältnisse Nordislands genutzt und in eine steinerne Lichtinstallation überführt werden, die auf der Mitternachtssonne beruht (die man in Raufarhöfn zwar nicht ganz, aber doch fast sehen kann). Soweit jedenfalls die Theorie. In der Praxis blieb das Mammutprojekt in Anbetracht der Finanzkrise auf etwas weniger als halbem Weg stecken. Heute stehen das Vierfach-Portal, das als das Zentrum der Anlage gedacht war, und zwei der Portale, die die Durchgänge durch die (bislang nicht existente) Umfassungsmauer bilden sollten. Auch als künstlerische Bauruine beeindrucken diese Portale jedoch zumindest durch die megalithische Größe der Basaltquader, aus denen sie aufgeschichtet sind. Ein Modell der Ringanlage wie sie hätte werden sollen (und vielleicht eines Tages noch werden wird) ist in Raufarhöfn im „Hotel Nordlicht" zu sehen, das zugleich auch als das einzige örtliche Café fungiert.

Als Inspirationsquelle berufen sich die Schöpfer von Heimskautsgerði auf das eddische Lied *Völuspá*. Die *Völuspá*, die „Prophezeiung der Seherin", ist das erste Lied im „Königsbuch" der Liederedda; es ist vielleicht das berühmteste und eines der ältesten eddischen Lieder überhaupt. Man geht zumeist davon aus, dass der Dichter der *Völuspá* in der Zeit des ausgehenden Heidentums im späten 10. Jahrhundert lebte und die Weltenschau, die er mit diesem Lied vorlegt, im Rahmen dieser Umbruchszeit im Angesicht der immer weiteren Ausbreitung des Christentums verfasst hat. In diesem Kontext mag das Lied weniger eine Schilderung allgemein verbreiteter Vorstellungen der Wikingerzeit sein als vielmehr ein ganz persönliches Glaubensbekenntnis eines Individuums; aber um wirklich abschätzen zu können, wie individuell dieses Lied tatsächlich ist, fehlt es zu sehr an zeitgenössischen Quellen. Was die Art und Weise betrifft, wie der Dichter seinen Stoff präsentiert, so gibt sich die *Völuspá* als ein Monolog: Eine Seherin, von Odin selbst befragt, verkündet in einer Kette eindringlicher Einzelbilder ihre visionäre Schau des Schicksals der Welt, von ihrer Schöpfung bis zu ihrer Zerstörung und Neuschöpfung.

Das Lied hebt damit an, dass die Seherin die „Söhne Heimdalls" (d.h. die Menschen) um Schweigen und Aufmerksamkeit bittet, damit alle die alten Sagen hören können, die Odin von ihr wissen will. Die Kenntnisse, die für einen solchen Vortrag nötig sind, besitzt die Seherin deshalb, weil sie selbst ein urzeitliches Wesen ist, das von den Riesen erzogen wurde und alle Welten kennt. Sie beginnt ihre Erzählung mit der Schilderung der Weltschöpfung: Am Anfang war nichts, nur die gähnende Leere des Ginnungagap, bis die ältesten Götter schließlich die Erde emporhoben und den Lauf der Zeit, der Sonne, des Mondes und der Sterne ordneten. Danach errichten die Götter für sich selbst Altäre und Tempel und schaffen allerlei Gegenstände; es ist ein Goldenes Zeitalter, in dem die Götter glücklich beim Brettspiel sitzen. Dann jedoch kommen drei Riesinnen zu den Göttern. Damit scheint die selige Zeit am Beginn der Schöpfung zu enden, wenngleich sich uns entzieht, wie genau die Riesinnen dieses Ende einläuten – vielleicht ist hier ein Mythos ähnlich dem griechischen Mythos von Pandora verloren gegangen. Nun jedenfalls halten die Götter eine Ratsversammlung ab und beschließen die Schöpfung der Zwerge „aus Brimis Blut und aus Bláins Knochen". Darauf folgt eine Aufzählung von Zwergennamen, die mehrere Strophen einnimmt und mehrere Dutzend Zwerge nennt. (Diese Zwerge sollten in Raufarhöfn als die Namenspatronen der Kalenderzwerge

Der Hafen von Raufarhöfn mit der Baustelle der „Arctic Henge" auf dem Hügel im Hintergrund.

dienen, die im Inneren der Arctic Henge aufgestellt werden sollten. Ihre Namen künstlerisch zu verarbeiten, hat lange Tradition, und das nicht nur hier in Nordisland: J.R.R. Tolkien hat sich bei seiner eigenen Schöpfung von Mittelerde aus dieser Liste ausgiebig bedient und ihr eine ganze Reihe von Zwergennamen zur Benennung seiner eigenen Zwerge entnommen. Auch der Name des Zauberers Gandalf stammt von hier: Er ist vom Zwerg Gandálfr entliehen.)

Auf die Schöpfung der Zwerge folgt die Schöpfung der Menschen. Die drei Götter Odin, Hœnir und Lóðurr finden an der Küste zwei Baumstämme vor und schaffen daraus das erste Menschenpaar: Askr und Embla. Dieses Bild der Schöpfung der Menschen zeigt durch die Verwendung von Treibholz als Grundstoff der menschlichen Schöpfung ein ganz isländisches Lokalkolorit, war doch Treibholz im waldarmen Island immer eines der wichtigsten Baumaterialien.

Von der Schöpfung der Menschen aus Baumstämmen fährt das Lied zu einer Schilderung des Weltbaums Yggdrasill fort; unter ihm sitzen die drei Nornen an einer Quelle und bestimmen den Menschen das Schicksal.

Der Auftritt zweier rätselhafter weiblicher Figuren bringt nun weiteres Übel in die Welt: Der erste Krieg und Hexerei nehmen ihren Ausgang von zwei Frauengestalten, ohne dass jedoch der genaue Verlauf der Ereignisse recht fassbar wird.

In knappen Bildern wird im Folgenden auf einige Mythen angespielt, die teilweise aber sehr rätselhaft bleiben. Zu diesen Mythen zählen der Krieg zwischen den beiden Götterfamilien der Asen und Wanen, der Mythos vom Riesenbaumeister (→Ásbyrgi), und ein Mythos darüber, wie Odin Wissen erwarb, indem er ein „Pfand" (sein Auge?) in der Quelle des Mímir niederlegte. Daraufhin sieht die Seherin eine Vision einer Schar von Walküren (→Hlíðarendi); das Auftreten dieser Totendämonen leitet den Mythos von der Ermordung des Gottes Balder ein (→Ásbyrgi, S. 62; →Krosshólaborg). Diese Bluttat war von Loki angestiftet worden; eine Strophe schildert, wie er zur Strafe in Bande gelegt wird. Die kurze Schilderung dieser Götterstrafe wiederum leitet zu einem Abschnitt über, in dem Jenseitsgefilde und Orte der Toten beschrieben werden. Damit richtet sich der Blick der Seherin auf die bedrohlichen Welten der Riesen und Ungeheuer – und schließlich auf den Weltuntergang: In einem gnadenlosen Kampf von Menschen gegen Menschen und Göttern gegen Riesen zerfleischt sich die Welt, bis sie schließlich vom Feuer verschlungen wird, das der Riese Surtr entzündet (zu diesem Riesen und für ein langes Zitat aus der Schilderung des Weltuntergangs →Surtshellir).

Der Weltenbrand bedeutet jedoch kein endgültiges Ende; vielmehr zieht er eine Neuschöpfung der Welt nach sich, die nun wieder grün und blühend aus dem Meer auftaucht, in dem sie zuvor versunken war. Die Götter sitzen jetzt wieder zusammen vor ihren goldenen Spielbrettern, Balder wird wieder lebendig, die Äcker tragen unbesät Frucht und ein mit Gold gedeckter Saal glänzt in der Sonne. Ein letztes Mal sieht man nun den Drachen fliegen, der in der Unterwelt die Leichen gefressen hatte; doch nun versinkt er.

7. Hraunhafnartangi: Von einer Eisbärenmahlzeit*

Von Raufarhöfn führt die Straße Nr. 85 als Schotterpiste weiter in den Norden. Die Straßentrasse hält sich eng an der Küste. Festlandseitig im Westen der Straße liegt ein von Seen durchsetztes Feuchtland, und bei der weiteren Reise nach Norden, eingezwängt zwischen dem Meer und dem Feuchtgebiet, hat man immer mehr ein Gefühl, als würde das Land ausfransen und sich ins Wasser auflösen – gerade bei nebligem Wetter, wenn die Konturen des Festlands endgültig zerfließen, bekommt dieses Gefühl des Zerschwimmens der Landschaft eine überwältigende Intensität. Etwa zwölf Kilometer nördlich von Raufarhöfn macht die Straßentrasse einen Bogen und beginnt, sich nach Süden zu wenden. Am nördlichsten Punkt dieses Bogens befindet man sich an der Landspitze Hraunhafnartangi und hat damit den nördlichsten Punkt Islands erreicht, der durch eine Straße erschlossen ist.

An der Nordspitze der Landzunge steht Islands nördlichster Leuchtturm, ein schlanker, eleganter Bau aus den 1940er Jahren, der sich von der Straße aus in einem schönen Spaziergang erreichen lässt. Hier ist man vom Polarkreis gerade einmal noch drei Kilometer entfernt; nur die Landspitze Rifstangi, die sich etwa acht Kilometer weiter westlich befindet, kommt dem Polarkreis näher als Hraunhafnartangi, und auch sie nur um eine Haaresbreite.

Auch das heute so abgelegene Hraunhafnartangi erscheint bereits in den mittelalterlichen Sagas. Nur wenige Gehminuten vom Leuchtturm entfernt befindet sich ein Steinhügel, der als der Grabhügel des Sagahelden Þorgeirr Hávarsson und seiner Gefährten gilt. Dieser Held ist aus der „Saga von den Schwurbrüdern" bekannt, der *Fóstbrœðra saga*. Er und seine Männer sollen hier nach heldenhaftem Kampf gegen eine große Übermacht gefallen sein. Mythologisch interessanter ist jedoch eine Geschichte, die im Landnahmebuch verzeichnet ist. Dort wird über den ersten Siedler in

---
* Ferðakort-Straßenatlas 19 AA1.

Hraunhafnartangi: die Landspitze von Hraunhöfn ("Steinebenenhafen") im äußersten Norden Islands.

diesem Teil Islands, und über dessen Familie, Folgendes erzählt:

Arngeirr hieß ein Mann, der nahm ganz Slétta zwischen Hávararlón und Sveinungsvík; seine Kinder waren Þorgils und Oddr und Þuríðr, die Steinólfr im Þjórsárdalr heiratete.

Arngeirr und Þorgils gingen in einem Schneesturm von daheim weg, um Vieh zu suchen, und kamen nicht mehr nach Hause. Oddr zog los, um nach ihnen zu suchen, und er fand da beide tot vor, und ein Eisbär hatte sie getötet; und der war eben beim Fressen, als Oddr dazukam. Oddr tötete den Bären und bracht ihn nach Hause, und die Leute sagen, dass er den Ganzen aufgegessen habe; und er sagte, dass er da seinen Vater rächte, als er den Bären tötete, und da seinen Bruder, als er ihn aufaß.

Danach war Oddr bösartig und schwierig im Umgang. Er hatte so große Fähigkeiten zum Gestaltwandel, dass er einmal am Abend von daheim von Hraunhöfn wegging und am Morgen danach im Þjórsárdalr seiner Schwester zur Hilfe kam, die die Leute aus dem Þjórsárdalr steinigen wollten.

Diesem Bericht zufolge umfasste Arngeirs Landnahme den gesamten Nordostteil der Halbinsel, an deren Nordende Hraunhafnartangi liegt: Hávararlón ist wohl mit dem See bei

Der mutmaßliche Grabhügel des Þorgeirr Hávarsson auf der Landspitze von Hraunhöfn. Im Hintergrund der Leuchtturm von Hraunhafnartangi.

Núpskatla identisch, der etwa zwanzig Kilometer westlich von Hraunhafnartangi liegt, und Sveinungsvík gibt es noch heute; es liegt etwa siebzehn Kilometer südsüdöstlich. Arngeirs Hof Hraunhöfn selbst existiert heute nicht mehr. Der Name dieses Gehöfts lebt jedoch in den Namen der Landspitze Hraunhafnartangi („Hraunhöfn-Landspitze") und des Sees Hraunhafnarvatn („Hraunhöfn-See") unmittelbar südlich davon fort. Arngeirr beanspruchte damit den größten Teil der heutigen Melrakkaslétta für sich, der „Polarfuchs-Ebene".

Eisbären wie derjenige, der Arngeirr und Þorgils zum Verhängnis geworden sein soll, könnten mit arktischem Treibeis nach Hraunhöfn gelangt sein. Noch in der jüngeren Vergangenheit kam es vor, dass der Hafen von Raufarhöfn von Treibeis aus dem Polarmeer blockiert wurde, und viele isländische Heimatmuseen besitzen ausgestopfte Eisbären, die das Pech hatten, auf ähnlichem Weg nach Island gelangt zu sein. Soweit ist die Geschichte grundsätzlich also realistisch. Mit den Folgen von Odds Eisbärenmahlzeit freilich betritt man das Gebiet des Mythischen. Um den Tod seiner Verwandten zu rächen, verspeist Oddr den Bären, der Arngeirr und Þorgils getötet und gefressen hat, und mit dieser Mahlzeit nimmt er selbst Charakterzüge eines Bären an: Er wird zu einem ganz unverträglichen Menschen und vollzieht so eine Angleichung an das wilde Raubtier. Darüber hinaus erwirbt er sich sogar die Fähigkeit zum Gestaltwandel: Er ist nun dazu in der Lage, seine menschliche Natur und Gestalt ganz abzustreifen und sich in einen Bären zu verwandeln, der in einer Nacht ganz Island durchqueren kann; denn das Tal Þjórsárdalur, wo er seiner Schwester beisteht, liegt im isländischen Südwesten (→Stöng). Der Anlass für Odds Reise in dieses Tal legt freilich nahe, dass Odds merkwürdiger Erwerb solcher Kräfte nicht ausschließlich dem Verzehr des Bären geschuldet war. Dass die Leute aus dem Þjórsárdalur seine Schwester gerade steinigen wollten, deutet darauf hin, dass sie sich böser Zauberei schuldig gemacht hatte: Steinigung war typischerweise die Strafe für Hexerei. Die Darstellung des Landnahmebuchs scheint so zu implizieren, dass Odds Familie eine weitreichende Veranlagung zum Zauber(un)wesen hatte, die sich in Oddr nach seiner Bärenmahlzeit nur besonders spektakulär zeigte. Auch außerhalb seines Familienumfelds ist der Gestaltwandler Oddr keine isolierte Figur: Das Motiv des Zauberers mit der Fähigkeit zum Gestaltwandel und ähnlichen Talenten kommt in der nordischen Literatur immer wieder vor (vgl. etwa →Seyðisfjörður). Wer eine der beeindruckendsten altnordischen Geschichten von einem Bärenmann lesen will, dem sei die „Saga von Hrólfr Kraki", die *Hrólfs saga kraka*, besonders ans Herz gelegt, auch wenn diese Saga nicht in Island spielt.

8. Goðafoss und Bárðardalur: Von Götterbildern und Trollen*

Goðafoss, der „Wasserfall der Götter", ist zwar längst nicht der größte, aber dennoch einer der berühmtesten Wasserfälle Islands; er liegt etwa auf halbem Weg zwischen dem See Mývatn und Akureyri an der Ringstraße, ziemlich genau an der Stelle, wo die Sprengisandur-Hochlandroute von Süden durch das Bárðardalur kommend auf die Ringstraße trifft. Der besondere Reiz des Goðafoss beruht weniger auf einer gewaltigen Wassermenge oder Fallhöhe – letztere beträgt gerade einmal zwölf Meter – als vielmehr auf dem Charme seiner Form: Der Wasserfall hat die Form eines Halbmonds. Damit umarmt er das Becken, in das sich das Wasser ergießt, dergestalt, dass die von mehreren Seiten herabstürzenden Wassermassen das Wasser im halbrunden Tosbecken in einen ringsum brodelnden Hexenkessel verwandeln.

Der Name „Wasserfall der Götter" wird von einer Volkssage darauf zurückgeführt, dass der Gesetzessprecher Þorgeirr seine Götterbilder in diesen Wasserfall geworfen habe, nachdem auf seinen Rat hin auf der Volksversammlung des Jahres 999/1000 das Christentum zur Staatsreligion Islands erhoben worden war (→Þingvellir). Wie alt diese Sage ist und ob der Name des Wasserfalls tatsächlich auf die Versenkung von Þorgeirs Götterstatuen zurückgeht, ist heute im Dunkel der Geschichte verborgen; immerhin wird diese Sage schon um das Jahr 1880 von Kristian Kålund in seiner zweibändigen Beschreibung Islands erwähnt und ist somit zumindest nicht erst eine ganz junge Erfindung. In der mittelalterlichen Literatur ist sie jedoch noch nicht bezeugt.

Dennoch spielt der Goðafoss auch in den Sagas eine Rolle: Die *Grettis saga*, die „Saga von Grettir dem Starken" aus dem 14. Jahrhundert, siedelt hier eine berühmte Trollgeschichte an. Diese Episode der *Grettis saga* beginnt auf dem Hof „Sandhaugar, südlich von Eyjardalsá". (Beide Gehöfte, Sandhaugar und Eyjardalsá, existieren noch heute; wer vom Goðafoss auf der Straße Nr. 842 das Bárðartal nach Süden

---

* Ferðakort-Straßenatlas 8 W5.

Der Wasserfall Goðafoss.

Þorgeirr versenkt seine Götterbilder im Wasserfall Goðafoss: Bleiglasfenster in der Stadtkirche von Akureyri.

hinauffährt, kommt an beiden vorbei.) Auf Sandhaugar wohnt der Bauer Þorsteinn der Weiße mit seiner Frau Steinvör und dem Rest seiner Familie. Eines Tages zu Weihnachten trägt es sich zu, dass Steinvör zur Weihnachtsmesse nach Eyjardalsá geht, wo ein Priester wohnt. In dieser Nacht hört man auf dem Hof einen lauten Lärm, der sich Þorsteins Bett nähert; aber niemand wagt, aufzustehen und nachzusehen, was diesen Lärm verursacht. Am nächsten Morgen ist Þorsteinn spurlos verschwunden. Daraufhin bleibt auf dem Hof ein Jahr lang alles friedlich. Als Steinvör zum nächsten Weihnachtsfest jedoch wieder zur Christmette nach Eyjardalsá geht und einen Knecht zuhause lässt, der auf den Hof aufpassen soll, ereignet sich erneut dasselbe wie im Jahr zuvor: Am Morgen ist der Mann verschwunden, und es gibt keine Spur von ihm – bis auf etwas Blut an der Tür.

Diese Geschichte spricht sich herum und kommt irgendwann auch Grettir dem Starken zu Ohren. Da Grettir zu diesem Zeitpunkt schon geächtet ist, verkleidet er sich und begibt sich so zum folgenden Weihnachtsfest nach Sandhaugar. Die Bäuerin gewährt ihm Unterkunft und Verpflegung, warnt ihn aber davor, dass es auf dem Hof um Weihnachten nicht mit rechten Dingen zugeht. Grettir reagiert auf die Warnung jedoch nur damit, dass er Steinvör zur Messe schickt.

Als es Nacht wird, schickt Grettir die daheimgebliebenen Bewohner des Hofs in den hinteren Teil des Wohnhauses und errichtet vor ihnen eine hohe Barriere aus Tischen und Bänken; er selbst legt sich neben die Eingangstür. Um Mitternacht ist von draußen ein lauter Lärm zu hören, und eine Trollfrau betritt den Raum mit einem Messer in der einen und einem Bottich in der anderen Hand. Nun kommt es zu einem Kampf zwischen Grettir und der Trollfrau, bei dem die beiden alles kurz und klein schlagen. Schließlich gelingt es der Trollfrau, Grettir nach draußen zu zerren – wobei sie den Türrahmen gleich mit aus der Wand reißt – und ihn zur Schlucht zu schleppen. Die ganze Nacht lang kämpfen sie dort, bis es Grettir schließlich gelingt, die Trollfrau an der Kante der Schlucht zu Fall zu bringen und ihr einen Arm abzuschlagen, während sie in den Wasserfall stürzt.

Die Schlucht und die Gischt des Wasserfalls Goðafoss.

Völlig zerschlagen und zerschunden kehrt Grettir am nächsten Morgen zum Hof zurück, offenbart jetzt seinen wirklichen Namen und lässt den Priester aus Eyjardalsá holen. Der schenkt Grettis Bericht jedoch keinen Glauben und geht wieder nach Hause. Als Grettir sich erholt hat, sucht er ihn daher eine Weile später auf. Zusammen gehen sie zum Wasserfall, und Grettir seilt sich in den Wasserfall hinein ab, während der Priester das Seil bewachen soll.

Nachdem Grettir unter dem Wasserfall hindurchgetaucht ist, gelangt er hinter dem Wasservorhang in eine Höhle. Dort findet er einen abscheulichen Riesen vor, der an einem Feuer sitzt. Als der Riese den Eindringling bemerkt, geht er sofort mit einer Lanze auf ihn los; Grettir gelingt es nach einem kurzen, aber heftigen Kampf jedoch, dem Riesen mit seinem Schwert einen solchen Hieb zu versetzen, dass ihm die Eingeweide aus dem Bauch fallen und sie im Wasser forttreiben.

Nachdem Grettir den Riesen getötet hat, sieht er sich in der Höhle um und findet dort viele Schätze, aber auch die Gebeine der zwei Männer, die vom Hof Sandhaugar entführt worden waren. Die Nacht verbringt er in der Höhle hinter dem Wasserfall, und am nächsten Morgen zieht er sich am Seil nach oben ans Ufer des Flusses. Der Priester hat sich inzwischen längst davongemacht: Denn alles, was er von oben gesehen hatte, waren die Eingeweide, die aus der Höhle davontrieben; so hatte er angenommen, dass Grettir getötet worden sei. Auf dem Rückweg nach Sandhaugar lässt Grettir die Gebeine der zwei Männer, die von den Trollen geholt worden waren, in einem Sack vor der Kirchentür zurück; diesem makabren Packet legt er zwei Strophen bei, in denen er seinen Abstieg in die Höhle und den darauf folgenden Kampf hinter dem Wasserfall schildert. Diese zwei Strophen lauten:

Ich stieg in die dunkle Klamm;
es gähnte der rollende Sturz der Steine
gegen den Schwertsturm-Verleiher
des Kampfes mit nasskaltem Munde;
fest lag von vorn an der Brust
die reißende Strömung in der Halle der Weiber;
es kam dem Dichter auf die Schultern
der sehr harte Hass des Wasserwirbels.
  Der rollende Sturz der Steine = der Wasserfall; Schwertsturm = Kampf; Verleiher des Schwertsturms des Kampfes = Krieger; Mund = Höhleneingang; Halle der (Troll-)Weiber = Höhle.

Der Hässliche kam mir entgegen,
der Freund der Riesin aus der Höhle,
er rang fürwahr lange
mit mir, war sehr tapfer;
ich hieb die scharfschneidige
Schwertklinge vom Schaft;
die helle Schlachten-Lohe spaltete
die schwarze Brust und den Leib des Riesen.
  „"...Schwertklinge vom Schaft...": Der Riese kämpft mit einer Stangenwaffe, wohl einer Art Hellebarde oder Glefe.
  Schlachten-Lohe = Schwert.

Das Bárðardalur wird danach nie wieder von Trollen oder anderen Ungeheuern heimgesucht.

9. Akureyri: Von Heidentum und Christentum*

Akureyri, die „Hauptstadt des Nordens", ist mit knapp über 17.000 Einwohnern die größte Stadt Islands außerhalb der Hauptstadtregion um Reykjavík. Das Stadtzentrum von Akureyri mit seinen kleinen Häusern und seinem großen Hafen hat einigen Charme, und mit einer Reihe von Museen und den musealisierten Wohnhäusern mehrerer Schriftsteller hat Akureyri seinen Besuchern auch ansonsten einiges zu bieten. Gelegen ist Akureyri an der Südspitze des Eyjafjords. Dort befindet sich ein guter natürlicher Hafen, der die dänische Verwaltung im 18. Jahrhundert dazu bewog, Akureyri zu einem offiziellen Handelsplatz zu erheben. Der Fjord spielte auch schon in den nie umgesetzten Invasionsplänen des dänischen Königs Haraldr Gormsson eine Rolle: Der Zauberer, der für ihn in Walgestalt das Land auskundschaften sollte, wurde hier von einem Schwarm übernatürlicher Vögel vertrieben (→Seyðisfjörður).

Als ersten Siedler am Eyjafjord nennt das Landnahmebuch Helgi den Mageren, einen Mann, der einen irischen König zum Großvater hatte, in Irland erzogen worden war und aufgrund seines gemischten irisch-nordischen Erbes sowohl dem Christentum anhing als auch dem Kult der heidnischen Götter Skandinaviens nicht abgeneigt war. Das Landnahmebuch schildert seine Landnahme auf folgende Weise:

Helgi der Magere fuhr mit seiner Frau und seinen Kindern nach Island. Damals war auch Hámundr Höllenhaut bei ihm, sein Schwiegersohn, der Helgis Tochter Ingunn zur Frau hatte. Helgi war im Glauben sehr gemischt; er glaubte an Christus, aber rief Thor an bei der Seefahrt und in Bedrängnissen.

Als Helgi Island sah, befragte er Thor, wo er Land nehmen sollte, und das Orakel wies ihn nach Norden am Land vorbei. Da

---

* Ferðakort-Straßenatlas 8 U5.

Akureyri vom Ostufer des Eyjafjords aus. In der Bildmitte ist die Stadtkirche von Akureyri mit ihren Zwillingstürmen zu sehen.

fragte sein Sohn Hrólfr, ob Helgi auf das Polarmeer zuhalten würde, wenn Thor ihn dorthin weisen würde; denn der Schiffsbesatzung schien es höchste Zeit, vom Meer zu kommen, da der Sommer schon sehr weit fortgeschritten war.

Helgi kam jenseits der Insel Hrísey an Land, aber diesseits von Svarfaðardalr; den ersten Winter verbrachte er auf Hámundarstaðir. Sie hatten einen harten Winter.

Im Frühling ging Helgi auf den Berg Sólarfjall hinauf. Da sah er, dass es viel weniger schneebedeckt aussah, wenn man in denjenigen Fjord hineinblickte, den sie von den Inseln, die dort draußen davor lagen, den Eyjafjord nannten, den „Inselfjord". Danach trug Helgi all das, was er besaß, auf sein Schiff, aber Hámundr blieb zurück. Helgi ging da bei Galtarhamarr an Land; da warf er zwei Schweine an Land, und der Eber hieß Sölvi. Sie fanden sich drei Winter später im Tal Sölvadalr, in „Sölvis Tal"; da waren sie miteinander siebzig Schweine.

Helgi erkundete während des Sommers das ganze Gebiet und nahm sich den ganzen Eyjafjord zwischen Sigluness und Reynisness, und er machte bei jeder Flussmündung ein großes Feuer und heiligte sich so das ganze Gebiet. Er saß in diesem Winter beim Fluss Bíldsá, und im Frühling überführte Helgi seinen Hof auf das Vorgebirge Kristnes, „Christus-Vorgebirge", und er wohnte dort, solange er lebte.

Während des Umzugs kam Þórunn auf der Insel Þórunnarey („Þórunns Insel") im Fluss Eyjafjarðará nieder; dort gebar sie Þorbjörg Inselsonne. Helgi glaubte an Christus und benannte deshalb seine Wohnstatt nach ihm.

Danach begannen Leute, mit seiner Zustimmung im Landnahmegebiet Helgis zu wohnen.

Diese Schilderung von Helgis Landnahme enthält einige Elemente, die für Landnahmeschilderungen allgemein typisch sind. So ist es ein ausgesprochener Gemeinplatz von Landnahmeerzählungen, dass ein Gott – und insbesondere der Gott Thor – um Hilfe bei der Bestimmung des Siedlungsplatzes angerufen wird. Im Fall anderer Landnehmer dient dabei meist das Überbordwerfen der Hochsitzpfeiler als das Orakel, durch das Thor den neuen Siedlungsplatz bestimmt (→Reykjavík; →Helgafell; →Jökulsá). Parallelen gibt es auch zur wundersamen Vermehrung von entlaufenen Schweinen. Dieses Motiv wird auch mit Ingimundr dem Alten verbunden, in dessen Fall es sich bei der Schweinevermehrung um eine Gunstbezeugung des Gottes Freyr handelt (→Vatnsdalur). Ebenso ist auch die Verwendung von Feuer zur rituellen Besiegelung einer Landnahme in den Landnahmeschilderungen nicht nur für Helgi bezeugt (→Þórsnes). Helgis Vorgehen bei der Landnahme ist somit eigentlich ganz typisch heidnisch. Dies wird aber dadurch konterkariert, wie Helgis Sohn sein Vertrauen auf das Thorsorakel kritisiert. Und auch in der Religiosität von Helgi selbst zeigt sich eine erhebliche Distanz zu einem „reinen" Heidentum, da er Christ ist und sogar den Standort seines endgültigen Hofs nach Christus benennt: Helgi ist in gewissem Sinne ein Halbchrist, aufgewachsen zwischen der heidnischen Kultur Skandinaviens und der christlichen Kultur Irlands und selbst – je nach Anlass – bald Heide und bald Christ. Gerade durch diese Mischung ist Helgi aber repräsentativ für das kulturelle, ethnische und religiöse Gemisch des frühen Island.

An Helgis Landnahme wird in Akureyri mehrfach erinnert. Über der Stadt blickt eine Bronzestatue des Landnehmers und seiner Frau über sein Land, nahebei trägt eine

Die Landnahme Helgis des Mageren: Bleiglasfenster in der Stadtkirche von Akureyri.

Straße seinen Namen, und auch in der evangelischen Stadtkirche von Akureyri zollt man ihm Tribut. Gerade einen Besuch in dieser Kirche sollte man sich nicht entgehen lassen. Die Stadtkirche von Akureyri, geweiht im Jahr 1940, thront in landschaftsbeherrschender Lage auf einem Hügel über dem Stadtzentrum. Mit ihren hochstrebenden, kantigen, an Basaltsäulen erinnernden Formen zeigt sie eine unübersehbare Familienverwandtschaft mit der Hallgrímskirkja in Reykjavík; tatsächlich wurden beide vom selben Architekten entworfen, Guðjón Samúelsson. Von besonderem Interesse

Im Hafen von Akureyri.

sind neben dem so islandtypischen architektonischen Gesamtentwurf vor allem die Buntglasfenster der Kirche. Die Fenster des Kirchenschiffs zeigen im oberen Teil jeweils Szenen aus dem neuen Testament und im unteren Teil Szenen, Personen und Orte der isländischen (Kirchen-)Geschichte. Eben hier wird auch die Rolle Helgis für die Region des heutigen Akureyri gewürdigt, denn eines dieser Glasfenster zeigt gerade seine Landnahme im Eyjafjord. Andere Fenster zeigen die ersten Missionare in Island, Þórvaldr den Weitgereisten und den sächsischen Missionsbischof Friedrich; die Volkssage von Þorgeirs Versenkung seiner Götterbilder im Wasserfall →Goðafoss (Þorgeirr hält hier ein Bildnis Odins in seinem Arm, erkennbar an der Einäugigkeit des Gottes und seinen beiden Attributtieren, den Raben Huginn und Muninn); den Dom von Skálholt und Ísleifr Gissurarson, den ersten Bischof von Island und Grönland (geweiht im Jahr 1056); und die Domkirche von Hólar mit dem ersten Bischof von Hólar, Jón Ögmundsson (geweiht im Jahr 1106; Jón wird in Island gern als Heiliger bezeichnet – entsprechend heißt er auf dem Kirchenfenster „Jón *helgi* Ögmundsson" –, wurde aber von Rom nie kanonisiert). Anderswo ist die Niederschrift von Sagas in einem klösterlichen Skriptorium dargestellt, sowie die Reformation (*siðaskipti*) und das

Martyrium des letzten katholischen Bischofs von Hólar, Jón Arason: Jón wurde aufgrund seines Widerstands gegen die Reformation im Jahr 1550 hingerichtet. (Dass diese Exekution gerade in einer protestantischen Kirche dargestellt wird, dürfte wesentlich damit zu tun haben, dass Jón Arason aufgrund seines Widerstands gegen die Reformationsbestrebungen des dänischen Königs nicht nur als katholischer Märtyrer, sondern insbesondere auch als isländischer Patriot betrachtet wird.) Weitere Buntglasfenster zeigen Guðbrandur Þorláksson, einen Bischof von Hólar, der u.a. im Jahr 1584 die erste vollständige Übersetzung der Bibel ins Isländische drucken ließ; Hallgrímur Pétursson, einen berühmten isländischen Hymnen- und Psalmendichter (nach ihm ist die Hallgrímskirkja in Reykjavík benannt); und den Dichter und Priester Matthías Jochumsson, den Verfasser der isländischen Nationalhymne. Zu sehen ist schließlich auch die Weihe der Akureyrarkirkja selbst am 17. November 1940. Der Mittelteil des zentralen Buntglasfensters in der Apsis stammt aus der englischen Kathedrale von Coventry, die im zweiten Weltkrieg zerstört wurde.

Am Eyjafjord: die Landschaft beim mittelalterlichen Handelsplatz Gásir, etwas nördlich von Akureyri.

10. Munkaþverá: Von einem Totschläger und dem Gott Freyr*

Etwa fünfzehn Kilometer südlich von Akureyri an der Straße Nr. 829 liegt die Kirche von Munkaþverá, ein kleiner, eleganter Holzbau aus dem Jahr 1844. Das Kirchlein ist in einem erdigen Dunkelbraun gehalten, das durch einige leuchtendweiße Details nur umso besser zur Geltung kommt. Die steilen Berghänge im Hintergrund und ein gepflegter, baumbestandener Friedhof, der die Kirche ringsum umgibt, vervollständigen ein Bild, das aus einem idyllischen Aquarell des 19. Jahrhunderts stammen könnte.

Wo heute nur noch ein kleines Landkirchlein steht, befand sich von der Mitte des 12. Jahrhunderts bis zur Reformation im Jahre 1550 eines der wichtigsten Benediktinerklöster Islands. Schon der erste Abt des Klosters, Nikulás Bergsson, machte sich einen Namen, indem er eine mehrjährige Reise ins Heilige Land unternahm und nach seiner Rückkehr einen Pilgerführer verfasste, der unter dem Namen *Leiðarvísir* bekannt und bis heute erhalten ist. In diesem kleinen Werk gibt Nikulás eine Vielzahl von Informationen, die für Reisende (und Lehnstuhlreisende) von Interesse sein konnten. Dabei beantwortet er auch eine Reihe rein touristischer Fragen, wie etwa: Wo kommt man an der Gnitaheide vorbei, auf der Sigurðr den Drachen tötete (→Drekagil)? Antwort: Zwischen Paderborn und Mainz. Oder: Wo sind die Frauen am schönsten? Antwort: In Siena.

Vor der Gründung des Klosters, als der Ort noch nicht „Þverá der Mönche" (Munka-Þverá) hieß, sondern einfach nur Þverá, fungiert Munkaþverá als einer der Schauplätze der *Víga-Glúms saga*, der „Saga von Totschlag-Glúmr". Diese Saga aus dem 13. Jahrhundert erzählt von Glúmr Eyjólfsson, der in der zweiten Hälfte des 10. Jahrhunderts einer der mächtigsten Großbauern Nordislands gewesen sein soll – und zwischen dem und dem Gott Freyr eine gewisse Spannung herrscht. Hierzu kommt es dadurch, dass innerhalb

---
* Ferðakort-Straßenatlas 8 U5.

Der Kirchhof und die heutige Kirche von Munkaþverá. Die moderne Kirche stammt aus dem Jahr 1844.

von Glúms Familie aufgrund der Habgier Þorkels des Langen (eines angeheirateten Verwandten Glúms) ein Streit über den Besitz einiger der Ländereien am Eyjafjord entsteht. Bei diesem Streit geht es unter anderem auch um ein besonders wertvolles Feld nahe beim Hof Þverá, das den Namen Vitazgjafi trägt. Dieses Feld hat die wundersame Eigenschaft, dass es immer fruchtbar ist; dies dürfte ein Hinweis darauf sein, dass der Fruchtbarkeitsgott Freyr diesem Landstrich besonders gewogen ist, und in der Tat hat Freyr nicht allzu weit entfernt einen Tempel. Gerade dieses wundersame Feld ist nun der Ort, an dem Glúmr seinen ersten Totschlag auf isländischem Boden verübt – ein Totschlag, der zwar provoziert worden war, der aber doch auf offenbar besonders heiligem Boden stattfindet und dessen Opfer obendrein ein weitläufiger Verwandter Glúms ist. Es mag sein, dass dies ein Wendepunkt in Totschlag-Glúms Laufbahn ist, an dem er sich die Gunst des Gottes verspielt. Trotzdem gelingt es ihm im folgenden Gerichtsverfahren, die vielen Ungerechtigkeiten zu seinem Vorteil zu nutzen, die Þorkell der Lange sich in der vorangegangenen Zeit hatte zuschulden kommen lassen und die den Totschlag auf Vitazgjafi erst provoziert hatten. Das Ergebnis ist, dass Þorkell seinen Hof Þverá weit unter Wert an Glúmr verkaufen muss. Vor dem weltlichen Gericht triumphiert Glúmr so auf ganzer Linie. Ehe Þorkell seinen Hof Þverá jedoch endgültig verlässt, geht er mit einem Ochsen zum Tempel Freys, erinnert den Gott an die vielen Opfer, die er ihm in der Vergangenheit dargebracht hat, und bittet ihn darum, dass Glúmr Þverá einst mit ebenso großem Unwillen verlassen möge wie jetzt er selbst. Da gibt der Ochse ein Brüllen von sich und fällt tot um. Þorkell fasst dies als ein Zeichen auf, dass Freyr sein Opfer angenommen hat und ihm seinen Wunsch erfüllen wird.

Als wäre dies nicht schon schlimm genug, verhält sich Totschlag-Glúmr im Folgenden auch noch in einer Weise, die den Gott weiter provoziert: In der Nähe von Þverá, wo Glúmr nun einzieht, steht ein Tempel des Gottes. Aufgrund der Heiligkeit dieses Orts dürfen sich in der Umgebung keine Geächteten aufhalten. Totschlag-Glúmr lässt sich hierdurch jedoch nicht davon abbringen, einem Geächteten mehrere Jahre lang Unterschlupf zu gewähren. So verwundert es nicht, dass Glúmr sich die Sympathie des Gottes endgültig verspielt. Später hat er sogar einen hellsichtigen Traum, der ihm dies bestätigt: In diesem Traum sieht er eine große Schar seiner Vorfahren, die beim Gott Freyr vorstellig werden und ihn darum bitten, Glúmr zu helfen; er solle nicht zulassen, dass Glúmr aus Þverá vertrieben wird. Freyr verhält sich ihnen gegenüber jedoch zornig und abweisend und erinnert zudem an den Stier, den Þorkell ihm geopfert hatte. Nachdem er aus diesem Traum aufgewacht ist, meint Glúmr trocken, dass er von nun an von Freyr genug habe. Unmittelbar nach diesem Traum verliert Glúmr einen Totschlagsprozess, wird geächtet und muss Þverá verlassen.

Dass Glúmr sich nach den Provokationen, die er sich dem Gott Freyr gegenüber zuschulden kommen ließ, überhaupt so lange auf Þverá halten konnte, wie er dies tat, hängt wesentlich damit zusammen, dass ihm auch mächtige Quellen übernatürlicher Hilfe zur Verfügung standen. Diese Hilfe verdankte er seinem norwegischen Großvater. Sie bestand nicht zuletzt aus drei Talismanen – einem Mantel, einem

Speer und einem Schwert –, die Glúmr von seinem Großvater mit dem ausdrücklichen Hinweis erhielt, dass er erfolgreich und angesehen sein würde, solange er sie besäße, aber sein Glück verlieren würde, wenn er sie fortgäbe. Tatsächlich erfüllte sich diese Vorhersage: Viele Jahre später gab Glúmr diese Gegenstände weg – und verlor danach den Prozess, in dem er von Þverá vertrieben wurde.

Die drei Familientalismane, mit denen Glúmr so sorglos umging, waren zudem nicht die einzige Hilfe, die ihm durch seinen Großvater zuteilwurde. Zusätzlich erhielt Glúmr von ihm auch sein personifiziertes Glück. Denn als Glúmr eben dabei war, sich im Eyjafjord als wichtiger Mann zu etablieren, hatte er eines Nachts einen Traum:

Es schien ihm, dass er sich draußen auf seinem Hof befand und auf den Fjord hinaussah. Es schien ihm, dass er eine Frau von draußen über das Land gehen sah, und sie ging dorthin in Richtung auf Þverá; und sie war so groß, dass ihre Schultern auf beiden Seiten das Gebirge berührten. Und es schien ihm, dass er vom Hofplatz hinaus und ihr entgegen ging und sie zu sich bat; und dann wachte er auf.

Diesen Traum deutete Glúmr so, dass es sich bei der Frau um die *hamingja* seines Großvaters handelte, um sein personifiziertes Glück, das als eine Art Schutzgeist oder Folgegeist erscheinen kann; in gewissem Sinne ist sie ein heidnischer Schutzengel (→Hof am Álftafjord). Die Größe dieser Figur erklärte sich daraus, dass Glúms Großvater in jeder Hinsicht ein überragender Mann gewesen war. Dass diese *hamingja* aber auf Glúmr überging, war ein Zeichen, das den Tod von Glúms Großvater anzeigte. Und tatsächlich brachte bald ein Schiff aus Norwegen die Nachricht vom Tod des alten Mannes. Dieser mächtige Schutzgeist dürfte viel dazu beigetragen haben, dass Glúmr in den folgenden Jahrzehnten zu einem der mächtigsten Männer – und zeitweise zu *dem* mächtigsten Mann – am Eyjafjord wurde. Nachdem Glúmr den Gott Freyr gegen sich aufgebracht und obendrein die Familientalismane seines Großvaters weggegeben hatte, konnte ihn jedoch auch ein solch mächtiger Schutzgeist nicht mehr davor bewahren, dass das Unglück über ihn hereinbrach.

11. Hvanndalur: Vom Land der Unsterblichkeit*

Wer sich auf die Suche nach Shangri-La begibt, der muss dazu bereit sein, bis in die entlegensten Winkel der Erde vorzustoßen. Dies gilt für Reisende, die dieses Tal der Unsterblichkeit inmitten der Gipfel des Himalaja suchen, und es gilt nicht weniger für Reisende, die ihr Shangri-La im Nordatlantik finden wollen.

Den Islandreisenden können zwei Routen ins Land der Unsterblichkeit führen. Die eine nimmt ihren Ausgangspunkt vom kleinen Fischerdorf Ólafsfjörður am gleichnamigen Fjord, die andere vom wenig größeren Ort Siglufjörður, der gleichfalls vom Fischfang lebt. Beide Orte erlebten ihre Blüte in den Zeiten der Heringsfischerei, doch seit die Überfischung den großen Heringsschwärmen ein Ende bereitet hat, ist von den Heringsfabriken in Siglufjörður nur mehr ein (preisgekröntes) Museum geblieben. Nichtsdestoweniger hat sich gerade Siglufjörður mit seinem bunten kleinen Hafen einen lebendigen maritimen Charme bewahrt und bietet sich mit seinen zwei Campingplätzen als Ausgangspunkt eines Besuchs im Hvanndalur an. Die in der Touristeninformation von Siglufjörður erhältlichen detaillierten Wanderkarten sind für einen jeden Besuch im Hvanndalur ohnehin unentbehrlich.

Ob man nun jedoch von Ólafsfjörður oder von Siglufjörður aufbricht, in jedem Fall führt die Route zunächst unter die Erde. Seit einigen Jahren existiert eine direkte Straßenverbindung zwischen Ólafsfjörður und Siglufjörður, welche die beiden Orte mit Hilfe zweier mehrere Kilometer langer Straßentunnel nahezu geradlinig miteinander verbindet. Wo diese Straße (die Nr. 76) auf halber Strecke zwischen den beiden Orten für kurze Zeit das Licht des Tages erblickt, schneidet sie die Spitze des Héðinsfjords. Dort befindet sich ein kleiner Parkplatz. Dieser Parkplatz ist zwar noch etwa zwölf Kilometer vom Hvanndalur entfernt, stellt jedoch den

---
* Ferðakort-Straßenatlas 6 S3 / T3.

Der Aufstieg zum Hvanndalur: der Blick vom Pass über Vík nach Süden.

nächstgelegenen Punkt dar, der sich auf einer öffentlichen Straße erreichen lässt.

Die Wanderung von hier zum Hvanndalur folgt zunächst einem stetig schmaler werdenden Fußpfad am östlichen Ufer des Héðinsfjords. Dieser Weg führt an den Ruinen der aufgegebenen Höfe Grundarkot, Vatnsendi und Vík vorbei, die beredtes Zeugnis von der seit vielen Jahrzehnten andauernden Landflucht der Isländer ablegen; zugleich erinnern marmorne Gedenktafeln in den Ruinen an die letzten Einödbauern, die diese Höfe bewirtschafteten, und dokumentieren die enge Bindung zwischen deren Nachkommen und den alten

Der Hafen von Siglufjörður in der Abenddämmerung.

Familiensitzen am Fjord. An der Stätte des alten Hofs Vík befindet sich heute eine kleine Schutzhütte der isländischen Rettungsgesellschaft; von hier an gibt es keinen markierten Weg mehr, und der Wanderer muss sich mit Hilfe der detaillierten Wanderkarten der Region orientieren. Die Route zum Hvanndalur wendet sich hinter Vík ins Landesinnere und überquert den Bergkamm Víkurbyrða; weite Teile des Südwesthangs der Víkurbyrða bestehen aus losem Geröll, was den Aufstieg in Verbindung mit dem Fehlen befestigter Wege sowie einer Passhöhe von 703 Metern zu einer Herausforderung werden lässt. Jenseits des Passes folgt ein langer, aber problemloser Abstieg durch das Tal Vestaravik ins Tal Hvanndalur.

Zu den intensivsten Eindrücken des Abstiegs vom Pass hinab ins eigentliche Tal Hvanndalur gehört der extreme Kontrast zwischen der Eis- und Steinwüste des Víkurbyrða-Südwesthangs und dem satten Grün des Hvanndalur. An der Spitze einer der nördlichsten Halbinseln Islands gelegen, ist das Land am Héðinsfjord der Arktis so nahe, dass sich einzelne Schneeflächen in den höheren Lagen seiner Berge noch im Hochsommer halten können; gerade beiderseits des Passes über Vík lieg der Schnee in schattigen Mulden noch im August. Der anstrengende Aufstieg zum Pass ist so auch im Sommer von Schnee und leblosem Geröll geprägt; der Abstieg ins Tal führt den Wanderer danach jedoch in ein Land, das mit jedem Schritt grüner wird. Wenige Hundert Meter hinter dem Pass stößt man auf das zunächst noch kaum wahrnehmbare Tröpfeln eines winzigen Wasserlaufs, aus dem bald ein lebhaft-murmelnder kleiner Bergbach wird, die Hvanndalaá. Die kahlen Geröllhänge weichen derweil erdigem Boden, der mit einem immer dichter werdenden Teppich von Vegetation bedeckt ist: saftig-grüne Gräser, Moose und leuchtend-gelbe Blumen wetteifern um die Aufmerksamkeit des Wanderers und formen nach dem kahlen Stein des Passes eine wohltuende Oase, die ihn bereitwillig willkommen zu heißen scheint. Und schließlich ziehen sich sogar die drohenden Klippen zu beiden Seiten des Tals zurück: Wo es sich zum Meer hin öffnet, bietet sich nun ein breiter

Der Abstieg ins Tal Hvanndalur.

Blick auf tiefgrüne Wiesen vor dem Hintergrund des tiefblauen Nordpolarmeers; zwischen diesen Wiesen schlängelt sich die Hvanndalaá hindurch und stürzt schließlich in einem kleinen Wasserfall ins Meer. Auf dem Weg vom kahlen Pass herab hat der Wanderer ein kleines Paradies erreicht.

Das grob dreieckige Gebiet zwischen der Küste, der Hvanndalaá und dem Berghang, der das Tal Hvanndalur im Osten begrenzt, trägt noch auf modernen Karten den Namen *Ódáinsakur*, „Acker des Nicht-Gestorbenen", „Unsterblichkeitsacker", „Unsterblichkeitsfeld". Dieser zunächst etwas merkwürdig anmutende Name lässt sich einige Jahrhunderte weit in die Vergangenheit zurückverfolgen. Im Jahr 1777 unternahm der isländische Gelehrte Ólafur Ólafsson eine Reise durch Nordisland; in dem Reisebericht, den er einige Jahre später u.a. auch in deutscher Sprache veröffentlichte, vermerkte er:

> *Vom Hofe Ytreaae bis an Landsende, an der Westseite des Olafsfiord, liegen lauter steile Berge mit einem schmalen Vorstrande, unter welchen der 60 Klafter hoch geschätzte Hvanndalebierg der bekannteste ist. An der nach dem Heidinsfiord liegenden Seite von Landsende sind die Berge eben so steil, und der Strand ist eben so schmal. Da das Sirdal und die Hvanndale, ihrer seltenen und wohlriechenden Kräuter wegen, mir sehr gerühmt wurden, so kletterte ich mit vieler Mühe in die letztern hinauf, wo man mir ein ebenes und grasreiches kleines Feld zeigte, welches Odáinsager hieß, weil man*

glaubte, daß die dort wachsenden Kräuter dem Tode selbst fürchterlich wären; allein bis jetzo ist diese Eigenschaft an folgenden Kräutern, die ich daselbst fand, noch nicht entdeckt worden, nemlich: Empetrum nigrum *in voller Blüthe,* Ranunculus hederaceus, Stellaria biflora, Leontodon taraxacum, Gnaphalium alpinum, Vaccinium occycoccos, *nebst einigen Grasarten, und* Fragaria vesca, *die ich an andern Orten im Lande, eben so wenig als die bekannte Pflanze* Thalictrum minus, *gewahr geworden bin. Zum Sirdal kann man von der Seeseite noch weniger kommen, als zu den Hvanndalen, doch soll man an der einen Seite hinauf klettern können. So sehr diese Thäler wegen ihres Reichthums an Gras gerühmt zu werden verdienen, so werden sie doch schwerlich bewohnt werden, weil der Strand gar zu steil ist, die Landungsplätze unsicher sind, und sie gar zu weit abwärts liegen.*

Mehrere Details dieser Beschreibung verdienen es, genauer betrachtet zu werden: Die Erwähnung des Ódáinsakur als „ein ebenes und grasreiches kleines Feld" im Hvanndalur; die Vorstellung, dass gewisse dort wachsende Kräuter den Tod fernhalten könnten; und die Unzugänglichkeit des kleinen Talsystems, das landseitig von steilen Bergen umgeben und von der See durch eine Steilküste getrennt ist. Die meisten dieser Details kann auch der heutige Besucher noch eindringlich erleben: Wer die lange Wanderung über den Pass oberhalb von Vík unternommen hat, wird am eigenen Leib erfahren haben, warum Ólafur Ólafsson die landseitige Unzugänglichkeit des Hvanndalur betont; und wer über das saftige Gras des Ódáinsakur bis zur Küstenlinie des Tals hinabsteigt, der wird dort auch heute noch eine Steilküste vorfinden, die mehrere Meter nahezu senkrecht ins Meer hinein abfällt und ein sicheres Landen beinahe unmöglich macht. Aus der Beschreibung, die Ólafur Ólafsson hinterlassen hat, geht deutlich hervor, dass das Tal in seinen Tagen aufgrund dieser schlechten Erreichbarkeit unbesiedelt war, und dass Ólafur eine zukünftige Besiedlung auch nicht für möglich hielt. Damit sollte er freilich nur halb Recht behalten: Nach seiner Reise wurde aller Abgelegenheit zum Trotz ein Versuch unternommen, das Tal zu besiedeln – ein Versuch, der so spektakulär scheiterte, dass die zuständige Gemeinde das

Zwischen Küste, Berg und Bach: der Ódáinsakur.

Land spezifisch zu dem Zweck aufkaufte, um weitere Besiedlungsversuche zu verhindern. Die Ruinen der Hofgebäude, die dieser Siedlungsversuch im Tal hinterlassen hat, sind als vom Gras überwachsene Hügel heute noch zu sehen.

Von besonderem Interesse ist die schlechte Zugänglichkeit und die damit einhergehende Unmöglichkeit einer ganzjährigen Besiedlung des Tals in Anbetracht der Vorstellung, dass die Kräuter des Ódáinsakur sogar den Tod selbst vertreiben würden. Der älteste direkte Beleg für eine solche Auffassung des Ódáinsakur als ein Ort der Unsterblichkeit findet sich ein knappes Jahrhundert vor Ólafur Ólafsson. In einem in lateinischer Sprache verfassten Buch *Über die Todesverachtung der heidnischen Dänen*, das der dänische Gelehrte Thomas Bartholin der Jüngere im Jahr 1689 veröffentlichte, heißt es entsprechend:

> *Es gibt auch einen Ort in Nordisland, in der Präfektur Vöðluping, im Gebiet des Heðinsfjords, der sich sogar heute noch des Namens „Ódáinsakr" erfreut. Von ihm hatten viele der Umwohnenden die eitle Ansicht, dass dort niemand die Seele aushauchen könnte, selbst wenn er von einer tödlichen Krankheit befallen wäre, sondern dass er zuerst aus den Grenzen jenes Orts herausgebracht werden müsste. Gewisse Geschichten fügen hinzu, dass dieser Ort einst viele Bewohner gehabt hätte, die ihn alle verlassen haben, weil es elend sei, in den Wehen des Todes zu liegen und sich nach dem Ende des Lebens zu sehnen, es aber nicht erlangen zu können.*

Hier erscheint erneut die Vorstellung, dass der Ódáinsakur, das „Unsterblichkeitsfeld", ein Ort des ewigen Lebens und am Héðingsfjord zu finden sei – offensichtlich handelt es sich auch hier um den Ódáinsakur im Hvanndalur.

Wie weit die Vorstellung zurückreicht, dass sich im Hvanndalur ein Land der Unsterblichkeit befinde, lässt sich nicht mit letzter Sicherheit sagen; die Bemerkung Thomas Bartholins ist der älteste explizite Beleg, der das Land der Unsterblichkeit im Hvanndalur lokalisiert. Es spricht jedoch einiges dafür, dass diese Vorstellung noch in die Zeit der ersten Besiedlung Islands und vor die Bekehrung zum Christentum zurückreicht. Das Landnahmebuch berichtet, dass um das Jahr 900 zwei Siedler über den Besitz des Hvanndalur in Streit gerieten. Nun waren Streitigkeiten über Landbesitz in der Landnahmezeit keine Seltenheit; was den Streit um das Tal Hvanndalur jedoch in eine ganz eigene Kategorie rückte, war die exzessive Brutalität, mit der dieser Streit ausgetragen wurde: Einer der beiden Beteiligten soll 16 Männer erschlagen haben, ehe man sich auf einen Vergleich einigte; danach sollte die Nutzung des Tals jedem der beiden Streithähne abwechselnd je für einen Sommer zufallen.

Kein anderer landnahmezeitlicher Streit um Landrechte führte zu einem solchen Blutvergießen wie der Streit um dieses Tal im hohen Norden Islands. Dies wirft die Frage auf: warum? Warum wurde mit solcher Verbissenheit um ein Stück Land gekämpft, das zwar grün, aber weder besonders groß noch einfach zugänglich ist? Ein Tal, das sich weder von der Land- noch von der Seeseite gut erreichen lässt? Trotz der Schönheit des Hvanndalur ist seine geographische Lage so ungünstig, dass – wie das bereits Ólafur Ólafsson gesehen und die Erfahrung späterer Siedler bestätigt hat – eine dauerhafte Besiedlung unmöglich ist. Warum also dieses Blutvergießen? Die einfachste Antwort ist vielleicht, dass dieses Tal schon im 9./10. Jahrhundert als ein Tal der Unsterblichkeit galt. Der Streit um ein solches Shangri-La mag für die Siedler der Wikingerzeit eine mehr als ausreichende Rechtfertigung dafür dargestellt haben, zur Durchsetzung ihrer Ansprüche zu drastischen Mitteln zu greifen.

12. Þingeyrar: Von den Zweikämpfen eines Skalden*

Þingeyrar liegt etwa fünf Kilometer nördlich der Ringstraße am Ende der Straße Nr. 721, die ihrerseits etwa achtzehn Kilometer südlich von Blönduós von der Ringstraße nach Norden abzweigt. Die Landschaft von Þingeyrar ist von Weite und Leere geprägt: Þingeyrar liegt inmitten einer ganz konturlosen Schwemmlandebene, die im Norden am Húnafjord endet, nach Osten in ein Feuchtgebiet übergeht und im Westen an den mehrere Kilometer durchmessenden, aber sehr seichten See Hóp stößt. Die für Island so typischen Berge sind auch hier sichtbar, doch weniger als eine unmittelbar gegenwärtige Präsenz denn vielmehr als eine Begrenzung des Horizonts jenseits des Wassers und des flachen Lands.

Durch die konturlose Weite der Landschaft um Þingeyrar wirkt die massige, aus massiven schwarzen Basaltblöcken errichtete Kirche von Þingeyrar umso dominierender; in Anbetracht der Bedeutung von Þingeyrar in der isländischen Kirchengeschichte sei dem Gebäude seine beherrschende Lage jedoch auch vergönnt. Die heutige Kirche von Þingeyrar wurde erst im Jahr 1877 geweiht, kann sich jedoch eines spätmittelalterlichen Altarstücks aus England rühmen und auf eine ehrwürdige Vorgeschichte zurückblicken: Þingeyrar war bis zur Reformation der Standort von Islands zweitältestem Kloster; der erste Abt des Klosters Þingeyrar wurde im Jahr 1133 in sein Amt eingeführt. Von besonderer Bedeutung war dieses Kloster für die Geschichte der isländischen Literatur: Hier entstand eine Vielzahl von Sagahandschriften. In Þingeyrar wurde wohl auch die *Geschichte der Könige Britanniens* des Geoffrey von Monmouth ins Isländische übersetzt: Dieses Buch enthält die erste „Biographie" des Königs Artus und war damit eines der wirkmächtigsten Werke des Mittelalters. Auch in Island fand die Artussage

---
* Ferðakort-Straßenatlas 4 N5.

Die heutige Kirche von Þingeyrar, geweiht im Jahr 1877.

breiten Anklang und inspirierte eine große Menge sogenannter „Ritter-" oder „Märchensagas". Für ein unmittelbar mythologisch relevantes Beispiel der literarischen Produktion von Þingeyrar vgl. → Hof am Álftafjord.

Zur Zeit des isländischen Freistaats – vom 10. Jahrhundert bis in die 1260er Jahre – war Þingeyrar jedoch nicht nur als Klosterstandort von Bedeutung, sondern gerade auch als der Tagungsort einer Bezirks-Volksversammlung (*þing*). In dieser Funktion ist Þingeyrar der Ausgangspunkt für eine Reihe von Zweikämpfen des Skalden Kormákr Ögmundarson, wie sie von seiner Saga geschildert werden. Die Lebensgeschichte dieses Dichters (ein „Skalde" ist eine spezifisch nordische Variante eines Dichters) wird von der *Kormáks saga* geschildert, der „Saga von Kormákr". Kormákr war eine historische Figur, die in den Jahrzehnten um die Mitte des 10. Jahrhunderts wirkte. Die Bearbeitung seiner Biographie in der *Kormáks saga* aus dem frühen 13. Jahrhundert lehnt sich jedoch so deutlich an die Geschichte von Tristan und Isolde an, dass sie insgesamt weniger eine Biographie im engeren Sinne darstellt als vielmehr ein Zeugnis für die damalige Beliebtheit der Artussage und verwandter Stoffe. Die folgenden, mit Þingeyrar verbundenen Geschehnisse haben ihre

Wurzeln jedoch nicht in der Artusliteratur und der Tristansage, sondern greifen einheimische nordische Motive auf, wie sie auch in anderen isländischen Quellen erscheinen.

Während einer Herbstversammlung in Þingeyrar wird Kormákr von einem gewissen Þorvarðr zum Holmgang herausgefordert, einem stark ritualisierten Duell. Zwischen den beiden Männern herrscht viel böses Blut – was kein Wunder ist, ist Þorvarðr doch der Bruder des Mannes, der Kormáks unsterbliche, aber glücklose Liebe Steingerðr geheiratet hat. Die unglückliche Liebesgeschichte zwischen Kormákr und Steingerðr ist das zentrale Moment der *Kormáks saga*: Die Eltern des Mädchens waren so sehr gegen eine Verbindung zwischen den beiden, dass Steingerðs Mutter ihre Liebe verfluchte; dieser Fluch macht es ihnen unmöglich, je zusammenzukommen, und Steingerðs Ehe mit Þorvarðs Bruder ist ein Teil der Folgen dieses Fluchs. Entsprechend herrscht wenig Liebe zwischen Kormákr und Þorvarðs Familie, und es handelt sich bei dieser Herausforderung durch Þorvarðr auch nicht um die erste Herausforderung zu einem Zweikampf zwischen den beiden Männern – aber zuvor hatte Þorvarðr sich nie am Kampfplatz blicken lassen. Kormákr nimmt die Herausforderung, wie schon in der Vergangenheit, auch diesmal gerne an. Þorvarðr, der nicht der ehrenhafteste Zeitgenosse ist, will jedoch keinen sauberen Kampf riskieren und sucht eine zauberkundige Frau auf, die ihm mit ihrer Kunst helfen soll.

Da Þorvarðs Charakter ausreichend bekannt ist, ahnt Kormáks Mutter, dass es beim Holmgang nicht mit rechten Dingen zugehen wird und vermutet, dass Þorvarðr einen Zweikampf ohne magische Hilfe nicht wagen würde. Auf das Zureden seiner Mutter hin sucht nun auch Kormákr eine Zauberin auf. Dabei stellt sich heraus, dass dieselbe Frau, an die Kormákr sich wendet – ihr Name ist Þórdís –, bereits ihre Magie für Þorvarðr gewirkt hat: Sie hat ihn gegen Schwertklingen unverwundbar gemacht. Dennoch will sie versuchen, Kormákr zu helfen: Er soll über Nacht bei ihr bleiben, dann werde sie dafür sorgen, dass nicht nur Þorvarðr von Waffen nicht verletzt werden kann, sondern auch

Kormákr. Die gute Frau versucht im Verlauf der Nacht jedoch, noch weit über die magische Beeinflussung des Holmgangs hinauszugehen. In der Nacht vor dem Holmgang, die Kormákr nun im Haus der Zauberin verbringt, wacht er mitten in der Nacht auf, weil sich jemand an seinem Kopf zu schaffen macht. Ehe er richtig reagieren kann, ist die Person bereits nach draußen geeilt. Kormákr folgt nun der Zauberin hinaus und findet sie auf dem vorgesehenen Kampfplatz, wo sie eben dabei ist, eine Gans zu schlachten. Auf seine Fragen danach, was sie da tut, bekommt er keine Antwort; er wird von der wütenden Zauberin nur wieder ins Haus geschickt. Die ganze Nacht lang geht es jetzt so weiter, dass zwischen dem Haus und dem Kampfplatz ein reges Kommen und Gehen herrscht und Kormákr in Erfahrung bringen will, was genau die Zauberin macht. Als er ihr das dritte Mal zum Kampfplatz folgt, trifft er sie dabei an, wie sie eben die letzte von drei Gänsen opfern will. Nun gibt die Zauberin resigniert auf und meint zu Kormákr, dass ihm nicht zu helfen ist: Hätte sie alle drei Gänse unbemerkt schlachten können, dann wäre es ihr damit gelungen, den Fluch zu brechen, der auf der Liebe zwischen ihm und Steingerðr liegt. Kormákr erklärt dazu aber nur brüsk, dass er an dergleichen ohnehin nicht glaube.

Immerhin hat die Zauberin ihr Versprechen halten können, Kormákr ebenso unverwundbar zu machen wie Þorvarðr: Als die beiden Männer am nächsten Tag ihren Zweikampf austragen, beißt weder das Schwert des einen noch das des anderen. Aber wenn auch beide Klingen stumpf sind, so lassen sich die Waffen doch noch als Knüppel verwenden, und es gelingt Kormákr schließlich, seinem Gegner mit einem gewaltigen Hieb einige Rippen zu brechen und ihn so kampfunfähig zu machen. Danach tötet Kormákr den Opferstier, der als Teil der Zurüstung des Holmgangs schon bereitsteht.

Da Þorvarðs Verletzungen nicht recht heilen wollen, sucht er ein wenig später wieder die Zauberin auf. Sie rät:

Es gibt nicht weit weg von hier einen Hügel, in dem Elfen wohnen. Du sollst dir den Stier besorgen, den Kormákr getötet hat, und das

Blut des Stiers außen auf den Hügel streichen, und den Elfen aus dem Geschlachteten ein Festmahl bereiten, und du wirst genesen.

Þorvarðr folgt diesem Rat, kauft Kormákr den Stier ab, bringt das Opfer für die Elfen dar und wird wieder gesund. Nach seiner Genesung fordert er Kormákr erneut zu einem Holmgang heraus. Kormákr nimmt die Herausforderung auch diesmal wieder an, aber im Wesentlichen nimmt die Auseinandersetzung denselben Verlauf wie beim letzten Mal: Þorvarðr beauftragt die Zauberin, Kormáks Schwert die Schärfe zu nehmen, aber auch mit der stumpfen Waffe besiegt Kormákr seinen Gegner, indem er das Schwert wie eine Keule verwendet und Þorvarðr kampfunfähig prügelt. Nach seinem Sieg bringt Kormákr wieder das gewohnte Stieropfer dar; aber niemand ist mit dem Ergebnis so recht zufrieden.

Die tragische Geschichte von Kormáks Liebe zu Steingerðr ist, wie bereits erwähnt, stark von der Sage von Tristan und Isolde beeinflusst. Die Schilderung der Ereignisse, die auf die Herausforderung zum Holmgang folgen, ist jedoch ganz aus einheimischen Motiven zusammengesetzt: Die durch Zauber stumpf gemachten Waffen, das Stieropfer als Teil des Holmgangs und die Vorstellung von Geisterwesen, die prominente Teile der Landschaft bewohnen, gehören durchwegs zum festen Bestand an Vorstellungen, die die Sagaautoren des Hochmittelalters dem isländischen Heidentum zuschrieben. Darüber, wie nahe solche hochmittelalterliche Schilderungen der historischen Wirklichkeit tatsächlich kommen, gehen die Meinungen auseinander. Die Frage ist hier vor allem, inwieweit man eine korrekte Überlieferung während der immerhin fast drei Jahrhunderte annehmen will, die zwischen der Abfassungszeit der Sagas und den dort beschriebenen Ereignissen liegen. Vermutlich wird man nicht weit fehlgehen, wenn man eine mittlere Position zwischen zu viel Skepsis und zu viel Vertrauen in die Sagas einnimmt: Vieles wird durch die literarischen Absichten und die Lücken im historischen Wissen der Sagaverfasser verzeichnet sein, anderes hingegen mag tatsächlich vorchristlichen Bräuchen und Vorstellungen sehr nahe kommen. Die Sagas sind nicht wikingerzeitliche Augenzeugenberichte, sondern hochmittelalterliche literarische Kunstwerke; in gewissem Sinne sind sie historische Romane, die vorgeben und sich vielfach auch bemühen, historische Wirklichkeit wiederzugeben. Die literarische Annäherung an die historische Wirklichkeit wird ihnen dabei manchmal schlechter und manchmal besser gelungen sein.

Das flache Land von Þingeyrar.

13. Vatnsdalur: Von finnischen Sehern und einem nordischen Wiedergänger[*]

Folgt man von Þingeyrar einfach der Straße nach Süden, so kommt man nach wenigen Kilometern ins „Gewässertal" Vatnsdalur, ein über zwanzig Kilometer langes, breites, grünes Tal. Am Rand der Straße, die in einer langen Schleife das Tal auf der einen Seite hinauf- und auf der anderen wieder hinunterführt, ist hier eine Vielzahl archäologischer Stätten beschildert. Dieses Tal ist aber nicht nur ein wichtiger Ort der isländischen Archäologie, sondern auch der isländischen Literatur: Mit der *Vatnsdœla saga*, der „Saga von den Leuten aus dem Vatnsdalr", besitzt es seine eigene ihm gewidmete Saga. Geschrieben wurde diese Saga wohl im 13. Jahrhundert, vielleicht von einem der Mönche des Klosters Þingeyrar.

In der Forschung zur nordischen Mythologie ist seit langem heiß umstritten, ob in der Religion der heidnischen Skandinavier „schamanistische" Elemente anzunehmen sind. Die Meinungen, die dazu vorgebracht wurden, sind so unterschiedlich, wie sie unterschiedlicher nicht sein könnten: Es ist das ganze denkbare Spektrum von Auffassungen vertreten worden, von einer völligen Ablehnung der Existenz nennenswerter schamanistischer Elemente bis hin zu einer Interpretation der vorchristlichen Religion der Skandinavier als zutiefst schamanistisch geprägt. Eine „schamanistische" Interpretation wurde etwa wiederholt für den Mythos von Odins Selbstopfer am Weltbaum vorgeschlagen (→Borgarnes): Dieser Mythos wurde als der Initiationsritus eines göttlichen Schamanen gedeutet. Wie auch immer man sich zu solchen Deutungen stellen will, ist doch zumindest über jeden Zweifel erhaben, dass die Nordgermanen in Skandinavien mit den Samen und den Finnen in engem Kontakt standen. Deren Religion wiederum war durchaus im engeren Sinne schamanistisch. Dass diese vom Schamanismus ge-

---
[*] Ferðakort-Straßenatlas 4 N6 / O6.

Im Vatnsdalur, dem „Gewässertal".

prägte Religion der Samen und Finnen von den germanischstämmigen Skandinaviern wahrgenommen wurde, und dass ihre Ritualspezialisten auch von germanischstämmigen Skandinaviern als „religiöse Dienstleister" herangezogen wurden, illustrieren mehrere Stellen in der altnordischen Literatur. Auch in der *Vatnsdœla saga* finden sich zwei entsprechende Episoden, in denen finnische bzw. samische religiöse Spezialisten im Dienst nordischer Herren auftreten und bei der Landnahme im Vatnsdalur eine zentrale Rolle spielen.

Eine der berühmtesten Schlachten in der Geschichte des wikingerzeitlichen Skandinavien war die Schlacht am Hafrsfjord (traditionell datiert auf das Jahr 872), in der König Haraldr Schönhaar sich gegen seine Gegner durchsetzte und damit die Einigung Norwegens zu einem geschlossenen Königreich einläutete. Es ist ein Topos der Sagaliteratur, dass dieser Sieg und die damit einhergehende Reichseinigung zu einer Welle von Auswanderungen nach Island führte, durch die wohlhabende und vordem praktisch nur sich selbst unterstellte norwegische Edelleute königlichen Repressalien und einem Status als bloße Untertanen entgehen wollten. Vom ersten Landnehmer im Vatnsdalur, Ingimundr dem Alten, erzählt die *Vatnsdœla saga* jedoch eine etwas andere Geschichte. Ingimundr hatte sich in der entscheidenden Schlacht auf die Seite Haralds gestellt; Haraldr beschenkte ihn zum Dank u.a. mit einem silbernen Talisman, der ein Bild des Gottes Freyr trug. Als Günstling des Königs hatte Ingimundr im Grunde keinerlei Anlass, Norwegen den Rücken zu kehren – und er hatte hierzu zunächst auch keine Absicht.

Die Kirche von Undirfell im Vatnsdalur, errichtet im Jahr 1915.

Ingimunds Ziehvater Ingjaldr veranstaltet jedoch eines Tages ein Fest zu Ehren Ingimunds. Teil dieser Feier ist der Auftritt einer finnischen Seherin, die allen Teilnehmern des Fests etwas von ihrer Zukunft verrät. Ingimundr selbst verzichtet darauf, die Finnin zu befragen, und als die Seherin ihn hierauf anspricht, meint Ingimundr in etwas abfälliger Weise, dass er seine Zukunft von ihr nicht wissen will. Die Seherin ignoriert dies und sagt ihm voraus, dass er nach Island auswandern und dort ein wichtiger Mann werden wird. Ingimundr hält dies für absurd, da er keinerlei Absicht hat, nach Island zu gehen. Darauf sagt ihm aber die Finnin, dass der Talisman, den Ingimundr von Haraldr Schönhaar bekommen hatte, sich nicht mehr in seinem Beutel befindet, und dass Ingimundr ihn erst wiederfinden wird, wenn er in Island sein Gehöft errichtet. Inigmundr wird nun sehr ungehalten. Die finnische Seherin nimmt dies aber stoisch hin und quittiert es nur mit weiteren guten Prophezeiungen.

Tatsächlich kann Ingimundr seinen Talisman nun nicht mehr finden. Im Folgenden werden die Bande, die Ingimundr mit Norwegen verbinden, immer schwächer, da ihm nahestehende Männer zunehmend entweder nach Island auswandern oder alt werden und sterben. Zugleich überhäuft ihn aber auch König Haraldr mit Ehrungen, und so hofft Ingimundr weiterhin, dass die Prophezeiung der Finnin nicht in Erfüllung gehen wird. Selbst Haraldr ist hier jedoch wenig zuversichtlich und deutet an, dass ja möglicherweise sogar der Gott Freyr selbst beim Verschwinden seines Talismans die Hand im Spiel hatte. Ingimundr verfällt nun auf den Gedanken, sich finnische Seher kommen zu lassen, die Island für ihn erkunden sollen. Tatsächlich kommen auf seine Bitte hin drei Samen aus dem Norden; im Tausch für Butter und Zinn sollen sie für ihn nach Island reisen, um Ingimunds Talisman zu finden. Sie betonen die Gefährlichkeit eines solchen Unternehmens, sind aber dennoch dazu bereit. Sie lassen sich nun in einem Haus einsperren; dabei darf sie niemand bei ihren Namen nennen. Die Séance der Samen dauert drei Tage. Danach sucht Ingimundr sie auf, und sie erheben sich mit einem tiefen Atemzug und erstatten ihm Bericht. In der Tat war es ihnen gelungen, den Talisman in einem bestimmten bewaldeten Tal in einer Senke zu finden; sie können Ingimundr die Lage dieses Tals auch beschreiben. Jedoch war es ihnen nicht geglückt, den Talisman nach Norwegen zurückzubringen, da der Zauber der Seherin zu stark war und verhindert hat, dass sie ihn zu fassen bekamen. Ingimundr gibt nun zu, dass es nichts nützt, sich gegen sein Schicksal zu sträuben, und dass er daher bald selbst nach Island gehen wird. Die Samen werden für ihre Mühe reichlich belohnt. Auch König Haraldr stimmt zu, dass man sich seinem Schicksal nicht widersetzen kann, und lässt Ingimundr ziehen.

Als Ingimundr schließlich tatsächlich nach Island aufbricht, kommt er dort im ersten Winter zunächst bei seinem Ziehbruder Grímr unter. Im darauffolgenden Sommer zieht er nach Nordisland und macht sich auf die Suche nach dem Siedlungsplatz, der ihm vorherbestimmt ist. Im ersten Sommer kann er den Ort jedoch noch nicht finden, den die samischen Seher ihm beschrieben hatten, und so muss er einen weiteren Winter in einer vorläufigen Unterkunft verbringen. Erst im darauffolgenden Jahr gelangt er ins Vatnsdalur und erkennt es als den Ort, den ihm die Samen geschildert hatten. Er nimmt das ganze obere Tal in Besitz, wählt den Platz aus, wo er sein Gehöft errichten will, und baut einen großen

Eine vermeintliche Tempelstätte: Reste von Grassodenmauern auf diesem Hügel über dem Anwesen Hof im Vatnsdalur galten noch in den 1930er Jahren als die Reste des Tempels, den Ingimundr der Alte nach seiner Landnahme in Hof errichtet haben soll. Neuere Ausgrabungen haben jedoch gezeigt, dass die fraglichen Mauern erst lange nach der Landnahmezeit errichtet wurden.

Tempel. Nun geht auch die Prophezeiung der finnischen Seherin in Erfüllung, mit der die Geschichte begonnen hatte: Als Ingimundr die Pfostenlöcher für seine Hochsitzpfeiler aushebt, findet er seinen silbernen Talisman mit dem Bild des Gottes Freyr. Jetzt weiß er, dass er am Ende seiner Reise angekommen ist, und gibt seinem Gehöft nach dem Tempel – altnordisch *hof* – den Namen „Hof". (Im oberen Teil des Vatnsdalur gibt es noch heute ein Gehöft dieses Namens.) Eine Weile später laufen Ingimundr ein paar Schweine davon. Im Herbst des folgenden Jahres werden sie aber wiedergefunden und haben sich wundersam vermehrt: Aus einer Handvoll Tiere sind hundertzwanzig geworden. Die Saga gibt keine explizite Bewertung dieses Schweine-Vorfalls. Es ist jedoch vielleicht wert, sich daran zu erinnern, dass der Gott Freyr gerade mit Schweinen verbunden ist: Sein Reit- und Attributtier ist ein Eber mit goldenen Borsten (→Ásbyrgi). Es mag also sein, dass diese wundersame Schweinevermehrung als ein Zeichen des Gottes gedacht ist: Ingimundr wurde nicht nur durch einen Freyr-Talisman zu seiner neuen Wohnstatt geführt, sondern er hat dort auch den Segen des Gottes.

Das Vatnsdalur ist in den Sagas jedoch nicht immer ein solcher Ort eines idyllischen Miteinanders zwischen den Menschen und dem Übernatürlichen. Von seiner schwärzesten Seite zeigt sich das Übernatürliche im Vatnsdalur in einer der klassischsten Wiedergängergeschichten der isländischen Sagaliteratur: Dem glücklosen Treffen Grettis des Starken mit dem Untoten Glámr.

An seinem Südende spaltet sich das Vatnsdalur in zwei kleine Täler auf. Ganz am südlichen Ende des westlichen dieser zwei Täler befindet sich heute das Gehöft Forsæludalur, in dessen Name der sagazeitliche Name des Tals weiterlebt, den es in der *Grettis saga* aus dem 14. Jahrhundert trägt: Forsœludalr. In diesem Tal an der Südspitze des Vatnsdalur, so erzählt die *Grettis saga*, hatte ein gewisser Þórhallr seinen Hof. Þórhallr besitzt viel Vieh, hat aber das Problem, dass es auf seinem Hof spukt und ihm deswegen die Schafhirten dauernd davonlaufen. Da er dieses Problem selbst nicht lösen kann, holt er sich auf der jährlichen Volksversammlung in Þingvellir bei einem klugen Mann Rat; der schlägt ihm vor, einen gewissen Schweden namens Glámr in Dienst zu nehmen, der zwar ein schwieriger Mensch ist, aber sich nicht leicht einschüchtern lässt. Glámr nimmt Þórhalls Angebot, seine Schafe zu hüten, in der Tat an. Den Hinweis auf den Spuk wischt er mit der Bemerkung beiseite, dass so etwas die Arbeit weniger eintönig macht. Glámr tritt nun zur vereinbarten Zeit seinen Dienst bei Þórhallr an, ist aber wegen seiner schroffen Art allgemein unbeliebt; mit den Schafen kann er jedoch hervorragend umgehen. Am Tag vor Weihnachten steht er früh auf und will etwas zu essen. Dieser Tag war damals ein Fastentag, und so will die Bäuerin ihm nichts geben. Glámr aber erklärt das nur für eine bloße Ausflucht, und überhaupt hat ihm alles besser behagt, als die Leute noch Heiden waren. Er bedroht nun die Bäuerin, und so gibt sie Glámr schließlich eine Mahlzeit. Nach dem Essen geht er wütend nach draußen und macht sich an seine Arbeit.

Im Lauf des Tages wird das Wetter immer schlechter, bis ein ausgewachsener Schneesturm den Himmel verdunkelt. Als Glámr weder an diesem noch am nächsten Tag zurückkommt, macht man sich auf die Suche nach ihm. Schließlich findet man Glámr an einer Stelle weiter oben in den Bergen, die von einem gewaltigen Kampf geradezu umgepflügt worden zu sein scheint; sein Leichnam ist schwarz und aufgebläht. Eine gewaltige Spur aus fassgrossen Fußabdrücken und großen Blutflecken führt vom Kampfplatz weg. Da vermutet man, dass Glámr wohl eine Auseinandersetzung mit dem Spukungeheuer hatte, das den Hof heimsuchte. Dieses Ungeheuer kommt von da an nie mehr zurück.

Die Männer von Þórhalls Hof versuchen, Gláms Leichnam zum Hof zurückzubringen, schaffen es aber selbst mit Zugtieren nicht, ihn zur Kirche zu schleppen. So bedecken sie ihn schließlich einfach mit einem Steinhaufen. Von nun an geht Glámr jedoch um und terrorisiert die Bewohner von Þórhalls Hof so sehr, dass manche den Verstand verlieren. Nach einer Weile lässt er sich sogar vom Tageslicht nicht mehr abschrecken und spukt bei Tage ebenso wie bei Nacht.

Im folgenden Sommer verdingt sich ein sehr starker Mann namens Þorgautr bei Þórhallr als neuer Hirte. Auch er zeigt sich von Spukgeschichten wenig beeindruckt. An Weihnachten allerdings wiederholt sich Gláms Geschichte vom Jahr zuvor: Þorgautr geht hinaus zu den Tieren, kehrt aber nicht mehr zurück. Am folgenden Tag wird sein zerschundener Leichnam bei Gláms Grabhügel gefunden. Zumindest wird Þorgautr nach seinem Tod jedoch zu keinem Wiedergänger.

Gláms Umtriebe werden nun so mörderisch, dass Þórhallr seinen Hof aufgeben muss; und auch die Bewohner der umliegenden Gehöfte fliehen bald. Die Heimsuchungen schwanken mit den Jahreszeiten und sind im Winter am schlimmsten, aber alles in allem tötete Glámr so viele Menschen und so viel Vieh, dass man zu fürchten anfängt, er werde früher oder später das ganze Tal zu einer Einöde machen.

Eines Tages kommt Grettir in die Gegend, um einen Verwandten zu besuchen. Dabei hört er von Glámr und dem

Forsæludalur, wo Grettir mit dem Wiedergänger Glámr rang.

Schaden, den er anrichtet. Grettir beschließt, sich die Sache näher anzusehen, und reitet zu Þórhallr; denn Þórhallr unternimmt eben einen Versuch, seinen Hof wieder zu bewirtschaften. In der ersten Nacht nach Grettis Ankunft passiert nichts; in der zweiten tötet Glámr Grettis Pferd; und in der dritten bricht der Untote schließlich in den Raum ein, in dem Grettir selbst schläft. Glámr ist inzwischen so riesig, dass er stehend bis zum Dachstuhl hinaufreicht. Glámr und Grettir beginnen miteinander zu ringen und schlagen alles im Wohnraum kurz und klein. Glámr versucht, Grettir nach draußen zu zerren, wogegen Grettir sich mit aller Macht wehrt. Schließlich muss Grettir der schieren Kraft des Wiedergängers jedoch nachgeben – aber wenn er sich auch nicht im Haus halten kann, so schafft er es doch, Glámr an der Tür so zu Fall zu bringen, dass die beiden den Türrahmen und noch einen Teil des Dachs zerbrechen und draußen der Länge nach auf den Boden fallen, Glámr unten und Grettir auf ihn drauf. Nun reißen die Wolken auf, die den Mond verborgen hatten, und Grettir sieht zum ersten Mal wirklich, womit er es zu tun hat:

Jetzt in dem Augenblick, in dem Glámr fiel, trieb die Wolke vom Mond fort, und Glámr sah mit stechendem Blick dagegen auf; und

Grettir selbst hat gesagt, dass dies der einzige Anblick war, den er je sah, der auf ihn Eindruck gemacht hat. All das zusammen – die Erschöpfung und der Anblick, wie Glámr seine Blicke heftig hin- und herwarf – überwältigte ihn so, dass er es nicht fertigbrachte, das Schwert zu ziehen, und er fast zwischen Leben und Tod schwebte.

Glámr nutzt die Gelegenheit, die Grettis Lähmung ihm bietet, und verflucht Grettir: Fortan soll er nie mehr stärker werden als heute, seine Taten sollen sich für ihn zum Bösen wenden, und er soll für den Rest seines Lebens Angst davor haben, in der Dunkelheit allein zu sein. Da schüttelt Grettir seinen Schrecken ab, zieht sein Schwert und enthauptet Glámr; den Kopf des Untoten legt er unter den Hintern des Leichnams, und damit ist seine Macht gebrochen. Den Rest der Nacht verbringt er damit, Gláms Überreste mit Þórhalls Hilfe zu verbrennen und weit entfernt zu verscharren. Der Schaden ist aber schon geschehen: Gláms Fluch wird den Rest von Grettis Leben bestimmen und schließlich zu seinem Tod führen.

14. Haukadalur: Von einem Schuh, einem Schiff und dem Schnee auf einem Grabhügel*

Vom kleinen Ort Þingeyri an der Südküste des Dýrafjords in den Westfjorden sind es an der Küste entlang nach Westen noch etwa acht Kilometer bis zum Haukadalur. Die Küstenstraße Nr. 622 durchquert dieses Tal in unmittelbarer Nähe der Küste an der Stelle, wo sich der Talkessel zum Meer hin öffnet. Das Tal Haukadalur ist einer der Hauptschauplätze der berühmten „Saga von Gísli Súrsson", der *Gísla saga Súrssonar*, deren erste Fassung wohl im 13. Jahrhundert geschrieben wurde. Diese Saga erzählt die tragische Geschichte einer Fehde, die innerhalb einer Familie ausbricht und zum Tod der meisten Familienmitglieder führt; auch die Hauptperson der Saga, Gísli Súrsson, fällt dieser Fehde am Ende zum Opfer. Wie eine solche Fehde sogar noch über den Tod ihrer Opfer hinaus fortgesetzt werden kann, illustrieren zwei Morde und zwei Bestattungen, die im Haukadalur stattgefunden haben sollen.

Die entsprechende Episode der Saga beginnt damit, dass Gíslis Schwager Vésteinn von einem Unbekannten ermordet wird. Dieser Mord findet in Gíslis eigener Halle auf seinem Hof im Haukadalur statt. Gísli schickt nun seine Ziehtochter zum Nachbarhof auf der anderen Seite des Tals, wo Gíslis Bruder Þorkell und sein anderer Schwager Þorgrímr leben. Bei der Ankunft des Mädchens sind dort merkwürdigerweise alle Männer bewaffnet. Þorgrímr sagt, dass sie es dem Toten schuldig seien, ihm die letzte Ehre zu erweisen und bei seiner Bestattung zu helfen. Am nächsten Tag kommen Þorgrímr und seine Gefährten tatsächlich zu Gísli und helfen ihm dabei, Vésteins Grabhügel aufzuschütten.

Und da, als sie Vésteinn seine Ausstattung gegeben hatten, wie es Brauch war, ging Þorgrímr zu Gísli und sprach: „Das ist Sitte," sagt er, „Männern Totenschuhe zu binden, wenn sie nach Walhall gehen sollen, und das werde ich bei Vésteinn machen." Und als er

---

* Ferðakort-Straßenatlas 17 E4.

Das Tal Haukadalur in den Westfjorden.

das gemacht hatte, da sprach er: „Ich kann keine Totenschuhe binden, wenn diese loskommen." Danach setzen sie sich draußen vor dem Grabhügel nieder und unterhalten sich miteinander, und sie äußern sich dahingehend, dass es ganz unwahrscheinlich sei, dass jemand wisse, wer dieses Verbrechen verübt habe.

Schon vorangegangene Ereignisse hatten nahegelegt, dass Vésteinn von Þorgrímr getötet worden war. Dies wurde nicht zuletzt etwa dadurch deutlich, dass Þorgrímr die Nachricht vom Mord an Vésteinn bewaffnet und wenig überrascht entgegennahm. Þorgrímr lässt sich im Folgenden Gísli gegenüber noch weitere Provokationen zuschulden kommen und macht obendrein wenig Hehl daraus, dass er für Vésteins Tod verantwortlich ist.

Später im Jahr veranstaltet Þorgrímr ein Erntefest, um den Winter willkommen zu heißen und dem Gott Freyr zu opfern; dazu lädt er viele Leute ein. Zur selben Zeit veranstaltet auch Gísli ein Fest. Kurz vor dem Beginn der Feierlichkeiten provoziert Þorgrímr Gísli ein weiteres Mal – und diesmal so sehr, dass Gísli, Verwandtschaft hin oder her, der Geduldsfaden reißt: In der Nacht nach dem Gelage, als alle volltrunken darniederliegen, schleicht er sich nun seinerseits auf den Nachbarhof und tötet Þorgrímr mit demselben Speer, den dieser nach dem Mord an Vésteinn in dessen Todeswunde zurückgelassen hatte. Danach kehrt er auf seinen eigenen Hof zurück, ohne dass jemand etwas bemerkt.

Als Gísli am folgenden Morgen die Nachricht vom Tod Þorgríms überbracht wird, äußert er sich ebenso, wie Þorgrímr nach dem Mord an Vésteinn: Er wolle bei der Bestattung mithelfen, weil er das dem Toten schuldig sei. Die Saga fährt nun fort:

> *Sie nehmen dies an und gehen alle miteinander nach Sæból zum Aufwerfen des Grabhügels, und sie legen Þorgrímr in ein Schiff. Nun werfen sie der alten Sitte gemäß den Grabhügel auf; und als es Zeit ist, den Grabhügel zu verschließen, da geht Gísli zur Flussmündung und hebt einen Stein auf – so groß, als wäre er ein Felsen – und legt ihn in das Schiff, so dass es beinahe schien, als ob jeder Balken brechen würde, und es knarzte sehr im Schiff, und er sprach: „Ich kann kein Schiff festmachen, wenn der Wind dieses hier forträgt." Einige Männer sagten, dass es nicht unähnlich zu gehen schien wie das, was Þorgrímr bei Vésteinn gemacht hatte, als er über die Totenschuhe redete. Jetzt machen sie sich bereit für den Heimweg vom Grabhügel.*

Wie die Saga selbst betont, entspricht das Verhalten Gíslis bei Þorgríms Bestattung genau dem Verhalten Þorgríms bei der Bestattung Vésteins: In beiden Fällen hilft derjenige, der den Totschlag begangen hat, beim Begräbnis seines Opfers mit; in beiden Fällen greift er in den letzten Abschnitt des Bestattungsrituals unmittelbar vor dem Verschließen des Grabhügels ein, um das Fortbewegungsmittel für die Jenseitsreise – die Totenschuhe bzw. das Totenschiff – „festzumachen"; und in beiden Fällen wird dies mit zwei genau parallelen Aussprüchen kommentiert, die beide betonen, dass die Totenschuhe bzw. das Totenschiff nicht mehr loskommen werden. Weder im einen noch im anderen Fall wird dies als eine freundliche Geste gemeint sein: Die Wendung „ein Schiff festmachen", wie sie von Gísli verwendet wird, bedeutet auch im Altnordischen das Vertäuen eines Schiffs, durch das verhindert werden soll, dass es sich losreißt und davontreibt. Im Fall eines Totenschiffs dürfte dies bedeuten, dass Þorgríms Totenschiff den Grabhügel nicht mehr verlassen soll. Oder anders gesagt: Þorgríms Boot soll ihm nicht als Fahrzeug für die Reise in ein paradiesisches Jenseitsgefilde wie das Kriegerparadies Walhall (→Hringsdalur) dienen, sondern soll im Grabhügel gefangen sein. Im Umkehrschluss mag dies bedeuten, dass auch die „Totenschuhe", die Þorgrímr für Vésteinn bindet, weniger gute Wanderschuhe sind als vielmehr Fußfesseln, die den Toten im Grab festhalten sollen – vielleicht, um ihn daran zu hindern, als Untoter zurückzukehren und sich an seinem Mörder zu rächen?

Wie dem auch sei, in jedem Fall dürfte es Þorgrímr auch in seinem Grabhügel nicht allzu schlecht ergangen sein. Denn die Saga erzählt noch Folgendes über den Grabhügel dieses Mannes, der am Abend eines Opferfests erschlagen wurde, das er für den Gott Freyr abgehalten hat:

Es trug sich auch diese eine Sache zu, die etwas ganz Neues zu bedeuten schien, dass meerseitig und auf der Südseite auf Þorgríms Grabhügel nie Schnee lag und es nicht fror; und die Leute vermuteten, dass er für seine Opfer so sehr unter dem Schutz Freys stand, dass Freyr nicht wollte, dass es zwischen ihnen Frost gab.

15. Hringsdalur: Von der Jenseitshoffnung toter Krieger*

An der Südküste des Arnarfjords in den Westfjorden, etwas weniger als zehn Kilometer westlich von Bíludalur, liegen das Tal und der Hof Hringsdalur. Wo das Tal Hringsdalur sich zum Meer hin öffnet, prallen eigentümliche landschaftliche Gegensätze aufeinander: Da ist ein Fjord, der ringsum von steilen Bergen umgeben ist, und da sind die senkrechten schwarzen Klippen, die das Tal einfassen und sich fast unmittelbar bis ans Meer vorschieben. Da ist aber auch ein in einem hellen Beige gehaltener, stellenweise fast weißer Sandstrand, vor dem das Meer bei klarem Wetter die gesamte Farbpalette von einem leuchtenden Smaragdgrün bis zu einem tiefen Nachtblau durchspielt. An dem Punkt, wo sich die Härte der schwarzen Klippen von Hringsdalur, die weiche Sanftheit des khakifarbenen Sands und das samtige satte Grün der Wiesen im Inneren des Tals treffen, liegt der wikingerzeitliche Bestattungsplatz von Hringsdalur. Oder prosaischer gesagt: Die Stätte liegt unmittelbar am Ostrand des Tals rechts der Straße 619, auf einem kleinen Sporn zwischen Straße und Strand. Sie ist vor Ort beschildert.

Der Bestattungsplatz von Hringsdalur hat das Interesse der Forschung zuerst im Jahr 2006 auf sich gezogen, als der Bruder des Landeigentümers einen menschlichen Oberschenkelknochen fand. Dieser Zufallsfund führte im Folgenden zu systematischen Ausgrabungen, bei denen eine Gruppe von zumindest fünf Bestattungen entdeckt wurde, die sämtlich noch der vorchristlichen Zeit Islands zugehörten. Eine der reichsten Bestattungen war dabei das Grab eines Mannes aus dem späten 10. Jahrhundert, der mit einer vollständigen Kampfausrüstung bestattet wurde: mit Schild, Schwert und Speer. Ferner wurde hier eine Bootsbestattung gefunden, d.h. ein Grab, in dem der Verstorbene in einem Boot niedergelegt wurde (→Krosshólaborg; →Haukadalur); auch dieses Grab stammte aus dem 10. Jahrhundert und

---

* Ferðakort-Straßenatlas 17 D5.

stellt eines von insgesamt nur fünf gesicherten Beispielen von Bootsbestattungen in der isländischen Archäologie dar.

Eine Bestattung, in der der Tote mit dem vollständigen Ensemble von Schild, Schwert und Speer ins Jenseits gesandt wird, ist für isländische Verhältnisse bereits vergleichsweise reich ausgestattet. Eine solche Grabausstattung sagt über den Toten damit zweierlei aus: Zum einen zeigt sie einen gewissen Wohlstand des Verstorbenen und seines Familienverbandes bzw. allgemein des Umfelds, das die Bestattung ausrichtete; denn offenbar war dieses Umfeld dazu in der Lage, den Verlust der mitgegebenen Objekte zu verschmerzen. Und zum anderen verweist die Mitgabe gerade eines Waffenensembles darauf, dass für die Personen, die die Bestattung ausrichteten, eine Verbindung des Toten mit den zentralen Objekten eines kriegerischen Lebensstils von besonderer Bedeutung war. Oder einfacher ausgedrückt: In einer umfangreichen Waffenbeigabe spiegeln sich sowohl ein gewisser Reichtum, der seinerseits wohl eine vergleichsweise hohe soziale Stellung impliziert, als auch eine mehr oder weniger stark ausgeprägte Kriegerideologie. Viel mehr können die materiellen Hinterlassenschaften für sich allein nicht aussagen.

An dem Punkt, an dem die Aussagekraft der materiellen Quellen endet, setzen jedoch glücklicherweise die textlichen Quellen ein und liefern ein deutlich bunteres Bild davon, welche Vorstellungen mit dem Tod eines Kriegers verbunden waren, als dies dem vergleichsweise spröden archäologischen Material möglich ist. Literarische Zeugnisse zu diesem Thema liegen schon aus der Übergangszeit zwischen Heidentum und Christentum vor, in der die heidnische Mythologie in Teilen der skandinavischstämmigen Bevölkerung noch einen Teil des lebendigen religiösen Lebens bildete. An erster Stelle ist hier die Totenklage *Hákonarmál* zu nennen. Dies ist ein Gedicht, das schon im 10. Jahrhundert entstanden ist, noch mitten in der Wikingerzeit und insbesondere zur selben Zeit, aus der auch die Bestattungen von Hringsdalur stammen. Dieses Gedicht schildert, was einen Krieger – oder zumindest einen hochrangigen Krieger – am Ende

Der wikingerzeitliche Bestattungsplatz im Hringsdalur...

...an der Küste des Fjords.

seines Lebens erwartet; denn es beschreibt, wie der Göttervater und Kriegsgott Odin zwei Walküren in eine Schlacht sendet, die dort entscheiden sollen, wer im Kampf seinen Tod findet und damit das Recht erwirbt, sich zu Odins Halle der gefallenen Helden aufzumachen, nach Walhall (→Hlíðarendi, S. 257).

Walhall ist heute wohl der bekannteste Jenseitsort der nordischen Mythologie überhaupt; und auch innerhalb der mittelalterlichen Quellen wird kaum ein Jenseitsort so detailreich geschildert wie Odins Halle Walhall, deren altnordischer Name *Valhöll* einfach „Halle der Schlachtentoten" bedeutet. Die ausführlichsten Beschreibungen Walhalls finden sich in der Prosa-Edda des Snorri Sturluson und im eddischen Lied *Grímnismál*; allerdings sind diese Quellen nicht unabhängig voneinander, da Snorri bei der Abfassung seines Texts im 13. Jahrhundert das eddische Lied direkt heranzog. Letzteres wiederum ist keine besonders alte Quelle. So, wie es uns heute vorliegt, stammt das Lied *Grímnismál* frühestens aus dem 12. Jahrhundert, wenngleich einzelne Teile des Lieds deutlich älter sein könnten. Diese zwei Texte beschreiben Walhall als eine Halle in Asgard (→Ásgarður), in der Odin alle Männer empfängt, die im Kampf gefallen sind. (Parallel zu diesem Anspruch kennt die nordische Mythologie allerdings auch eine Tradition, wonach die Hälfte der Gefallenen der Göttin Freyja zusteht, →Flatey, S. 160.) Der martialische Charakter von Odins Kriegerparadies schlägt sich dabei auch in der Architektur und im Schmuck Walhalls nieder: Denn der Dachstuhl dieser Halle ist aus Speeren zusammengefügt, ihr Dach ist mit Schilden gedeckt, und auf ihren Bänken sind nicht Polster, sondern Kettenhemden ausgebreitet. Über ihrem Haupttor befinden sich zudem ein Wolf und ein Adler, zwei der typischen Tiere des Schlachtfelds. Im Lied *Grímnismál* wird Walhall in der fünften Götterwohnstadt von Asgard lokalisiert (in „Glaðsheimr") und folgendermaßen beschrieben:

Glaðsheimr heißt die fünfte, dort wo das goldschimmernde
Walhall liegt, das weite;
und dort wählt Odin jeden Tag
waffentote Männer.

Sehr einfach ist zu erkennen für die, die zu Odin kommen,
die Wohnstatt, wenn sie sie sehen;
das Haus hat Speerschäfte als Dachsparren, mit Schilden ist der
Saal gedeckt,
die Bänke sind mit Kettenhemden bestreut.

> *Sehr einfach ist zu erkennen   für die, die zu Odin kommen,*
> *die Wohnstatt, wenn sie sie sehen;*
> *ein Wolf hängt   westlich der Tür,*
> *und ein Adler hängt darüber.*

Die von Odin in Walhall versammelten Krieger tragen den Namen Einherjer, und ihr Zeitvertreib besteht darin, den ganzen Tag lang miteinander zu kämpfen und sich gegenseitig zu fällen; am Abend werden sie jedoch wieder auferweckt und feiern miteinander ein großes Bankett. Als Speise wird ihnen dabei das Fleisch des Ebers Sæhrímnir vorgesetzt. Dieser Eber hat die wundersame Eigenschaft, dass er jeden Abend geschlachtet und in einem großen Kessel gesotten werden kann, am nächsten Tag jedoch wieder heil ist, um das nächste Festmahl bereitzustellen. All dies sind übrigens Eigenschaften, die Sæhrímnir mit Schweinen teilt, die in der Anderwelt der irischen Mythologie in den Hallen anderweltlicher Fürsten verspeist werden; die Inspiration für diese Details könnte also aus Irland stammen (vgl. →Vestmannaeyjar). An irische Anderweltsschilderungen erinnert zudem auch noch das Detail, wonach sich vor Walhalls Toren ein Hain oder Baum namens Glasir befindet, dessen Laub ganz aus goldenen Blättern besteht: In Irland wachsen bei den Hallen anderweltlicher Fürsten gern Bäume mit Zweigen und Blättern aus Silber und Kristall.

Eine ausgesprochene Schlaraffenlandnatur hat neben den in Walhall aufgetragenen Speisen auch das Getränk, mit dem die Trinkhörner der Einherjer gefüllt werden: Denn auf dem Dach von Walhall steht die Ziege Heiðrún, aus deren Euter genug Met fließt, um den Durst all der toten Helden zu löschen. Neben Heiðrún steht ferner der Hirsch Eikþyrnir; er frisst vom Laub des Weltbaums Yggdrasill, und in seinem Geweih sammelt sich so viel Tau, dass das von dort herabtropfende Wasser eine Quelle füllt, aus der alle Ströme der Welt gespeist werden. Gerade mit diesem Bild wird Walhall in einen kosmischen Rahmen gestellt und wird geradezu zu einem Zentrum der Schöpfung, zu einem Nabel der Welt, wie er im antiken Delphi vom berühmten Omphalos markiert wurde.

Die Einherjer haben sich ihr tägliches Fest einerseits durch ihr heroisches Leben und ihren heroischen Tod verdient; andererseits blickt das Dasein der Einherjer in Walhall jedoch primär nicht auf ihr vergangenes Leben zurück, sondern es schaut nach vorne auf die Dinge, die da noch kommen sollen. Dasselbe gilt ebenso für die Kämpfe, mit denen sie sich die Stunden des Tages vertreiben: Auch in diesem martialischen Sport spiegelt sich nicht nur ihr vergangenes Leben und die Art ihres Todes, sondern auch eine Erwartung der Zukunft und eine Vorbereitung auf das Kommende. Denn ihre eigentliche große Rolle werden die toten Krieger in Walhall bei der „Götterdämmerung" spielen, beim Weltuntergang, wenn der Fenriswolf loskommt und zusammen mit den Riesen und anderen mythischen Ungetümen die Welt der Menschen und Götter angreift (→Surtshellir). Dann werden die Einherjer das Heer Odins bilden, mit dem er gegen die Riesen und Ungeheuer, kurz: gegen die zerstörerischen Mächte Utgards in die letzte Schlacht zieht, in der die Welt vergeht, ehe sie neu geschaffen wird. Daher schreibt die nordische Mythologie Walhall auch eine gewaltige Zahl von Türen zu: Wenn dereinst die letzte Heerschau kommt, sollen Odins Krieger von nichts dabei behindert werden, schnell gegen die Feinde von Menschen und Göttern auszuziehen. Entsprechend heißt es im Lied *Grímnismál*:

> *Fünfhundert Türen,   und noch vierzig mehr,*
>   *so glaube ich, sind in Walhall;*
> *achthundert Einherjer   gehen aus einer Tür,*
>   *wenn sie losziehen, um mit dem Wolf zu kämpfen.*

16. Ásgarður: Von den Wohnstätten der Götter*

Wer auf der südlichsten Landzunge der Westfjorde der Küstenstraße 612 in Richtung Westen folgt, kommt etwa vier Kilometer vor dem buchstäblichen Ende der Straße durch den winzigen Ort Ásgarður. Gerade einmal ein gutes Dutzend Gebäude liegen hier zu beiden Seiten der Schotterstraße verstreut – einige davon reine Sommerhäuser – und bilden so die westlichste Siedlung Islands. Ihre Abgelegenheit auf dem westlichsten Zipfel der Westfjorde stellt – egal, von wo aus man nach Ásgarður aufbricht – eine lange Anreise sicher. Die Mühe dieser langen Anreise wird jedoch mit einer verträumten Landschaft belohnt, in der sich das Dorf an den Fuß der Berge schmiegt, kurz bevor diese zu senkrechten Klippen aufsteigen, während das Land sich zugleich ganz zum Meer hin öffnet; denn von den Weiten des Nordatlantiks sind Siedlung und Straße trotz einer landseitigen Umgebung aus Bergen und Felswänden nur durch einen schmalen Wiesenstreifen und einen noch schmäleren Sandstrand getrennt. In Ásgarður selbst gibt es weder einen öffentlichen Parkplatz noch irgendwelche touristische Infrastruktur. Knapp drei Kilometer westlich von Ásgarður liegen jedoch die Ruinen von Brunnaverstöð mit Parkgelegenheit und einem isländisch-spartanischen Zeltplatz, der im Wesentlichen aus einer Toilette und einem Waschbecken auf freiem Feld besteht – eben alles, was man als Islandcamper braucht. Ihren besonderen Reiz bezieht diese Übernachtungsmöglichkeit daraus, dass es sich bei Brunnaverstöð um einen „archäologischen Zeltplatz" handelt: Denn dem Zeltplatz genau gegenüber liegen zwischen Straße und Meer die Ruinen einer Fischfangstation, die bis etwa zum Jahr 1620 und dann nochmals bis etwa 1880 genutzt wurde. Die lange Reihe von Gebäuderesten aus Stein und Erde ist in der Landschaft gut sichtbar und zudem beschildert.

Ásgarður ist benannt nach der Wohnstatt der nordischen Götter: Asgard (altnordisch: Ásgarðr, „Hof / umfriedeter

---

* Ferðakort-Straßenatlas 16 B5.

Bereich der Asen"). Der Name „Asgard" wird in der Dichtung gelegentlich und in den mythologischen Werken Snorri Sturlusons (→Reykholt) sehr oft verwendet. In Asgard befinden sich die Hallen der verschiedenen Götter; das Eddalied *Grímnismál* – das freilich wohl erst dem Hochmittelalter entstammt – widmet Asgard in diesem Sinne eine Reihe von Strophen, in denen die verschiedenen Wohnsitze der Götter in Asgard in systematischer, aber auch überaus knapper Weise beschrieben werden. Diese Beschreibung hat die Form einer visionären Schau, die von Odin selbst vorgetragen wird; der Liedabschnitt, in dem die Gebäude Asgards beschrieben werden, beginnt mit folgenden Strophen:

Heilig ist das Land, das ich liegen sehe
 den Asen und Alben nahe;
und in Þrúðheimr soll Thor sein,
 bis die Götter vergehen.

Ýdalir heißt der Ort, dort wo Ullr
 für sich eine Wohnstatt gebaut hat;
Álfheimr gaben dem Freyr in grauer Vorzeit
 die Götter als Zahngabe.
  Zahngabe = Geschenk beim Durchbrechen des ersten Zahns.

Das ist der dritte Hof, wo die freundlichen Götter
 mit Silber die Wohnstatt gedeckt haben;
Válaskjálf heißt er, den sich errichtete
 der Ase in grauer Vorzeit.

In dieser Weise beschreiben die *Grímnismál* zwölf Götterheime. Mit nur einer Ausnahme wird den einzelnen Götterwohnungen dabei jeweils nur eine oder gar nur eine halbe Strophe zugestanden; die Ausnahme von dieser Regel ist die Totenhalle Walhall, in der Odin dem Fest der gefallenen Helden vorsitzt, und deren Schilderung fast so viel Raum einnimmt wie die Beschreibungen der übrigen Götterheime zusammengenommen (→Hringsdalur).

Eine weitere zentrale Quelle für mittelalterliche Vorstellungen von Asgard ist die Edda des Snorri Sturluson. Dort

Die Häuser des kleinen Dorfs Ásgarður, verstreut an der Bucht Látravík, nur wenige Kilometer östlich des Kaps Bjargtangar.

heißt es über die Frühgeschichte Asgards im Zuge von Snorris Schilderung der Weltschöpfung:

> *Am Anfang setzte er* [=Odin] *Herrscher ein und bat sie, mit ihm über das Schicksal der Menschen zu entscheiden und über die Regierung der Stadt zu bestimmen. Das war an dem Platz, der Iðavöllr heißt, in der Mitte der Stadt. Das war ihre erste Tat, den Tempel zu bauen, in dem ihre Sitze stehen, zwölf neben dem Thron, den Allvater hat. Dieses Gebäude ist das beste, das auf der Erde gebaut ist, und das größte. Draußen und drinnen ist das alles, als wäre es nichts als Gold. Diesen Ort nennen die Menschen Glaðsheimr. Sie bauten noch eine andere Halle, das war der Tempel (hörgr), den die Göttinnen besaßen, und er war sehr schön. Dieses Gebäude nennen die Menschen Vingólf. Danach machten sie das, dass sie Schmieden bauten, und für sie machten sie Hämmer und Zangen und Ambosse, und mit ihnen von allen Werkzeugen weitere. Und als nächstes verarbeiteten sie Metall und Stein und Holz, und so reichlich verarbeiteten sie das Metall, das Gold heißt, dass sie den gesamten Hausrat und alle Gerätschaften aus Gold hatten, und dieses Zeitalter wird das Goldene Zeitalter genannt* [...].

Goldene Zeitalter haben es freilich an sich, nicht lange zu währen, und auch in der nordischen Schöpfungsgeschichte ist dies nicht anders. Auch ergeben sich aus allzu großem Reichtum leicht Begehrlichkeiten von Seiten der Nachbarn;

bereits in Zusammenhang mit →Ásbyrgi wurde der Mythos vom Riesenbaumeister vorgestellt, der für die Götter eine unüberwindbare Mauer errichtete, die ihre Welt vor den Riesen schützt.

Asgard dürfte ursprünglich durchaus „diesseitig" gedacht gewesen sein, als eine Welt, die zwar den Göttern gehört, aber doch in oder nahe bei Midgard lokalisiert ist, der Welt der Menschen. In den mythologischen Schriften des Hochmittelalters wird Asgard jedoch in den Himmel verlegt, vielleicht unter dem Einfluss christlicher Vorstellungen von einem himmlischen Paradies. Spätestens jetzt braucht es eine besondere Himmelsbrücke, um nach Asgard zu gelangen; diese Himmelsbrücke ist im Norden die Brücke *Bifröst*, der Regenbogen. Sie verbindet Asgard mit der Welt der Menschen und erreicht Asgard bei der Wohnstatt des Gottes Heimdall, der den Zugang zur Welt der Götter gegen die Riesen bewacht. Ein weiterer Schutz gegen die Riesen ist das Feuer, das im Regenbogen brennt: Wo der oberste Streifen des Regenbogens rot leuchtet, dort lodern Flammen, die für die Riesen ein Überqueren der Götterbrücke unmöglich machen. Erst beim Weltuntergang wird Bifröst unter dem Ansturm der Riesen einstürzen (→Surtshellir).

Eine weitere direkte Verbindung zwischen Asgard und dem Rest der Welt stellt neben Bifröst schließlich auch noch Odins Sitz Hliðskjálf dar. Bei Hliðskjálf handelt es sich verschiedenen Texten zufolge um eine Art Hochsitz, der es erlaubt, die gesamte Welt zu überblicken. Dieser Sitz kann dabei offenbar zwar von jedem Gott benutzt werden, gehört grundsätzlich aber Odin als dem höchsten Gott des eddischen Pantheons. Wenn ein anderer Gott Hliðskjálf benutzt, kann dies sogar ausgesprochen negative Folgen haben. Ein entsprechender Mythos wird vom Eddalied *Skírnismál* erzählt. Dieses Lied berichtet, wie Freyr sich eines Tages auf Hliðskjálf setzt und den ganzen Weltkreis überblickt. Dabei schweift sein Blick auch ins Land der Riesen. Dort sieht er eine wunderschöne junge Frau. Diese Frau ist so bezaubernd, dass Freyr sich sofort in sie verliebt und von nun an stets bedrückt und traurig ist. Dieser Zustand fällt bald auch seinen Eltern Njörd und Skaði auf, die daraufhin Freys Diener Skírnir bitten, mit Freyr zu reden und den Grund seiner Bedrückung herauszufinden. Skírnir kann Freyr in der Tat dazu bewegen, den Grund seines Leids mit ihm zu teilen. Um den Qualen von Freys unerfüllter Liebe Abhilfe zu verschaffen, erbittet Skírnir sich Freys Pferd und Schwert, und so ausgestattet reitet er nun ins Land der Riesen. Dort wird er bald fündig und spricht mit der Frau, in die Freyr sich verliebt hat. Das Riesenmädchen ist jedoch an einer Heirat mit einem Wanen nicht interessiert – ganz im Gegenteil ist ihr der Gedanke sogar zuwider. Weder das Versprechen reicher Gaben noch die Drohung mit dem Schwert können sie umstimmen. Schließlich greift Skírnir jedoch zum letzten Mittel und droht ihr, sie mit einem furchtbaren Zauberbann zugrunde zu richten. Nun lenkt das Mädchen ein. Ein Treffen mit Freyr wird vereinbart, das neun Nächte später stattfinden soll. Das Lied schließt damit, dass Skírnir seinem Freund und Herrn diese gute Nachricht überbringt und Freyr darüber klagt, wie langsam die Zeit des Wartens vergeht. Die Edda des Snorri Sturluson zitiert eine Strophe aus diesem Lied und fügt kommentierend hinzu, dass Freyr sein Schwert, das er Skírnir gegeben hat, sehr fehlen wird, wenn es am Ende der Welt zur Schlacht gegen die Riesen kommt.

In den Ruinen von Brunnaverstöð.

17. Bjargtangar: Vom fernen Westen*

Folgt man der Küstenstraße 612 hinter den Ruinen der Fischfangstation von Brunnaverstöð gen Westen, so erreicht man nach kurzer Fahrt schließlich das Kap Bjargtangar. Während der Anfahrt zum Kap entfernt die Straße sich zusehends vom Meeresniveau; am Leuchtturm, an dem die Straße auf einer großen Freifläche endet, befindet man sich wieder knapp 54 Meter über dem Wasser. An sich sind 54 Meter kein gewaltiger Höhenunterschied; am Kap Bjargtangar werden diese Höhenmeter von der Lage des Leuchtturmplateaus jedoch ins Gigantische gesteigert: Denn dieses Felsplateau sitzt an der Kante einer Klippe, die senkrecht ins Meer hinein abfällt und so den Eindruck vermittelt, weit über dem Meer im Nichts zu schweben. Am Rand der Klippe tummeln sich tolpatschig-neugierige Papageientaucher, die mit ihren bunten Schnäbeln und ihrem Watschelgang wie kleine Clowns wirken. Unten am Fuß der Klippe ragt ein Gewirr niedriger, winziger Schären um einige Handbreit aus dem Wasser und wird dort von den Wellen umspielt. Lange Reihen von Robben nutzen diese Felsen, um sich aus dem Wasser zu ziehen und die Sonne zu genießen; die idyllische Szene täuscht darüber hinweg, wie gefährlich diese Gewässer für die Schifffahrt sind.

Bjargtangar wird in Island üblicherweise als der „westlichste Punkt Europas" gefeiert (wobei man freilich die Azoren außer Acht lassen muss). Tatsächlich wähnt man sich hier am Ende der Welt, wenn man den Blick auf die See hinausschweifen lässt, wo das blaue Meer und der blaue Himmel ineinanderfließen. Der Atlantische Ozean und die Weite, die sich auf diesem Meer im fernen Westen auftut, hat schon die Seefahrer des Mittelalters fasziniert – nicht nur, aber auch die skandinavischen Siedler, die sich während der Wikingerzeit in Island niederließen. Eine Geschichte, die von dieser völkerübergreifenden Faszination des Westens zeugt, findet sich im isländischen Landnahmebuch aus dem 13. Jahrhundert. Dort heißt es über Ari, Sohn von Már von Hólar:

---
* Ferðakort-Straßenatlas 16 B5.

Das Kap Bjargtangar an der äußersten Westspitze Islands.

Er wurde nach Weißmännerland (Hvítramannaland) abgetrieben; manche Leute nennen das Großirland. Das liegt gen Westen im Meer in der Nähe von Vínland dem Guten; davon heißt es, dass es sechs Segeltage westlich von Irland liegt. Ari konnte von dort nicht mehr wegfahren und wurde dort getauft. Diese Geschichte erzählte als Erster Hrafn der Limerick-Fahrer, der lange in Limerick in Irland gewesen war. Þorkell Gellisson sagte, dass Männer aus Island behaupteten, als sie es Jarl Þorfinn auf den Orkneys erzählen gehört hatten, dass Ari in Weißmännerland erkannt worden sei und nicht mehr wegfahren konnte, dort aber hochgeehrt war.

Interessant an dieser knappen Notiz sind die folgenden Punkte: (1) Im fernen Westen, in der Nähe Nordamerikas (=Vínland), habe sich ein Land befunden, das „Weißmännerland" oder „Großirland" hieß; (2) dabei handelt es sich um ein christliches Land; (3) wen es dorthin verschlägt, der kann dieses Land nicht mehr verlassen; (4) aber der Neuankömmling wird immerhin in Ehren gehalten. (5) Zum ersten Mal wurde diese Geschichte von Hrafn dem Limerick-Fahrer erzählt.

Woher kommt die reichlich eigentümliche Vorstellung von einem christlichen Land ohne Wiederkehr inmitten des Atlantischen Ozeans? Schon auf ganz oberflächlicher Ebene zeigt die Geschichte von Aris Entrückung nach „Weißmännerland" in zweifacher Hinsicht eine Verbindung mit Irland. Zum einen dadurch, dass „Weißmännerland" auch „Großirland" heißt, und zum anderen durch die Gestalt Hrafns des Limerick-Fahrers: Die Geschichte geht ursprünglich auf einen Nordmann zurück, der lange in Irland gelebt hatte.

Zu diesen beiden „offensichtlich" irischen Aspekten der Geschichte passt, dass auch alle anderen Aspekte von „Weißmännerland", wie es im Landnahmebuch geschildert wird, genaue Gegenstücke in Irland und in der irischen Literatur der Wikingerzeit finden. Die Vorstellung von einem „Großirland" im Westen findet etwa darin eine Entsprechung, dass ein irischer Text des 8. Jahrhunderts – die „Seereise von Bran Sohn von Febal" – ein anderweltliches Inselreich westlich von Irland beschreibt, das aus Inseln besteht, die die mehrfache Größe Irlands haben:

Dreimal fünfzig ferne Inseln liegen
im Ozean westlich von uns;
zweimal größer als Irland
eine jede von ihnen, oder dreimal.

Dass solche Inseln im Westen Irlands gerade christliche Inseln sind, ist ein Motiv, das ein ganzes Genre der irischen Literatur dominiert, nämlich das der „Seereisen" oder *immrama*: In den entsprechenden Texten werden Pilgerfahrten irischer Kleriker in die Weiten des Ozeans beschrieben, auf denen diese Pilger u.a. selige Eremiten treffen, die in entlegenen Inselklöstern leben. Hier findet sich also das Motiv christlicher Inseln im Ozean wieder. Diese Inseleremiten sind zudem eng mit der Farbe Weiß assoziiert, indem sie etwa weiß gekleidet sind: Ihre Inseln sind damit gewissermaßen „Weißmännerländer". Und schließlich kann es sogar passieren, dass ein Besucher dieser Inseln sich plötzlich von ihren Bewohnern aufgenommen findet und sie – ebenso wie Ari – nicht mehr verlassen kann; damit wird er zum Mitglied ihrer religiösen Gemeinschaft, wie ja auch Ari getauft wird. Wer auf einer solchen Eremiteninsel bleibt, wird jedoch in Ehren gehalten – erneut wie Ari. All die Motive, die das

Landnahmebuch mit „Weißmännerland" verbindet, sind somit aus Irland bestens bekannt. Es scheint daher, als würde die Geschichte von „Weißmännerland" oder „Großirland" letztlich auf eine Gruppe geographischer Mythen des irischen Christentums zurückgehen. Im Grunde verwundert es nicht, dass solche Mythen auch in Island rezipiert wurden: In der Hafenstadt Limerick dürfte Hrafn ausreichend Gelegenheit gehabt haben, mit irischen Vorstellungen über das, was den Seemann draußen auf dem Atlantik erwartet, vertraut zu werden. Blickt man vom Plateau des Leuchtturms hinab und betrachtet die Felsen am Fuß der Klippen, vor denen in der Vergangenheit auch der Leuchtturm die Schiffe nicht immer erfolgreich warnen konnte, so gibt es jedoch einen Aspekt des Mythos von Weißmännerland, der nachdenklich stimmt: Dass Ari „abgetrieben" wurde, heißt wohl nichts anderes, als dass auch er zu einem Opfer des Atlantiks geworden ist, wie so viele andere Seefahrer des Nordens vor und nach ihm. Vielleicht fiel es seinen Freunden leichter zu glauben, dass er dabei in ein Wunderland im Westen gelangte, als sich damit abzufinden, dass er irgendwo auf See ein nasses Grab gefunden hat.

18. Krosshólaborg und Hvammur: Von der zweifachen Bestattung einer Landnehmerin*

Fährt man auf der Küstenstraße Nr. 60 an der Ostküste des Hvammsfjords entlang nach Norden, dann gelangt man 16 Kilometer nördlich von Búðardalur zu einer Abzweigung. Biegt man hier nach Westen ab und folgt der Straße 590, so kommt man bald an Krosshólaborg vorbei. Bei Krosshólaborg handelt es sich um eine markante, kahle Felsformation, die vor der Kulisse des Fjords fast ansatzlos aus ihrem flachen, grünen Umland herauswächst. Sie wird von einem modernen Steinkreuz bekrönt und ist durch den scharfen Kontrast, den ihre senkrechten Felswände zu den umgebenden Wiesen bilden, kaum zu übersehen. Zudem ist Krosshólaborg an der Straße beschildert. Etwas weiter westlich, etwa vier Kilometer von der Abzweigung von der Straße Nr. 60 entfernt, führt eine kurze Stichstraße nach Nordwesten zur Kirche von Hvammur. Dieses kleine Gotteshaus, neben dem sich auch ein kleiner Friedhof befindet, wurde im Jahr 1884 geweiht.

Hvammur ist heute in einen Dornröschenschlaf versunken, der kaum mehr erahnen lässt, dass der Hof von Hvammur schon aus der Landnahmezeit stammt, im Landnahmebuch ebenso eine Rolle spielt wie in der berühmten *Laxdæla saga*, der „Saga von den Leuten aus dem Laxártal", und dass Hvammur so große Söhne Islands hervorgebracht hat wie Sturla Þórðarson (1115-1183), den Begründer des mächtigen mittelalterlichen Geschlechts der Sturlungen, seinen Sohn Snorri Sturluson, der Islands berühmtester Geschichtsschreiber werden sollte (→Reykholt), und den Handschriftensammler Árni Magnússon, der im 17. und 18. Jahrhundert bei der Bewahrung von Islands mittelalterlichem Erbe eine zentrale Rolle spielte. Gegründet wurde Hvammur von der Landnehmerin Auðr (oder Unnr) der Tiefsinnigen. Auðr führte ein bewegtes Leben in Irland, Schottland und auf den Orkneys, ehe sie nach Island auswanderte; Anlass für ihre Auswanderung war, dass ihr Sohn

---

* Ferðakort-Straßenatlas 15 J7.

Krosshólaborg.

Þorsteinn der Rote, der sich zuvor zu einem Heerkönig aufgeschwungen hatte, in Schottland getötet worden war.

Nach einer Zwischenstation auf den Färöern und einem Schiffbruch in Island angekommen, verbringt Auðr zunächst einen Winter bei einem ihrer Brüder, der sich in Island bereits etabliert hat. Danach sucht sie sich einen eigenen Siedlungsplatz und lässt sich schließlich in Hvammur nieder; dies soll sich im späten 9. Jahrhundert ereignet haben. Über ihr religiöses Leben heißt es im Landnahmebuch:

> *Sie verrichtete ihre Gebete bei Krosshólar, den Kreuzhügeln; dort ließ sie Kreuze errichten, weil sie getauft und sehr gläubig war. Ihre Verwandten hatten da später ein großes religiöses Vertrauen in diese Hügel. Dort wurde dann ein Opferaltar gebaut, als sie Opfer veranstalteten; sie glaubten daran, dass sie in die Hügel hineinsterben würden. Und Þórðr gellir wurde dorthin geführt, ehe er seinen Rang erhielt, wie es in seiner Saga heißt.*

Aus dieser Stelle geht hervor, dass Auðr eine Christin war, die die „Kreuzhügel" zum Ort ihrer persönlichen Gottesverehrung ausgestalten ließ (woran heute das moderne Steinkreuz von Krosshólaborg erinnert). In den Augen ihrer Familie behielten diese Hügel später ihre religiöse Bedeutung, allerdings nicht im Sinne Auðs: Ihre Familie kehrte zu heidnischen Vorstellungen und Kultpraktiken zurück, und so wurden Auðs Kreuzeshügel von einem nordischen Golgatha zu einem Opferplatz, wo ein Steinaltar (*hörgr*; → Hörgsland) errichtet wurde und von dem man glaubte, dass diese Hügel der Wohnort der Toten der Familie waren. (Letzteres ist eine Vorstellung, die in Island auch anderswo bezeugt ist; ein geographisch nicht weit entferntes Beispiel ist etwa →Helgafell.) Zudem scheinen die Kreuzhügel zu einer Art heidnischer Inaugurationsstätte geworden zu sein. Wenn es heißt, dass Þórðr gellir dort seinen „Rang" erhielt, „wie es in seiner Saga heißt", so ist zunächst nicht klar, was hiermit genau gemeint ist; denn eine Saga über Þórðr gellir ist nicht erhalten. An einer anderen Stelle des Landnahmebuchs erscheint Þórðr gellir jedoch in einer Liste der mächtigsten isländischen Häuptlinge. So wird man nicht weit fehlgehen, wenn man vermutet, dass die Zeremonien, für die Þórðr gellir zu den Kreuzhügeln geführt wurde, etwas mit diesem seinem Rang als Häuptling zu tun hatten. Die Kreuzhügel haben somit eine ausgesprochen wechselvolle Religionsgeschichte: Von einem christlichen Gebetsplatz wurden sie zu einem heidnischen Kultplatz und zugleich zu einem heidnischen Jenseitsort, um schließlich in der jüngeren Vergangenheit mit einem Steinkreuz wieder christianisiert zu werden.

Ein solches Oszillieren zwischen Christentum und Heidentum mag in der spätheidnisch-frühchristlichen Zeit Islands im 9. und 10. Jahrhundert nichts Außergewöhnliches gewesen sein; oben wurde bereits erwähnt, wie Helgi der Magere zwischen Heidentum und Christentum schwankte (→Fährpassage, S. 30). Die Lebensgeschichte von Auðr der Tiefsinnigen enthält einen indirekten Hinweis darauf, dass ein solches Oszillieren für das Island dieser Zeit vielleicht sogar noch deutlich typischer gewesen sein könnte, als aus unseren erhaltenen Quellen hervorgeht. Zu Auðs Tod und Bestattung äußert sich das Landnahmebuch mit folgenden Worten:

> *Auðr war eine sehr ehrwürdige Frau. Als sie altersschwach wurde, lud sie ihre Blutsverwandten und die Angeheirateten ein und veranstaltete ein prächtiges Fest. Und als das Fest drei Nächte angedauert hatte, da wählte sie Geschenke für ihre Freunde und gab ihnen guten Rat. Sie sagte, dass das Fest dann noch drei Nächte andauern sollte; sie meinte, das solle ihr Leichenschmaus sein. In der folgenden Nacht starb sie dann, und sie wurde in der Flutzone begraben, wie sie es zuvor gesagt hatte; denn sie wollte nicht in ungeweihter Erde liegen, da sie getauft war. Danach ging der Glaube ihrer Verwandten verloren.*

Dieses Notiz überliefert das kuriose Detail, dass Auðr in dem Bereich des Strandes begraben wurde, der bei Flut unter Wasser liegt, um nicht in ungeweihter Erde (d.h. dem überwiegend heidnischen Island) liegen zu müssen; und sie betont nochmals, was in der oben zitierten Passage bereits implizit gesagt wurde, nämlich, dass Auðs Verwandte nach ihrem Tod schließlich zu einem heidnischen Kult zurückkehrten. Diese Darstellung der Ereignisse ist nicht zuletzt deswegen von besonderem Interesse, weil die Schilderung derselben Vorgänge in der *Laxdæla saga* ein gänzlich anderes Bild zeichnet. Auch dort stirbt Auðr während eines Fests, das sie veranstaltet, und wird dann am Ende dieses Fests begraben:

> *Und am letzten Tag des Fests wurde Unnr (=Auðr) zu dem Grabhügel gebracht, der für sie aufgeworfen worden war; sie wurde in ein Schiff im Grabhügel gelegt, und reiche Beigaben wurden mit ihr in den Hügel gelegt; danach wurde der Hügel zugeworfen.*

An keiner Stelle der *Laxdæla saga* wird erwähnt, dass Auðr eine Christin gewesen sei, und ihre Bestattung wird in ganz heidnischer Manier als eine Bootsbestattung dargestellt. An die Stelle des komplexen religiösen Oszillierens zwischen Christentum und Heidentum, das im Landnahmebuch so stark hervortritt, tritt in der Saga von den Leuten aus dem Laxártal eine deutlich einfachere Dichotomie zwischen heidnischer Landnahmezeit und späterer Christianisierung. Man könnte sich hier fragen, ob eine heidnische Auðr das literarische Konzept gestört hätte, das der Sagaverfasser von der isländischen Frühzeit hatte. Die Sagas sind eben nicht Annalen, sondern schöngeistige Literatur über historische Themen; und das Bild, das sie vom vorchristlichen Island zeichnen, ist ein literarisches Bild des christlichen Hochmittelalters, nicht eine „objektive" oder „authentische" Aufzeichnung durch eines Zeitzeugen der vorchristlichen Epoche. Zu den Verzerrungen, die sich hieraus ergeben, gehört dabei auch, dass die reale Komplexität der religiösen Situation im spätheidnischen Island durch eine geglättete, „paganisierte" literarische Darstellung ersetzt wird.

Dies bedeutet aber freilich nicht, dass die Angaben der hochmittelalterlichen Sagas immer reine Phantasie sein müssen; selbst im Fall Auðs ist dies nicht der Fall. Der Verfasser der *Laxdœla saga* macht aus der frommen Christin eine würdige Heidin, doch immerhin lässt er ihr als Heidin eine Art der Bestattung zukommen, die im vorchristlichen Norden tatsächlich praktiziert wurde. In der Archäologie Islands sind bisher fünf gesicherte Beispiele von Bootsbestattungen bekannt (eine davon aus →Hringsdalur). Dazu kommen mehrere hundert Bootsbestattungen in Skandinavien und dem gesamten Siedlungsgebiet der wikingerzeitlichen Skandinavier, von Finnland bis zu den Britischen Inseln und von Osteuropa bis zur Bretagne; bereits in den 1970er Jahren waren mehr als 400 solcher Bestattungen bekannt. Die konkrete Ausgestaltung der Bootsbestattungen zeigt dabei eine erhebliche Variationsbreite: So kann der Leichnam unverbrannt in einem unverbrannten Boot beigesetzt werden; der Leichnam kann verbrannt, aber in einem unverbrannten Boot begraben sein; oder Leichnam und Boot können zusammen dem Scheiterhaufen überantwortet werden. Auch in Hinblick auf den Reichtum ihrer Ausstattung sind Bootsgräber äußerst vielgestaltig: Sie decken die ganze Spanne von sehr armen bis extrem reichen Bestattungen ab, und auch bei den Booten selbst kann es sich ebenso um kleine Boote von kaum 2,5 Metern Länge handeln wie um große Kriegsschiffe von nahezu 30 Metern; am bekanntesten sind unter den großen Schiffsbestattungen wohl Oseberg, Gokstad und das angelsächsische Grab von Sutton Hoo. Die Riten und mythologischen Vorstellungen, die mit dieser Bestattungsform verbunden waren, dürften in Anbetracht der weiten Variationsbreite der archäologischen Befunde und der weiten geographischen Verbreitung von Bootsbestattungen wohl keineswegs einheitlich gewesen sein. Immerhin gehört die Bestattung im Boot jedoch zu den wenigen Riten, zu denen uns ein Augenzeugenbericht überliefert ist: In den 20er Jahren des 10. Jahrhunderts reiste der arabische Gelehrte Ahmad ibn Fadlān als Mitglied einer Gesandtschaft des Kalifen al-Muqtadir nach Osteuropa und verfasste später einen Bericht über die Schiffsbestattung eines Anführers der „Rūs", die er selbst beobachtet hatte. Diese Bestattung war mit komplexen Riten verbunden, die u.a. die Opferung erheblicher Vermögenswerte umfasste. Zu den Totenopfern gehörte neben Gegenständen und geopferten Tieren auch eine Dienerin des Toten, die sich selbst dazu bereiterklärt hatte, ihrem Herrn ins Jenseits zu folgen. Diese junge Frau stand dabei im Zentrum einer aufwendig inszenierten visionären Schau, während der sie einen Blick ins Paradies erhaschte. (Weite Bekanntheit erhielt diese Szene durch ihre Verarbeitung im Kinofilm *Der 13te Krieger* aus dem Jahr 1999.)

Boots- und Schiffsbestattungen spielten zudem nicht nur in den Ritualen, sondern auch in der Mythologie der heidnischen Zeit eine wichtige Rolle. In Verbindung mit Ásbyrgi ist der Mythos vom Tod des Gottes Balder erzählt worden (→Ásbyrgi, S. 62): Auf Lokis Anstiften hin wird Balder vom blinden Höðr mit einem Mistelzweig erschossen. Auf den Tod des Gottes folgt darauf seine Bestattung; und die Bestattung Balders ist gerade eine Schiffsbestattung, wenngleich eine, bei der das Schiff nicht begraben, sondern brennend aufs Meer hinaus gesandt wird. In Snorris Prosa-Edda wird diese Bestattung folgendermaßen geschildert:

Und die Asen nahmen Balders Leiche und brachten ihn ans Meer. Balders Schiff hieß Hringhorni. Es war das größte aller Schiffe. Die Götter wollten es zu Wasser lassen und darauf Balders Feuerbestattung durchführen. Aber das Schiff bewegte sich kein bisschen. Da wurde nach Jötunheimar gesandt, nach der Riesin, die Hyrrokkin hieß. Und als sie kam, auf einem Wolf reitend und mit einer Giftschlange als Zügel, da sprang sie von ihrem Reittier, und Odin rief vier Berserker herbei, die sich um ihr Reittier kümmern sollten; und sie konnten es nur dadurch halten, dass sie es zu Fall brachten. Hyrrokkin ging dann zum Vordersteven des Boots und schob es mit ihrer ersten Bewegung so an, dass Feuer aus den Schiffsrollen stob und alle Lande bebten. Da wurde Thor wütend und griff sich den Hammer, und er hätte da ihren Schädel eingeschlagen, wenn ihn nicht alle Götter gebeten hätten, sie zu schonen. Dann wurde Balders Leiche auf das Schiff hinausgetragen, und als seine Frau Nanna Nepsdóttir dies sah, da wurde sie von der Trauer überwältigt und starb. Sie wurde auf den Scheiterhaufen gelegt, und er wurde angezündet. Da stand Thor dabei und weihte den Scheiterhaufen mit Mjöllnir. Aber ein gewisser Zwerg lief ihm vor die Füße; der heißt Litr. Und Thor trat ihn mit seinem Fuß und stieß ihn ins Feuer und verbrannte ihn.

Im weiteren Verlauf des Mythos treffen wir den toten Gott danach erst wieder in der Halle der Totengöttin Hel an. Dort verfügt er über die Gaben, die mit ihm auf seinem Totenschiff auf den Scheiterhafen gelegt worden waren; das Schiff dient Balder offenbar als das Fahrzeug, mit dem er mitsamt seines Gepäcks die Reise ins Jenseits hinter sich bringt.

Die Bestattung im Boot spielte somit in der heidnischen Zeit ebenso eine Rolle als konkretes, auch archäologisch fassbares Ritual wie als ein Motiv des Mythos. Die Boots- oder Schiffsbestattung war zwar niemals die alleinig praktizierte oder, an der Gesamtbevölkerung gemessen, auch nur dominierende Grabform; sie war jedoch sicher ein charakteristisch vorchristlicher Ritus. Dass die „entchristianisierte", „paganisierte" Darstellung Auðs in der *Laxdæla saga* die Gründerin von Hvammur gerade in einem Boot beigesetzt werden lässt, ist zwar unhistorisch und folgt einer Tendenz, die religiösen Ambivalenzen der spätheidnischen Zeit zu kaschieren; innerhalb einer Erzählung, die die Vorzeit heidnisch bereinigt darstellt, ist es aber immerhin auf literarischer Ebene stimmig.

19. Hjarðarholt: Von Óláfr Pfau und seiner Halle*

Etwa vier Kilometer ostnordöstlich von Búðardalur am Hvammsfjord liegen der Hof und die Kirche von Hjarðarholt, zu erreichen über eine kleine Stichstraße von der Straße Nr. 587. Hjarðarholt im Tal der Laxá, des „Lachsflusses", besteht heute aus einem landwirtschaftlichen Betrieb und einer für isländische Verhältnisse recht großen, verspielt wirkenden Holzkirche mit kreuzförmigem Grundriss, die innen wie außen in zarten Pastelltönen gehalten ist. Geweiht wurde die heutige Kirche im Jahr 1904.

Der erste, der in Hjarðarholt einen Hof errichtet haben soll, war Óláfr Pfau, einer der Helden der *Laxdæla saga*. Der Bau von Hjarðarholt ist aber nicht die einzige Geschichte, die mit Óláfr Pfau und seinem Leben im Laxárdalur verbunden ist. Ungewöhnlich ist schon die Geschichte von seiner Herkunft. Diese wird von der Saga ausführlich beschrieben: Óláfs Vater Höskuldr unternimmt eines Tages eine Reise nach Skandinavien; dabei besucht er auch einen Markt in Schweden, wo er im Zelt eines reichen Kaufmanns eine Sklavin erwirbt. Bei diesem Kauf trägt es sich so zu, dass der Kaufmann zwölf Frauen nebeneinander sitzen hat, von denen die ersten elf schön gekleidet sind, die zwölfte aber ganz schäbig angezogen ist. Höskuldr scheint bei genauer Betrachtung jedoch, dass gerade die zwölfte Frau die schönste von allen ist. Der Kaufmann erklärt ihre schlechte Kleidung mit dem Eingeständnis, dass er diese Frau eigentlich gar nicht verkaufen will, und verlangt für sie dreimal so viel wie für die anderen Frauen; außerdem weist er Höskuldr darauf hin, dass die Frau stumm ist. Höskuldr lässt sich von all dem nicht abschrecken, kauft die Frau und macht sie zu seiner Konkubine. Als er später im Jahr wieder nach Island zurückkommt, vereinbart er mit seiner Ehefrau, dass auch diese stumme Sklavin in seinen Haushalt aufgenommen wird; Höskuldr schläft von da an aber wieder bei seiner Gattin. Trotzdem bekommt die Sklavin bald ein wunderschönes

---

* Ferðakort-Straßenatlas 3 J7.

Kind, das den Namen Óláfr erhält und seinem Vater Höskuldr sehr ans Herz wächst. So vergehen ein paar Jahre; schließlich aber ertappt Höskuldr die vermeintliche Taubstumme dabei, wie sie mit ihrem Sohn redet. Nun gibt sie ihr Schweigen auf und erzählt Höskuldr, dass sie die Tochter eines irischen Königs ist, die als junges Mädchen aus Irland entführt wurde. Danach kommen Höskulds zwei Frauen nicht mehr miteinander aus. Höskuldr trennt sie daher und gibt seiner Zweitfrau einen eigenen kleinen Hof. Óláfr wird später als Ziehsohn zu Þórðr goddi gegeben und wächst zu einem gutaussehenden und starken Mann heran, wenn er auch so viel Sorgfalt auf sein Äußeres verwendet, dass er sich damit den Beinamen „Pfau" einhandelt.

Einer der Nachbarn von Óláfs Ziehvater ist Totschlag-Hrappr, ein gewalttätiger und wenig umgänglicher Mann. Während Óláfr heranwächst, wird Totschlag-Hrappr alt und hinfällig und stirbt schließlich. Kurz vor seinem Tod verfügt er jedoch noch, dass er unter dem Eingang zur Küche stehend begraben werden will. Seine Frau hat sogar noch nach seinem Tod Angst vor Hrappr und entspricht seinem letzten Wunsch daher. Anstatt dem Toten seinen Frieden zu geben, führt dies jedoch dazu, dass Totschlag-Hrapps Tyrannei nun nur noch schlimmer wird als zuvor: Als Wiedergänger tötet er den größten Teil der Bewohner seines Hofs, so dass sein Hof Hrappsstaðir schließlich aufgegeben wird. Da Hrapps Unwesen sich auch auf seine Nachbarn erstreckt, kommen immer wieder Bauern zu Höskuldr und bitten ihn um seine Hilfe gegen Totschlag-Hrappr. Höskuldr lässt Hrappr daher schließlich exhumieren und an einem abgelegeneren Ort begraben, wo er weniger Schaden anrichten kann. Nun versucht Hrapps Sohn, sein Erbe anzutreten und sich auf Hrappsstaðir niederzulassen; er wird aber bald wahnsinnig und stirbt. Der nächste Versuch, Hrappsstaðir wieder zu besiedeln, wird von einem Schwager Hrapps unternommen; schon bei der Anreise ertrinkt er jedoch mit fast allen seinen Männern, als sein Schiff kentert. Dabei wird eine Robbe gesehen, die das Schiff umkreist und menschliche Augen zu haben scheint.

Hrappsstaðir bleibt nun lange verwaist. Óláfr fährt inzwischen nach Norwegen, wo König Haraldr von ihm sehr angetan ist, und nach Irland, wo er seinen Großvater trifft, den König von Irland. Nach seiner Rückkehr nach Island heiratet Óláfr eine Tochter des Skalden Egill Skallagrímsson (→Borgarnes) und etabliert sich in der Region immer mehr als ein mächtiger Mann. Irgendwann weckt auch Hrappsstaðir sein Interesse, das über weitläufiges und gutes Land verfügt, aber durch die Umtriebe des Wiedergängers nach wie vor unbewohnbar ist. Óláfr kauft das Land von seinem rechtmäßigen Besitzer weit unter Wert (und der ist trotzdem froh, es los zu sein), lässt neue Hofgebäude errichten und siedelt mitsamt all seinem Vieh dorthin um. Der Name des neuen Gehöfts ist Hjarðarholt.

Die Wirtschaft auf Hjarðarholt blüht nun zunächst auf. Doch eines Tages kommt der Hirte, der sich im etwas abgelegenen Ochsenstall um das Vieh zu kümmern hat, zu Óláfr und bittet um eine andere Arbeit; sonst will er den Hof verlassen. Óláfr nimmt nun seinen Speer und geht mit dem Hirten zum Ochsenstall. Als der Hirte dort eintritt, springt er jedoch sofort wieder zurück, da Hrappr im Stall ist. Óláfr sticht mit seinem Speer nach dem Untoten, aber der bricht die Spitze der Waffe einfach ab und verschwindet daraufhin. Nun löst Óláfr das Problem mit Totschlag-Hrappr ein für alle Mal: Er lässt Hrapps letztes Grab öffnen, und da finden sie den Leichnam völlig unverwest vor, und zudem finden sie Óláfs Speerspitze. Óláfr verbrennt den Leichnam und streut die Asche ins Meer, und damit hat der Spuk ein Ende.

Viele Jahre später fährt Óláfr noch einmal nach Skandinavien, um sich dort Bauholz zu beschaffen. Von dieser Skandinavienreise bringt er zum einen das gewünschte Bauholz mit, und zum anderen Geirmundr gnýr, einen reichen Mann und großen Krieger, der danach zunächst bei Óláfr wohnt. Daraufhin heißt es in der Saga:

In diesem Sommer ließ Óláfr in Hjarðarholt eine Halle mit einer Feuerstelle bauen, größer und besser, als die Leute es zuvor gesehen hatten. Da waren auf der Wandvertäfelung berühmte Geschichten dargestellt, und ebenso auf dem Dachstuhl. Das war so gut gearbeitet, dass es viel prächtiger schien, wenn die Wandteppiche nicht aufgehängt waren.

Nicht nur das für den Bau dieser Halle verwendete Holz, sondern auch der Anlass für ihre erste größere Verwendung ergeben sich im Folgenden aus Óláfs Skandinavienreise; denn Geirmundr gnýr heiratet, wenn auch mit nur halbherziger Zustimmung Óláfs, dessen Tochter. Das Fest wird auf Hjarðarholt gefeiert:

Dieses Fest war außerordentlich gut besucht, weil die Halle mit der Feuerstelle da fertiggestellt war. Úlfr Uggason war da bei dem Fest und machte ein Gedicht über Óláfr Höskuldsson und über die Geschichten, die in der Feuerhalle abgebildet waren, und er trug es dort auf dem Fest vor. Dieses Gedicht heißt Húsdrápa, „Haus-Preislied", und ist gut gedichtet. Óláfr belohnte das Gedicht gut.

In der *Laxdœla saga* selbst wird nichts darüber gesagt, was genau in den Wandbildern von Óláfs Halle – wohl großen, bemalten Schnitzereien – dargestellt war. Damit ist es nun an der Zeit, die *Laxdœla saga* zu verlassen und einmal wieder zu Snorri Sturluson zurückzukehren. Denn Snorri hat in seiner Prosa-Edda mehrfach Ausschnitte aus dem „Haus-Preislied" des Úlfr Uggason zitiert; insgesamt sind auf diese Weise zwölf Strophen des Gedichts erhalten geblieben. Diese Strophen enthalten kunstvolle Beschreibungen von Szenen aus drei Mythen, die durch vielfache und heute teilweise unklare poetische Umschreibungen (sog. „Kenningar") geprägt sind. Zwei dieser drei Mythen werden in Verbindung mit anderen Orten ausführlich vorgestellt: Thors Fischzug gegen die Midgardschlange (→Fährpassage) und die Bestattung des Gottes Balder nach seiner Ermordung durch den blinden Höðr, die Loki angestiftet hatte (→Ásbyrgi). Was den Balder-Mythos betrifft, haben die Darstellungen in Óláfs Halle dabei offenbar ein besonderes Augenmerk auf Balders Bestattungsfeier gelegt: Úlfr Uggason scheint besonders an der Prozession der Götter auf dem Weg zur Bestattung Balders und an der Schiffsbestattung (→Krosshólaborg) interessiert

Die heutige Kirche in Hjarðarholt, geweiht im Jahr 1904.

gewesen zu sein – oder dies ist jedenfalls der Eindruck, den die wenigen erhaltenen Strophen erwecken. Wie lang die *Húsdrápa* ursprünglich war, wie viele Bilder sie schilderte und wie viel im Lauf der Überlieferung verloren gegangen ist, lässt sich heute nicht mehr bestimmen.

Der dritte Mythos, der in den erhaltenen Fragmenten der *Húsdrápa* angesprochen wird, scheint einen Kampf zwischen den Göttern Loki und Heimdall um das Schmuckstück der Göttin Freyja zu behandeln, das *Brísingamen*. Zu diesem Mythos bzw. zur Darstellung dieses Mythos in der Halle Óláfr Pfaus ist nur eine einzige Strophe erhalten; diese lässt sich näherungsweise ungefähr folgendermaßen übersetzen (wobei einige Aspekte dieser Strophe in der Forschung bis heute umstritten sind):

> *Es kämpft der ratkluge*
> *Grenzland-Verteidiger der Götter,*
> *der berühmte, gegen den äußerst schlauen*
> *Sohn Fárbautis bei Singasteinn.*
> *Der zorngewaltige Sohn von*
> *acht Müttern und einer*
> *gewinnt als erster die schöne Meerniere;*
> *ich verkünde es in Versen von Preisdichtung.*

Schon die wenigen Verse dieser Strophe lassen wohl unmittelbar einsichtig werden, wie groß die Probleme bei der mythologischen Auswertung der *Húsdrápa*-Fragmente sind. Einiges, das auf den ersten Blick völlig opak wirkt, lässt sich allerdings klären: So ist der „Sohn Fárbautis" einfach Loki (dessen Schlauheit zudem ein häufig wiederkehrendes Thema der nordischen Mythenwelt ist). Der „Grenzland-Verteidiger der Götter" ist der Gott Heimdall, dessen Wohnstatt dort liegt, wo die Götterbrücke Bifröst das Land der Asen erreicht; dort hält er Wache, um das Eindringen feindlicher Mächte in das Land der Götter zu verhindern. Die erste Strophenhälfte bedeutet also schlicht, dass Heimdall bei einem Ort namens Singasteinn gegen Loki kämpfte. Spätestens hier beginnen jedoch die Probleme, da es sonst keine Quellen gibt, die von diesem Kampf zwischen Heimdall und Loki berichten würden. Snorri schreibt in seiner Prosa-Edda, dass die beiden Götter bei diesem Kampf die Gestalt von Robben hatten; auch dies macht jedoch kaum etwas klarer.

Immerhin gibt die zweite Strophenhälfte einen Eindruck wenn schon nicht vom Anlass, so doch zumindest vom Gegenstand und Ausgang des Kampfs: Bei der Auseinandersetzung ging es um eine „schöne Meerniere". Snorri meint, dass es beim Streit zwischen Loki und Heimdall um Freyjas Schmuck *Brísingamen* ging, und zugunsten seiner Deutung lässt sich anführen, dass es schon in der ältesten Dichtung des Nordens eine Parallele dazu gibt, dass Loki Freyjas Schmuck stiehlt; in der späteren Literatur wird dieser Diebstahl im *Sörla páttr* ausführlich erzählt (→Flatey). Der Ausgang der Auseinandersetzung bei Singasteinn ergibt sich schließlich daraus, dass der „Sohn von acht Müttern und einer" gewinnt; denn von Heimdall heißt es, dass er von neun Müttern geboren worden sei (was freilich in sich wieder reichlich rätselhaft ist).

Falls all diese Deutungen so richtig sind – und hierüber besteht in der Forschung kein durchgehender Konsens –, dann spiegelt diese Strophe einen Mythos wieder, in dem Heimdall und Loki bei Singasteinn in Robbengestalt um Freyjas Schmuckstück *Brísingamen* kämpfen und Heimdall gewinnt. Wie kam es jedoch überhaupt zu diesem Kampf? Was waren seine Folgen? Wo oder was ist Singasteinn? Dieses Fragment der *Húsdrápa* ist in gewissem Sinne wie das Licht einer schwachen kleinen Öllampe, die nur einen winzigen Teil eines der Reliefs in der Halle Óláfr Pfaus erhellt: gerade genug, um einige bunte Details erkennen zu lassen, aber viel zu wenig, als dass es möglich wäre, diese Details in einen weiteren Kontext einzuordnen.

20. Eiríksstaðir: Von klassischen Mythen und zauberkundigen Frauen*

Im Tal Haukadalur an der isländischen Westküste, nur wenige Kilometer vom See Haukadalsvatn entfernt, liegen die Ausgrabungsstätte und das Freilichtmuseum von Eiríksstaðir. In den Jahren 1997 bis 1999 wurden hier Ausgrabungen veranstaltet, bei denen ein kleiner Hallenbau des 10. Jahrhunderts freigelegt wurde. Nach dem Abschluss der Ausgrabung wurde die Stätte nicht wieder zugeschüttet, sondern mit erklärenden Tafeln versehen; Eiríksstaðir stellt so einen der vergleichsweise wenigen Orte in Island dar, wo wikingerzeitliche Gebäudereste für Besucher zugänglich gemacht worden sind. Grund hierfür ist nicht zuletzt, dass die Gebäudereste von Eiríksstaðir mit der historischen Gestalt Eiríks des Roten verbunden werden, der als erster Nordmann Grönland besiedelte und dessen Sohn Leifr als erster Europäer den nordamerikanischen Kontinent betrat. Die historische Bedeutung der Stätte hat auch dazu geführt, dass nur wenige Meter von den Resten von Eiríks Hof entfernt eine Rekonstruktion seiner Halle errichtet wurde.

Die Saga von Eiríkr dem Roten – die *Eiríks saga rauða* – stammt aus dem frühen 13. Jahrhundert; die von ihr geschilderten Ereignisse spielen in den Jahrzehnten um das Jahr 1000. Eiríkr scheint dieser Saga zufolge kein besonders umgänglicher Geselle gewesen zu sein: Ehe Eiríkr sich in Eiríksstaðir niederließ, hatten er und sein Vater Skandinavien wegen mehrerer Totschläge verlassen müssen. Und auch in seiner neuen Heimat Island wird Eiríkr zu keinem friedlichen Menschen: Bald erschlägt er zwei Männer und wird aus dem Haukadalur verbannt; und nach weiteren blutigen Streitigkeiten wird er zudem geächtet. So verlässt er Island in Richtung auf Grönland, wo er sich schließlich niederlässt. Auf ihn geht auch der Name Grönlands zurück: „Grünes Land". Eiríkr wählte diesen Namen, weil er vermutete, dass ein schöner Name viele Siedler anziehen werde.

---

* Ferðakort-Straßenatlas 3 K7.

Eiríks Sohn Leifr begibt sich eines Sommers nach Norwegen, um ein Gefolgsmann des christlichen Königs Óláfr Tryggvason zu werden. Auf der Fahrt von Grönland nach Skandinavien wird sein Schiff jedoch auf die Hebriden abgetrieben, wo Leifr sich in eine vornehme Frau namens Þórgunna verliebt. Im Lauf der Zeit stellt sich heraus, dass Þórgunna zauberkundig ist. Sie wird von Leifr schwanger, doch er weigert sich, sie gegen den Widerstand ihrer Familie auf seinem Schiff mitzunehmen. Sie prophezeit ihm, dass sie zusammen einen Sohn bekommen würden, dass sie diesen Jungen zu Leifr nach Grönland senden werde, und dass Leifr hieraus kein Vorteil erwachsen wird. All dies soll auch so eingetreten sein, und die Saga erwähnt, dass die Ereignisse um Leifs Sohn nicht ganz geheuer waren; Details verrät die Saga jedoch nicht. Die Zauberin Þórgunna taucht danach in der Saga von Eiríkr dem Roten nicht mehr auf; sie war später jedoch für die Wunder von →Fróðá verantwortlich.

König Óláfr Tryggvason beauftragt Leifr im Folgenden, die nordischen Siedler in Grönland zu christianisieren. Wieder jedoch wird Leifr vom Kurs abgetrieben, und nun erwähnt die Saga mit knappen Worten, dass er zuvor unbekannte Länder fand, in denen Weizen und Wein wild wuchsen: Dies war das erste Mal, dass ein Europäer Nordamerika erreichte.

Der wilde Wein und der wilde Weizen, die das neuentdeckte Land bei dieser ersten Auffindung charakterisieren, tauchen bei einem zweiten Besuch später in der Saga noch zweimal und dann auch noch deutlich ausführlicher auf. Gerade der wilde Wein wird für das neue Land sogar namensgebend, denn man nennt es *Vínland*, „Weinland". Auch in anderen Texten wird das Motiv verarbeitet, wonach Vínland/Kanada sich durch eine so große Fruchtbarkeit auszeichnet, dass der Wein dort von selber wächst. So etwa in der *Hamburgischen Kirchengeschichte* des Adam von Bremen aus dem 11. Jahrhundert; dort schreibt Adam, dass „Winland" daher seinen Namen bekommen hat, „weil dort die Weinstöcke von alleine wachsen und einen ausgezeichneten Wein tragen". Adam kennt auch die Vorstellung, dass dort Feldfrüchte wild wachsen, ohne dass jemand sich die Mühe machen müsste, sie zuerst zu säen. Dies will Adam „durch den sicheren Bericht der Dänen" erfahren haben. Freilich hat man längst bemerkt, dass diese Geschichten vom wilden Wein und wilden Getreide Vínlands, so oft sie auch wiederholt worden sein mögen, keineswegs der botanischen Wirklichkeit Kanadas entsprechen. Vielmehr handelt es sich hier um ein Motiv aus Literatur und Mythologie, dessen Wurzeln letztlich bis ins antike Griechenland zurückreichen. Seit der Odyssee Homers kennt die griechische Literatur einen Mythos von einem in der Ferne gelegenen, paradiesischen Inselreich, auf das die größten Helden noch zu Lebzeiten entrückt werden, um dort ein unsterbliches Leben in einem blühenden Garten zu führen, wo Wein und Früchte von alleine wachsen und es keinen Tod und keinen Verfall gibt. Der Mythos von diesen „Inseln der Seligen" durchzieht die gesamte griechische und römische Literaturgeschichte und wurde schließlich auch von den Gelehrten des Mittelalters rezipiert. Die wichtigste Enzyklopädie des Mittelalters waren die *Etymologien* des Isidor von Sevilla, und hier erscheint der Mythos von den Inseln der Seligen mit genau den Zügen, die auch die nordischen Beschreibungen Vínlands prägen: Auch auf den Inseln der Seligen Isidors wächst der Wein von selbst, und Getreide wächst dort wie Gras. In den mittelalterlichen nordischen Schilderungen der Entdeckung Amerikas wird dies aufgegriffen, und so wird der neue Kontinent zu einem mythischen Wunderland stilisiert, dessen namensgebende Elemente letztlich der griechisch-römischen Mythologie entstammen.

Die Saga von Eiríkr dem Roten enthält jedoch nicht nur Anleihen bei den Mythen der Antike, sondern durchaus auch einheimisch-nordische Motive. Eines davon ist ein ausführlich geschilderter Auftritt einer Seherin. Anlass dieses Auftritts ist eine Hungersnot unter den Siedlern in Grönland. Zur Zeit dieser Hungersnot war eine Frau namens Þorbjörg in der Gegend, die eine Seherin war und „kleine Völva" genannt wurde; sie war die letzte von neun Schwestern, die alle hellsichtig gewesen waren. Þorbjörg wird nun auf einen Hof eingeladen, der von der Hungersnot betroffen ist; denn man

Die moderne Rekonstruktion der mutmaßlichen Halle Eiríks des Roten.

will von ihr erfahren, wann die Zeit des Hungers zu Ende sein wird. Auf dem Hof wird Þorbjörg ein gebührender Empfang bereitet: Man errichtet einen Hochsitz für sie, der mit Federkissen gepolstert ist. Dem Eindruck von Luxus, der schon hier entsteht, entspricht auch die Beschreibung der Seherin selbst: Sie ist überaus prachtvoll gekleidet, und ihr Mantel ist mit Edelsteinen besetzt. Manch ein Stück ihrer Ausstattung fällt jedoch nicht nur durch seine Aura von Luxus auf, sondern unterstreicht auch die mystische Berufung der Seherin. So trägt Þorbjörg eine mit Katzenfell gefütterte Kappe und Handschuhe aus Katzenfell – auch im mittelalterlichen Norden kein gewöhnliches Material für Kleidungsstücke. Ein deutlich sichtbares Emblem ihres Amts als Seherin ist darüber hinaus ein mit Messing beschlagener Stab; und an ihrem Gürtel trägt sie einen Beutel, der die Utensilien enthält, die sie für ihre Zauberei benötigt. Auch das Mahl, das ihr am Abend auf dem Hof vorgesetzt wird, ist keine gewöhnliche Mahlzeit: Denn es enthält die Herzen aller Arten von Tieren, die dort gehalten werden.

Um ihre Zukunftsschau durchführen zu können, braucht Þorbjörg eine Gehilfin: Sie lässt auf dem Hof herumfragen, ob es hier irgendeine Frau gebe, die bestimmte Zaubergesänge beherrsche, die man Varðlokur nannte. Keine der anwesenden Frauen kann ihr helfen – bis schließlich eine Frau auf dem Hof zugibt, dass sie zwar keine Seherin sei, dass ihre Ziehmutter ihr aber Lieder beigebracht habe, die sie als

Varðlokur bezeichnete. Gerade diese Frau aber ist Christin und will mit der Seherin und ihren Ritualen nichts zu schaffen haben; erst nach langem Drängen gibt sie nach und erklärt sich dazu bereit, zu helfen. Die Frauen des Hofs versammeln sich nun um das „Zaubergerüst" (*seið-hjallr*), auf dem Þorbjörg sitzt, und ihre Helferin singt die Varðlokur-Gesänge. Danach wird sie von der Seherin gelobt: Sie hat mit diesem Gesang viele Geister angelockt, die sich zuvor geweigert hatten, ihr zu helfen, und so kann die Wahrsagerin jetzt so manches sehen. Nun prophezeit sie zuerst dem Oberhaupt der Gemeinschaft, dann der Sängerin, die ihr bei der Durchführung des Rituals geholfen hat, und dann den einzelnen Leuten, die ihre Zukunft wissen wollen. Die Prophezeiungen der Seherin sind dabei durchgehend dergestalt, dass sie den Zuhörern eine Freude machen – aber die Saga fügt hinzu, dass das meiste davon später tatsächlich so eingetreten ist, wie Þorbjörg es vorausgesagt hatte.

Einige der Details dieser Schilderung in der *Eiríks saga* mögen ausschließlich der Phantasie des Sagaautors entsprungen sein; jedoch nicht alle. So hat das Motiv des Seherinnenstabs sicher authentische Wurzeln im nordischen Heidentum: Beispiele solcher Stäbe wurden bei archäologischen Ausgrabungen tatsächlich gefunden. Zudem bedeutet einer der altnordischen Begriffe für „Seherin" – *völva* – wohl eigentlich „Stabträgerin" (zu altnordisch *völr*, „Stab"). Ebenso dürfte das „Zaubergerüst", auf dem die Seherin während ihres Rituals sitzt, zumindest in Grundzügen authentische Wurzeln haben. Zum Vergleich hat man etwa auf Odins Sitz Hliðskjálf verwiesen (→Ásgarðr), bei dem es sich ganz ähnlich um einen erhöhten Sitz zu handeln scheint, der eine tiefere, die Welt durchdringende Schau ermöglicht. Zudem hat dieses Zauber-Podest in der Forschung zu einer hitzigen Debatte darüber geführt, inwieweit in dieser Zauber- und Wahrsagepraxis ein Einfluss des Schamanismus der zirkumpolaren Völker, insbesondere der Samen, zu sehen ist. Weniger verlässlich – aber immerhin literarisch in höchstem Maße stimmig – ist demgegenüber das Detail, dass Teile der Tracht der Seherin aus Katzenfell hergestellt waren. Die Praxis der Wahrsagung, wie sie in der *Eiríks saga* geschildert wird, wurde im Altnordischen als *seiðr* bezeichnet. Hierbei handelt es sich um eine Art von Magie, die als unmännlich galt und die insbesondere mit der Göttin Freyja assoziiert wurde. Aus dieser Assoziation wiederum mag sich nun auch das Katzenfell erklären, denn zu Freyjas Attributen gehörte auch ein von Katzen gezogener Wagen (→Flatey). Die Verwendung von Katzenfell im Kostüm der Seherin, die *seiðr* betreibt, mag somit nichts anderes sein als ein literarischer Querverweis auf die Göttin, die mehr als alle anderen mit der *seiðr*-Praxis verbunden war. Wie so viele unserer Zeugnisse zur nordischen Religionsgeschichte ist auch die *Eiríks saga* eine bunte Collage, die ihr Material aus unterschiedlichsten Quellen bezieht und genuin Heidnisches mit rein Gelehrtem und Literarischem mischt, um alles zusammen zu einer Erzählung zu formen, die ihre Leser bis in die Gegenwart hinein zu faszinieren vermag.

21. Flatey: Von einem Buch und der Göttin Freyja*

Flatey ist die größte der vielen kleinen Inseln im Zentrum des Breiðafjords zwischen der Halbinsel Snæfellsnes und den Westfjorden; dieser Fjord wurden im Vorangehenden bereits als derjenige Fjord erwähnt, in dem ein übernatürlicher Stier dem Zauberer des Dänenkönigs Haraldr Gormsson verwehrt hatte, an Land zu gehen (→Seyðisfjörður). Um nach Flatey zu gelangen, braucht man entsprechend eine Fähre; Fährverbindungen bestehen nach Stykkishólmur im Süden und Brjánslækur im Norden der Insel.

Die vergleichsweise abseitige Lage Flateys hat dafür gesorgt, dass mit dem Dorf auf Flatey ein Ensemble historischer Gebäude erhalten geblieben ist, wie man es in dieser Geschlossenheit sonst kaum noch irgendwo in Island sehen kann: Die vielen bunten, kleinen Holzhäuschen schmiegen sich an die Küste und um das kleine Moor Skansmýri herum, als wären sie einem Bilderbuch zum 19. Jahrhundert entsprungen. Malerisch ist auch die doppelte Anlage des Hafens: Unmittelbar am Rand des Dorf befindet sich in einer kleinen, geschützten Bucht ein schmales Hafenbecken, das von einem historischen Wellenbrecher aus dem Jahr 1833 geschützt wird, das aber bei Ebbe trockenfällt und so nur kleinen Booten Schutz gewähren kann. Der eigentliche, „große" Hafen von Flatey befindet sich hingegen im Inneren einer hufeisenförmigen Insel unmittelbar vor der Küste von Flatey: der „Hafeninsel" Hafnarey. Schon von weit draußen auf dem Meer her zu sehen ist jedoch vor allem die weiß getünchte, massiv-gedrungen wirkende Kirche von Flatey, die nicht im Dorf, sondern prominent auf einer Anhöhe steht und so über der umliegenden Insel und dem umliegenden Fjord thront. Dabei ist an dieser Kirche aus dem Jahr 1926 jedoch nicht nur ihre landschaftliche Lage, sondern auch ihr Inneres sehenswert: Deckenmalereien des isländisch-katala-

---

* Ferðakort-Straßenatlas 16 G6.

Nebel, Schären und Leuchttürme: unterwegs nach Flatey.

nischen Malers Baltasar Samper stellen neben religiösen Sujets in dramatischen, dunklen Farben auch Szenen aus dem täglichen Leben auf den Fjordinseln dar, wie den Fang von Papageientauchern, den Bau von Booten, das Häuten von Robben oder die Reinigung von Eiderdaunen; und wo in einer normalen Kirche eine Taube dargestellt wäre, dort schwebt hier ein Seeadler. Vielsagend für Flatey ist zudem, welches Gebäude sich die prominente landschaftliche Lage mit der Kirche teilt: Unmittelbar hinter der weißen Kirche steht ein kleines, leuchtendgelbes Holzhäuschen, das erstmals im Jahr 1864 errichtet wurde. Dieses kleine Gebäude wurde damals gebaut, um die Bibliothek von Flatey zu beherbergen; damit war es das erste gezielt errichtete Bibliotheksgebäude im modernen Island.

Die Insel Flatey ist in gewissem Sinne eine ausgesprochene Buchinsel. Denn Flatey kann sich nicht nur des ältesten Bibliotheksgebäudes in Island brüsten, sondern hat auch der *Flateyjarbók* ihren Namen gegeben, dem „Buch von Flatey". Die Flateyjarbók ist mit einem Umfang von 225 Folioblättern die umfangreichste Handschrift, die uns aus dem mittelalterlichen Island erhalten geblieben ist; ein großformatiges Faksimile ist im alten Bibliotheksgebäude zu sehen.

Geschrieben wurde dieses Buch gegen Ende des 14. Jahrhunderts im Auftrag des nordisländischen Großbauern Jón Hákonarson. Später fand das Buch seinen Weg auf die Insel Flatey, nach der es heute benannt ist; in der Mitte des 17. Jahrhunderts wurde es jedoch nach Kopenhagen gebracht. Das Buch von Flatey blieb bis 1971 in Dänemark, als es vom dänischen Staat an Island zurückgegeben wurde. Ihre Heimreise unternahm die Flateyjarbók auf einer Fregatte der dänischen Kriegsmarine zusammen mit dem Codex Regius (dem „Königsbuch") der Snorra-Edda. Beide Handschriften werden heute im Árni Magnússon Institut in Reykjavík verwahrt.

Die Flateyjarbók ist eine Sammelhandschrift, die eine große Zahl ganz verschiedener literarischer und historischer Texte enthält; zu den berühmtesten gehören die Saga von Óláfr Tryggvason, die Saga von Óláfr dem Heiligen und die Saga von den Jómswikingern. Von mythologischem Interesse ist die Handschrift vor allem dadurch, dass sie für einige der in ihr enthaltenen Texte die einzige Quelle ist – und hierzu zählt auch das Eddalied *Hyndluljóð*, das „Lied von Hyndla", das ausschließlich in der Flateyjarbók enthalten ist und das einzige Götterlied der Edda darstellt, in dem nicht ein Gott, sondern eine Göttin die Hauptrolle spielt. Ein Wermutstropfen ist freilich, dass es sich bei diesem Lied um eines der jüngsten Götterlieder handelt: Es dürfte wohl erst im 13. Jahrhundert verfasst worden sein.

Das Hyndla-Lied schildert, wie die Göttin Freyja zusammen mit ihrem Protegé Óttarr zur Riesin Hyndla reist: Hyndla soll dem jungen Mann genealogische Kenntnisse vermitteln, die er benötigt, um seinen Thronanspruch durchzusetzen. Das Lied beginnt damit, dass Freyja vor der Höhle Hyndlas erscheint und die Riesin weckt:

Wach auf, edelste der Maiden, wach auf, meine Freundin,
Schwester Hyndla, die du in einer Höhle wohnst!
Nun ist's nachtschwarze Nacht, wir müssen reiten
nach Walhall und zum heiligen Tempel.

Es ist Nacht und Freyja gibt vor, in Eile zu sein, nach Walhall aufzubrechen; dabei muss sie mit Hyndla reden, die in einer

Die Kirche und die alte Bibliothek von Flatey. Beim kleinen Häuschen hinter der großen Kirche von 1926 handelt es sich um das alte Bibliotheksgebäude von Flatey, zum ersten Mal errichtet im Jahr 1864 – und damit das erste Gebäude im modernen Island, das spezifisch als Bibliothek geplant und gebaut wurde.

Höhle lebt – ein Wohnort, der für die Riesen der nordischen Mythologie keineswegs untypisch ist (in einem anderen Teil Islands vgl. die Höhle →Surtshellir). Freyja trägt Hyndla nun zunächst auf, einen ihrer Wölfe aus ihrem Stall zu holen (Wölfe sind eng mit den Riesen assoziiert und werden auch anderswo als riesisches Reittier verwendet); sie sollen zusammen reiten. Hyndla weigert sich jedoch und wirft Freyjas Reittier – einem Eber mit leuchtenden goldenen Borsten – zunächst Trägheit vor und neckt Freyja dann auch noch damit, dass es sich bei ihrem Eber um den verwandelten Óttarr handle, der obendrein Freyjas Geliebter sei. Freyja weist dies als absurd zurück und fordert die Riesin auf, ihr die Genealogien der Helden zu erzählen, die von den Göttern abstammen; denn dies ist, worum der junge Óttarr mit Angantýr um sein Erbe gewettet hat. Diese Hilfe hat Óttarr sich dadurch verdient, dass er für Freyja einen Altar errichtet und sie oft mit Opfern geehrt hat. Hyndla kommt Freyjas Wunsch nun tatsächlich nach, und die folgenden siebzehn Strophen des

Lieds bestehen aus einer katalogartigen Aufzählung von
Óttars heroischen Ahnen, in die gelegentliche Beleidigungen
gegen Óttarr eingestreut sind. Hierauf folgt ein inhaltlicher
Bruch: Denn nach Óttars Ahnenkatalog ist in das Hyndla-
Lied ein eigenständiges kosmologisches Lied eingeschoben,
die *Völuspá in skamma*, die „kurze Prophezeiung der Seherin". Dass es sich hierbei um ein ehemals eigenständiges Lied
mit einem eigenen Titel handelt, das in das Hyndla-Lied ein-
gearbeitet wurde, ist dadurch bekannt, dass ein Fragment
dieses Lieds in einem anderen Text zitiert und dort auch sein
Titel genannt wird. Diese „kurze Prophezeiung der Seherin"
behandelt vor allem die Verwandtschaftsverhältnisse zwischen Göttern und Riesen; denn die Götter und die Riesen
der nordischen Mythologie sind keineswegs scharf voneinander getrennt, sondern durch enge Verwandtschaftsbande
miteinander verbunden. Nach dem Ende der „kurzen Prophezeiung der Seherin" kehrt das Hyndla-Lied schließlich
wieder zur Rahmenhandlung zurück, die vom Gespräch zwischen Freyja und der Riesin gebildet wird. Nun, da die Riesin
ihren Vortrag von genealogischen Überlieferungen beendet
hat, fordert Freyja sie auf, dem Óttarr einen magischen Erinnerungstrunk zu geben, der ihm helfen soll, sich an all das
Gehörte zu erinnern. Hyndla jedoch zeigt sich als wenig ko-
operativ. Sie sagt Freyja in aller Deutlichkeit, dass sie sich
davonscheren solle, und garniert dies noch mit sexuellen Beleidigungen: Freyja sei so lüstern wie eine Ziege und bekannt
für ihre Freizügigkeit. Oder in den Worten Hyndlas:

Wende dich fort von hier!   Schlafen will ich,
wenig bekommst du von mir   an guten Aussichten;
du läufst, edle Freundin,   draußen in den Nächten,
wie zwischen den Böcken   Heiðrún geht.
                          Heiðrún = eine mythologische Ziege.

Du liefst zu Óðr   stets voller Begierde;
manche haben sich dir   schon unter den Schurz gedrängt;
du läufst, edle Freundin,   draußen in den Nächten,
wie zwischen den Böcken   Heiðrún geht.
                          Óðr = Freyjas Mann und Geliebter.

Freyja muss sich Hyndlas Ausfälligkeiten jedoch nicht gefallen lassen: Sie umgibt Hyndla mit einem magischen Feuer, und so gefangen, muss die Riesin sich dem Willen der Göttin beugen und Óttarr den verlangten Erinnerungstrunk geben.

In diesem späten Eddalied wird Freyjas Wesen in einer stark sexualisierten Weise dargestellt. Eine solche Erotisierung teilt das Bild Freyjas im *Hyndluljóð* mit einem weiteren Text, der ebenfalls nur im Buch von Flatey überliefert ist: der „Erzählung von Sörli" (*Sörla páttr*). Dieser Text erzählt, dass es in Asien einst ein Land gab, das von Menschen bewohnt war, die „Asen" genannt wurden; ihre Hauptstadt hieß Asgard, ihr König war Odin, und dessen Geliebte war Freyja. Nicht weit vom Wohnsitz König Odins entfernt befand sich ein Fels, in dem vier kunstfertige Zwerge wohnten. Eines Tages kommt Freyja, die schönste Frau ihrer Zeit, an dem Stein der vier Zwerge vorbei und beobachtet, wie sie einen prachtvollen Halsschmuck schmieden. Freyja will den Halsschmuck kaufen, doch die Zwerge sind an ihrem Gold und Silber nicht interessiert – davon haben sie selbst genug. Sie bieten ihr jedoch einen anderen Handel an: Sie würden ihr den Schmuck im Austausch für vier Liebesnächte überlassen. Freyja geht auf dieses Angebot ein; und vier Nächte später nimmt sie den Schmuck mit sich nach Hause. Nun trägt es sich jedoch so zu, dass Loki (→Ásbyrgi) erfährt, dass und wie Freyja dieses neue Schmuckstück erworben hat. Loki erzählt Odin hiervon, und Odin beauftragt ihn, den Halsschmuck zu stehlen. Dies gelingt ihm, während Freyja schläft. Als Freyja den Diebstahl am folgenden Morgen bemerkt, hat sie sich bald zusammengereimt, wer wohl dahinter steckt. So geht sie zu Odin und verlangt die Rückgabe ihres Schmucks. Odin sagt ihr jedoch, dass er ihr diesen Halsschmuck in Anbetracht der Art und Weise, wie sie ihn erworben hat, nur dann zurückgeben werde, wenn es ihr gelingt, zwischen zwei Königen einen immerwährenden Streit zu entfachen: Diese Könige sollten dabei eine Schlacht gegeneinander schlagen, bei der jeder Gefallene sofort wieder aufsteht und weiterkämpft. Dieser Fluch solle erst durch einen Christen gebrochen werden können.

Freyja lässt sich auf diesen Handel ein, und danach taucht sie in der Geschichte nicht mehr explizit auf. Im weiteren Verlauf der Erzählung wird berichtet, wie eine Walküre es mit Hilfe eines Vergessenstrunks und böser Ratschläge schafft, die beiden Schwurbrüder Högni und Heðinn auf so grausame Weise zu entzweien, dass eine friedliche Versöhnung unmöglich wird. Zwischen den Heerscharen der beiden Männer kommt es zur Schlacht. Auf den Kämpfenden liegt jedoch ein so mächtiger Zauber, dass sie selbst dann wieder aufstehen und weiterkämpfen, wenn sie einander bis zu den Schultern entzweigehauen haben. Diese Qual dauert mehr als ein Jahrhundert lang an, bis der Christ Óláfr Tryggvason in Norwegen König wird und einer seiner Gefolgsleute die Krieger von ihrem Fluch erlöst: Denn nur ein christlicher Kämpfer kann den Bann brechen, den Odin über Högni und Heðinn gelegt hat.

Wie das Buch von Flatey, in dem er niedergeschrieben ist, so stammt auch der *Sörla þáttr* erst vom Ende des 14. Jahrhunderts; die Geschichte ist so mehr als dreihundert Jahre nach der Annahme des Christentums in Island entstanden (→Þingvellir). Zu dieser zeitlichen Entfernung von der vorchristlichen Epoche tritt darüber hinaus noch eine Entfernung in der Perspektive: Schon aus einer knappen Zusammenfassung der Ereignisse, die dieser Text schildert, wird überdeutlich, dass sein Verfasser dem nordischen Heidentum feindselig gegenüberstand und es in seiner Erzählung für nötig hielt, dieser Ablehnung auch explizit Ausdruck zu verleihen. So wird breit ausgewälzt, wie Freyja ihren Halsschmuck durch einen Akt der Prostitution erkauft habe, und dies wird der Ausgangspunkt dafür, dass die beiden Könige Högni und Heðinn ohne eigenes Verschulden zu den Opfern einer gleichermaßen grausamen wie unmotivierten Heimsuchung werden. Diese Heimsuchung wird dabei ausdrücklich als der Wille Odins (→Borgarnes) dargestellt – ohne dadurch jedoch in irgendeiner Weise einen Grund oder Zweck zu erhalten – und sie wird bezeichnenderweise gerade durch einen Christen gebrochen. Die ganze Erzählung zeigt sich so als eine Parabel, die die Zeit vor dem Kommen des Christentums in den schwärzesten Farben als eine Epoche

Boote auf dem Trockenen: die Bucht Grýluvogur bei Ebbe. Der Wellenbrecher wurde bereits im Jahr 1833 errichtet und steht unter Denkmalschutz.

Das Dorf und sein Hafen: das Dorf auf der Insel Flatey und die zur Siedlung gehörige Hafenanlage. Dieser Hafen wird von den Klippen der hufeisenförmigen „Hafeninsel" Hafnarey vor der Küste des eigentlichen Flatey beherbergt.

teuflischer Heimsuchungen, Unmoral und Ungerechtigkeit schildert, bis die Ankunft des Christentums die Erlösung von dieser korrupten Welt bringt und eine neue, bessere Ordnung einläutet.

Trotz dieser christlichen Umfärbung enthält der *Sörla páttr* jedoch auch Elemente, die wohl tatsächlich (mehr oder weniger entfernte) Wurzeln in vorchristlichen Traditionen haben. Hierher gehört etwa die enge Assoziation zwischen Freyja und Sexualität, da Freyja auch anderenorts als eine

„Liebesgöttin" erscheint – nur eben ohne die negative Wertung des *Sörla þáttr*. Ihre eigene Schönheit, die auch der *Sörla þáttr* betont, wird in anderen Texten dadurch illustriert, dass gerade Freyja immer wieder die Begehrlichkeiten von Riesen auf sich zieht. Ein Beispiel hierfür findet sich etwa im Mythos vom Riesenbaumeister, der für die Götter einen unbezwingbaren Wall zu errichten anbietet, als Bezahlung jedoch u.a. die Hand Freyjas verlangt (→Ásbyrgi). Auch Freyjas Halsschmuck spielt mit altem Mythengut: Verschiedenen Quellen zufolge besitzt Freyja ein außerordentliches Schmuckstück, das den Namen *Brísingamen* trägt. Mit diesem Schmuckstück war ein Mythos von seinem Raub verbunden, doch kein Text gibt ausreichende Details, um eine verlässliche Rekonstruktion dieses Mythos in seiner vorchristlichen Gestalt zu erlauben (→Hjarðarholt). Und ähnlich verhält es sich schließlich auch mit der Geschichte von der ewigen Schlacht zwischen Högni und Heðinn: Mehrere Zeugnisse deuten in der Tat darauf hin, dass schon in spätheidnischer Zeit eine Erzählung über eine ewige Schlacht existierte, deren Teilnehmer sich jeden Tag erschlagen, am nächsten Morgen jedoch wieder zum Leben erwachen und ihren Kampf fortsetzen; bekannt ist diese ewige Schlacht unter dem Namen *Hjaðningavíg*, „Schlacht der Männer Heðins". Gerade aus den (fragmentarischen) ältesten Quellen wird der Grund für diesen Kampf jedoch nicht ersichtlich; in der Fassung des dänischen Historikers Saxo Grammaticus, die aus den Jahren um 1200 stammt, trägt die Geliebte eines der Kämpfer die Schuld, da sie sich so nach ihrem gefallenen Liebsten sehnt, dass sie die Krieger jeden Tag durch Zauber wieder auferweckt. Falls der Mythos von der ewigen Schlacht einst eine religiöse Bedeutung hatte, ist diese heute nicht mehr zu fassen. Sicher ist nur, dass diese Bedeutung eine andere war als im *Sörla þáttr*, wo die Geschichte nur dazu dient, die heidnische Zeit als eine Zeit teuflischer Heimsuchungen zu verzeichnen.

Ungeachtet all dieser Probleme wird aus den Quellen heraus jedoch deutlich, dass Freyja eine der wichtigsten Göttinnen der nordischen Mythologie war. Snorri, der in seiner Edda deutlich feinfühliger mit dem alten Mythengut umgeht als der Verfasser des *Sörla þáttr*, schreibt Folgendes über ihre Abstammung vom Meeresgott Njörd (→Fährpassage), über ihren Bruder Freyr (→Hrafnkelsdalur) und über sie selbst:

> *Njörd in Nóatún hatte dann zwei Kinder. Der Sohn hieß Freyr und die Tochter Freyja. Diese hatten eine schöne Erscheinung und waren mächtig. Freyr ist der herausragendste unter den Asen. Er herrscht über Regen und Sonnenschein und damit über die Erzeugnisse der Erde, und es ist gut, ihn für Wohlstand und Frieden anzurufen. Er herrscht auch über den Reichtum der Menschen. Und Freyja ist die herausragendste unter den Asinnen. Im Himmel besitzt sie die Wohnstatt, die Fólkvangar heißt, und wo sie in die Schlacht reitet, da besitzt sie die Hälfte der Gefallenen, und Odin hat die andere Hälfte, wie es hier heißt:*
>
> > *Fólkvangr heißt ein Ort,*
> > *und dort bestimmt Freyja*
> > *über die Ausstattung der Bänke in der Halle.*
> > *Die Hälfte der Gefallenen*
> > *wählt sie sich jeden Tag aus,*
> > *und die Hälfte hat Odin.*
>
> *Ihre Halle heißt Sessrúmnir, sie ist groß und schön. Und wenn sie auf Fahrt geht, dann spannt sie zwei Katzen an und sitzt in einem Wagen. Sie ist am zugänglichsten für die Anrufungen der Menschen, und von ihrem Namen ist die ehrenhafte Anrede abgeleitet, wonach edle Damen „Frauen" (fróvur) genannt werden. Liebesdichtung ist ihr sehr gefällig. Es ist gut, sie in Liebesdingen anzurufen.*

Diese Passage macht deutlich, dass es sich bei Freyja im Gefüge der eddischen Mythologie um eine Göttin von herausragender Bedeutung handelt; den Titel als wichtigste der Göttinnen macht ihr bei Snorri sonst nur noch Frigg streitig (→Borgarnes), die Gemahlin Odins. Dabei wird Freyja mit auffallend unterschiedlichen Aspekten des menschlichen Lebens verbunden: Sie ist einerseits eine sanfte, den Gebeten und Wünschen der Menschen in höchstem Maße zugängliche Göttin der Liebe, zugleich aber auch eine Göttin des

Reste des Fortschritts: der Betonturm eines Windrads zur Elektrizitätserzeugung aus den 1960er Jahren.

Schlachtfelds, die die Hälfte der gefallenen Krieger auswählt und mit sich in ihre schöne Halle nimmt. Diesem für sich schon schillernden Bild fügen andere Textstellen noch weitere Aspekte hinzu. So erwähnt Snorri anderswo in seiner Edda einen Mythos, dem zufolge Freyja mit Óðr verheiratet war (auch Hyndla erwähnt diesen Gefährten Freyjas in einer der oben zitierten Strophen); Óðr ging jedoch auf weite Reisen, und Freyja weinte goldene Tränen um ihn. Schließlich machte die Göttin sich auf, um ihren Gefährten zu suchen. Auf der folgenden Reise durchquerte sie viele Länder und erwarb sich viele verschiedene Namen. In seiner *Ynglinga saga*, der Saga vom schwedischen Herrschergeschlecht der Ynglinge, berichtet Snorri auch, dass Freyja zum Geschlecht der Wanen gehörte. In der nordischen Mythologie des Mittelalters stehen die Wanen dem Göttergeschlecht der Asen zunächst feindlich gegenüber, ehe es nach einem unentschiedenen Krieg zu einem Ausgleich zwischen den beiden Gruppen kommt. Den Wanen schreibt Snorri die Praxis der Geschwisterehe zu; diese Praxis sei erst nach dem Friedensschluss mit den Asen abgeschafft worden. Freyja und ihr Bruder Freyr seien dabei die Kinder von Njörd und dessen eigener Schwester gewesen. Das (späte) Eddalied *Lokasenna*,

„Lokis Spottrede", wirft Freyja vor, ganz in diesem Sinne in den Armen ihres Bruders Freyr gelegen zu haben.

Dass die komplexe Figur Freyjas in der nordischen Götterwelt zumindest der spätheidnischen Zeit eine zentrale Position innehatte, wird nicht nur durch den Reichtum der mit ihr verbundenen Mythen, sondern auch durch die Ereignisse der Volksversammlung des Jahres 999 illustriert (→Þingvellir): Dort dichtete Hjalti Skeggjason einen Spottvers auf Freyja, in dem sie repräsentativ für die heidnische Götterwelt als ganze steht und in dieser repräsentativen Funktion zum Gegenstand der Verachtung des christlichen Eiferers wird. Ferner illustrieren verschiedene schwedische und norwegische Ortsnamen, dass Freyja in der vorchristlichen Zeit Skandinaviens als Empfängerin eines öffentlichen Kults eine wichtige Rolle spielte; als ein Beispiel könnte man etwa Frøihov in Norwegen nennen (aus einem älteren *Freyju-hof, „Tempel [hof] der Freyja").

Insgesamt wird Freyja in den uns erhaltenen Quellen somit als eine wichtige, vielschichtige Göttin fassbar, die in Kult wie Mythos einen festen Platz innehatte. Das Lied von Hyndla und der *Sörla þáttr* sind – ungeachtet der christlich-polemischen Färbung insbesondere des Letzteren – dennoch zwei der ausführlichsten Texte, die diese Göttin in ihren Mittelpunkt stellen. Dass diese beiden Texte jeweils nur in einer Abschrift im Buch von Flatey auf uns gekommen sind, illustriert eindrücklich, wie sehr unser heutiges Bild der nordischen Mythologie von den Zufällen der Überlieferung abhängt – wie etwa der Bewahrung einer Handschrift auf einer kleinen Insel im Breiðafjord.

22. Þórsnes: Von Hochsitzpfeilern und einem Tempel*

Der südliche Anlegepunkt der Fähre zur Insel Flatey befindet sich in Stykkishólmur, einem kleinen Fischerstädtchen voller schmucker, bunt gestrichener Holzhäuser aus dem 19. und frühen 20. Jahrhundert. Besonders sehenswert ist der Hafen, der von einer hohen Lavaklippe aus schwarzen, verwitterten Basaltsäulen geschützt wird. Auf diesem Felsen steht ein kleiner historischer Leuchtturm, in dessen Fenstern die alte Gaslampe mitsamt der dazugehörigen Werkzeuge wie in einer Vitrine ausgestellt ist. Von dort oben hat man einen weiten Blick in die Inselwelt des Breiðafjords hinein, dessen Inseln unzählbar sein sollen; geschätzt wird ihre Zahl auf etwa 2500. Die Hafenklippe von Sykkishólmur bietet nicht zuletzt deswegen einen besonders schönen Einblick in diese Welt von Inseln und Schären, weil dieser Platz die Nordspitze einer Landzunge bildet, die ziemlich genau in der Mitte der Halbinsel Snæfellsnes nach Norden ins Meer und damit in den Breiðafjord hinein ragt. Von der Haupt-Landmasse von Snæfellsnes wird diese Landzunge von den beiden Buchten Hofstaðavogur und Vigrafjörður abgetrennt; nur ein kaum zwei Kilometer breiter Landstreifen zwischen diesen beiden Buchten verbindet die grob dreieckige Landzunge mit dem Rest von Island. An der Nordspitze von Stykkishólmur befindet man sich somit zwar strenggenommen noch auf der isländischen Hauptinsel, aber letztlich doch schon mitten im Fjord.

Die erste Landnahme im heutigen Stykkishólmur wird sowohl im Landnahmebuch als auch in der „Saga von den Leuten auf Eyr", der *Eyrbyggja saga*, geschildert; beide Texte stammen in ihrer überlieferten Gestalt aus dem 13. Jahrhundert und sind damit beinahe dreihundert Jahre nach den Ereignissen niedergeschrieben worden, die sie schildern oder zu schildern vorgeben. Die deutlich ausführlichere Darstellung der Geschehnisse findet sich in der *Eyrbyggja saga*. Die dortige Landnahmeerzählung beginnt, wie im Fall vieler

---
* Ferðakort-Straßenatlas 15 G7.

Der Hafen von Stykkishólmur.

Siedler, in Skandinavien. Auf einer Insel namens Mostr vor der norwegischen Küste lebte im späten 9. Jahrhundert ein großer Häuptling namens Hrólfr, der aufgrund seiner großen Verehrung für den Gott Thor allgemein Þórólfr genannt wurde, „Thor-Hrólfr"; außerdem hatte er einen außerordentlich prächtigen Bart, der ihm den Beinamen Mostrarskegg einbrachte, „Mostr-Bart". In den Tagen des norwegischen Königs Haraldr Schönhaar nimmt Þórólfr einen Mann auf, der sich dem König widersetzt hatte, und fällt dadurch beim König in Ungnade. Der stellt ihn vor die Wahl, entweder das Land zu verlassen oder sich ihm auf Gedeih und Verderb auszuliefern. Þórólfr veranstaltet hierauf ein Opferfest und erkundet den Willen seines göttlichen Freundes Thor, um zu bestimmen, welche dieser beiden Möglichkeiten er wählen sollte.

Es kommt nun wie es kommen muss, und das Orakel weist Þórólfr nach Island. Er beschafft sich ein Schiff, bringt seine Besitztümer an Bord und zerlegt auch den Tempel Thors, den er auf seiner Insel Mostr unterhalten hatte. Das Bauholz des Tempels nimmt er mit, und ebenso einen Teil der Erde, über der das Götterbild Thors auf einem Podest gestanden hatte.

Als Þórólfr nach der Überfahrt und einer Umrundung eines großen Teils von Island den Westen der Insel erreicht, wirft er die Hochsitzsäulen aus seinem Tempel über Bord und gelobt, sich dort niederzulassen, wo diese Säulen an

Land gespült würden. Die Säulen, von denen eine mit einem Bild des Gottes Thor geschmückt ist, treiben nun tatsächlich auffallend schnell aufs Land zu, und wenig später findet Þórólfr sie an der Nordspitze der Landzunge, wo heute Stykkishólmur liegt. Þórólfr gibt dieser Landzunge darauf den Namen Þórsnes, „Thors Landspitze", trägt Feuer um das Gebiet herum, das er als seine Landnahme für sich und die Seinen in Anspruch nimmt, und lässt sich nieder. (Das Motiv, dass ein Landnehmer seine Landnahme durch ein Feuerritual heiligt, erscheint in der Überlieferung auch anderswo; siehe →Akureyri, S. 80.) In der *Eyrbyggja saga* heißt es darauf weiter über Þórólfr:

> *Er gründete einen großen Hof bei der Bucht Hofsvágr [„Tempelbucht", heute: Hofstaðavogur], den er Hofsstaðir nannte, „Tempelstätte". Dort ließ er einen Tempel errichten, und das war ein großes Gebäude. Die Tür befand sich in der Längswand und nahe einem der beiden Enden. Dort drinnen standen die Hochsitzsäulen, und darin waren Nägel; die hießen Götternägel. Das war drinnen alles eine Friedensstätte. Weiter innen im Tempel war ein Zimmer, ähnlich wie jetzt in Kirchen der Chor ist, und dort stand ein Postament in der Mitte des Raums wie ein Altar, und darauf lag ein offener Ring mit einem Gewicht von zwanzig Unzen, und man sollte dort alle Eide schwören. Diesen Ring sollte der Tempelpriester bei allen Zusammenkünften an seinem Arm haben. Auf dem Postament sollte auch eine Opferblutschale stehen, und darin ein Opferblutzweig, ähnlich wie ein Sprengwedel; und man sollte dort damit aus der Schale mit dem Blut sprengen, das Opferblut hieß. Das war Blut von der Art, wenn die Tiere getötet wurden, wenn den Göttern geopfert wurde. Rings um das Postament waren in dem abgegrenzten Raum die Götterbilder angeordnet. Alle Leute sollten dem Tempel Abgaben zahlen und dem Tempelpriester zu allen Gefolgschaftsauftritten verpflichtet sein, wie die Versammlungsmänner es jetzt den Häuptlingen sind. Und der Priester sollte auf eigene Kosten für den Unterhalt des Tempels sorgen, so dass er nicht verfiel, und Opferfeste darin abhalten.*

Diese Schilderung von Þórólfs Tempel ist eine der ausführlichsten Beschreibungen eines heidnischen Tempels, die in der isländischen Literatur überliefert sind. Ausführlichkeit bedeutet jedoch leider keine Verlässlichkeit. Schon beim ersten Lesen dieser Tempelschilderung fällt vielleicht auf, wie sehr der Sagaverfasser Þórólfs Tempel ganz explizit wie eine christliche Kirche darstellt: Genau so, wie es im christlichen Gottesdienst eine Schale mit Weihwasser gibt, das mit Hilfe eines Weihwedels über die Gemeinde gesprengt wird, soll es in Þórólfs heidnischem Tempel eine Schale mit Opferblut gegeben haben, das mit Hilfe eines heidnischen Weihwedels ganz ähnlich verwendet worden sein soll wie das christliche Weihwasser. Sogar die grundsätzliche Anlage des Tempels entspricht ganz explizit genau der Anlange einer zeitgenössischen romanischen Kirche: Vom innersten Teil des Hauptraums geht ein kleiner Raum ab, in dem sich der Altar bzw. die Götterbilder befinden; der Sagaautor selbst vergleicht diese Anlage mit der einer Kirche, in welcher der Chor mit dem Altar an die östliche Seite des Raums angebaut ist, in dem sich die Gemeinde versammelt. Aus dieser „Verchristlichung" der Tempelschilderung wird sehr deutlich, dass es sich bei diesem Text nicht um eine objektive Darstellung authentisch heidnischer Kultgebräuche und Kultgebäude handelt, sondern um die phantasievolle Rekonstruktion eines hochmittelalterlichen Autors, der vom Heidentum seiner Vorfahren nur noch eine ganz verschwommene Vorstellung hatte.

Trotzdem ist durchaus wahrscheinlich, dass dem Sagaautor tatsächlich Informationen über dieses oder jenes Detail vorgelegen haben könnten, die mit mehr oder weniger großer Genauigkeit in echten heidnischen Bräuchen verwurzelt waren. Gerade das Motiv der Hochsitzsäulen ist so häufig belegt, dass es sicher nicht auf eine Erfindung des Verfassers der *Eyrbyggja saga* zurückgeht, und auch der schwere silberne Ring am Arm des Tempelpriesters könnte durchaus in der einen oder anderen Form auf tatsächliche vorchristliche Praktiken zurückgehen. Ebenso dürfte die Skizze der sozialen Aspekte des Tempelunterhalts einen wahren Kern haben: Vieles spricht dafür, dass die Verbindung von priesterlicher Funktion und einer Funktion als weltlicher Häuptling, wie sie in der *Eyrbyggja saga* dem Tempelpriester zugeschrieben

Anlegestelle ohne Wasser: eine Bucht in Stykkishólmur bei Ebbe.

wurde, tatsächlich alt ist. Dass hinter diesem Teil der Beschreibung ein authentisches Element steht, ist schon aus der isländischen Terminologie ersichtlich: Ein isländischer Priester der vorchristlichen Zeit ist ein „Gode" (*goði*), und dieser Begriff blieb auch nach der Christianisierung erhalten und wurde bruchlos auf einen weltlichen Anführer übertragen. Weltliche und religiöse Macht waren im Island der Landnahmezeit wohl wirklich nicht getrennt.

Dennoch ist das Gesamtbild, das die *Eyrbyggja saga* vom heidnischen Tempelbetrieb zeichnet, im Detail eine christliche Schöpfung des Hochmittelalters. Dies zeigt sich nicht nur an den expliziten Anleihen bei der Architektur christlicher Kirchen und dem christlichen Ritus, sondern auch an einem noch grundlegenderen Punkt: Obwohl „Tempel" in der literarischen Überlieferung des isländischen Hochmittelalters immer wieder erwähnt werden, gibt es bis heute keinen einzigen allgemein anerkannten archäologischen Beleg für ein Tempelgebäude aus dem vorchristlichen Island. In der älteren Forschung, also im 19. Jahrhundert und bis weit ins 20. Jahrhundert hinein, wurden verschiedene isländische Hallenbauten zwar als Tempel gedeutet; inzwischen hat sich aber die Einsicht durchgesetzt, dass es sich bei diesen Gebäuden wohl durchwegs um die zentralen Hallen großer Bauernhöfe handelte, die ausgesprochene Mehrzweckgebäude waren und praktisch das ganze Leben der Hofbewohner beherbergten. Heute herrscht in der Forschung die Ansicht vor, dass es in Island wohl nie nennenswerte Tempel im Sinne von größeren, rein dem Kult gewidmeten Gebäuden gegeben hat. Vielmehr hatte der gemeinschaftliche Kult seinen Ort vermutlich in den großen zentralen Hallen der isländischen Großbauern: Diese großen Mehrzweckgebäude dienten wohl nicht nur als Lebens-, Arbeits- und Schlafraum der Bewohner eines Gehöfts und als Repräsentationsraum der Großbauern und Großgrundbesitzer, sondern bei religiösen Anlässen auch als der Ort, in dem die Kultfeste gefeiert wurden. Diese Nutzung der Wohnhalle als Kultraum mag ein Grund dafür sein, warum die Halle Óláfr Pfaus in →Hjarðarholt gerade mit Darstellungen von Mythen geschmückt war. Der historischen Wirklichkeit am nächsten dürften daher Beschreibungen von Opferfesten kommen, in denen von großen Tempelgebäuden keine Rede ist, sondern das Opferfest in der Halle des Bauernhofs abgehalten wird. Eine solche Passage findet sich etwa in der „Saga von Gísli Súrsson": Dort wird beschrieben, wie Þorgrímr auf seinem Hof ein Opferfest für Freyr abhält, das offenkundig und ganz selbstverständlich in der Halle des Gehöfts gefeiert wird (→Haukadalur). Wer sich dafür interessiert, wie der Raum ausgesehen haben könnte, in dem isländische Opferfeste der vorchristlichen Zeit gefeiert wurden, dürfte den besten Eindruck daher in rekonstruierten Gehöften wie →Eiríksstaðir oder →Stöng bekommen. Dennoch ist die Tempelbeschreibung der *Eyrbyggja saga* aber von Interesse: Sie ist ein Denkmal für die Art und Weise, wie man sich die heidnische Vergangenheit Islands im christlichen Hochmittelalter vorstellte, und für die Art, wie die christliche Gegenwart in der Vorstellung des Sagaverfassers mit der heidnischen Vorzeit zunehmend verschmolz. Und in noch einer weiteren Hinsicht hat die Beschreibung der *Eyrbyggja saga* auch historisch Recht, wenn auch vielleicht eher zufällig: Im Skandinavien der Eisenzeit scheinen tatsächlich – und zwar auch den archäologischen Funden nach – spezifische Tempelgebäude existiert zu haben. Es scheint nur so zu sein, dass die isländischen Siedler bei ihrer Auswanderung aus Skandinavien den Brauch, große Kultgebäude zu errichten, nicht in ihre neue Heimat mitgenommen haben.

Der *Eyrbyggja saga* zufolge wurden Þórólfs Hochsitzpfeiler, von denen einer ein Bildnis Thors trug, an der Nordspitze der Halbinsel und damit etwa beim heutigen Stykkishólmur an Land gespült; soviel war oben bereits gesagt worden. Dieser Ort war in Þórólfs Augen von besonderer Heiligkeit. Daher sah er ihn der Saga zufolge für eine besondere Funktion vor und schützte seine Heiligkeit durch besondere Regeln. In der Saga heißt es hierzu:

Dort, wo Thor an Land gekommen war, an der Spitze der Landzunge, ließ er alle Gerichte abhalten und setzte dort die Bezirks-Volksversammlung ein; dort war ebenfalls ein Ort von so großer Heiligkeit, dass er auf keinen Fall zulassen wollte, dass die Ebene verunreinigt würde, weder durch feindselig vergossenes Blut, noch sollte man dort seine Notdurft verrichten. Und dafür hatte man eine Schäre, die Kotschäre genannt wurde.

Die Regeln, die Þórólfr aufstellte, um die Heiligkeit der Versammlungsstätte zu schützen, wurden zu seinen Lebzeiten allgemein geachtet. Nach Þórólfs Tod führte die Regel, wonach das Abtreten auf der heiligen Versammlungsstätte verboten war, jedoch zu bösem Blut: Die Mitglieder einer nahebei wohnenden und selbst mächtigen Familie betrachteten es nach einiger Zeit als eine Zumutung, diese eigentümliche Regel beachten zu müssen, und verkündeten auf der Versammlung, dass sie von nun an ihre Notdurft auf der Wiese verrichten würden, und nicht mehr auf einem Felsen im Wasser – Regel hin oder her. Über diese Frage kommt es darauf tatsächlich zu einem Kampf mit vielen Verwundeten und mehreren Toten; statt mit Fäkalien wird der geheiligte Boden so mit Blut getränkt.

Nach diesem Kampf muss der Streit durch einen Schiedsspruch geschlichtet werden. Dieser Schiedsspruch beinhaltet eine Verlegung der Versammlungsstätte an einen anderen Ort, da der alte Versammlungsort durch das vergossene Blut entweiht worden sei und dort daher fortan keine Versammlungen mehr abgehalten werden dürften. Der Versammlungsplatz wird nun an einen Platz weiter landeinwärts und weiter östlich verlegt; und tatsächlich gibt es südöstlich von Stykkishólmur einen Bauernhof, der noch heute den Namen Þingvellir trägt: „Versammlungsstätte".

Über diese neue Versammlungsstätte behauptet die Saga, dass sich dort ein Stein befunden habe, auf dem man zum Tode verurteilten Männern das Rückgrat brach und sie so dem Gott Thor opferte; und das Blut könne man auf dem Stein immer noch sehen. Diese Behauptung der Saga zeigt wohl einen literarischen Mythos im Entstehen: Tatsächlich befindet sich auf einer der Wiesen des Hofs Þingvellir noch heute ein großer Stein, der braune Flecken aufweist. Diese Flecken stammen aber natürlich nicht von Blut, sondern von Eiseneinschlüssen im Stein. Der Stein mit seinen braunen Rostflecken war wohl schon hier, als der Sagaverfasser sich die Geschichte von den blutigen Menschenopfern an Thor ausdachte; vielleicht kam der Sagaschreiber bei einem Spaziergang auf der Suche nach Inspiration für seine Saga an dem Stein vorbei und fand in ihm die Anregung für ein blutig-buntes Detail. Historisch sind die angeblichen Menschenopfer jedenfalls nicht. Wie der Tempel, dessen Beschreibung sich an einer romanischen Kirche orientiert, entstammt dieses Detail der Phantasie eines christlichen Autors des Hochmittelalters.

In der Inselwelt des Breiðafjords: der Blick von der Hafenklippe von Stykkishólmur aus.

23. Helgafell: Von einem heiligen Totenberg*

Fährt man von Stykkishólmur nach Süden, so kommt man nach etwa vier Kilometern an eine Abzweigung nach Osten; diese Abzweigung führt zum Berg und zur Kirche Helgafell. Der Helgafell – der Name bedeutet „heiliger Berg" – ist ein gewaltiger Felsen, der sich zwischen einem Binnensee und dem Meer abrupt aus dem flachen Land erhebt; er liegt so isoliert in der Landschaft, dass er fast wirkt, als wäre er von einem Riesen fallen gelassen und vergessen worden. Am Fuß dieses Felsens steht eine kleine, leuchtend weiß gestrichene Kirche mit bordeauxrotem Dach. Diese Kirche steht in der Tradition eines der großen isländischen Klöster: Im Jahr 1172 wurde auf der Insel →Flatey ein Kloster des Augustinerordens gegründet, das zwölf Jahre später an den Helgafell verlegt wurde. Dieses Kloster entwickelte sich dort bald zu einem der wichtigsten Zentren der Gelehrsamkeit in Island; möglicherweise war dieses Kloster sogar der Ort, an dem mit der *Eyrbyggja saga* und der *Laxdæla saga* zwei der berühmtesten Isländersagas entstanden, und auch eine Redaktion des Landnahmebuchs dürfte hier niedergeschrieben worden sein. Wie auch die anderen isländischen Klöster, fiel das Kloster Helgafell der Reformation zum Opfer und wurde in der Mitte des 16. Jahrhunderts aufgelöst. Die heutige Kirche stammt aus dem Jahr 1904.

Das Kloster Helgafell war jedoch weder das erste spirituelle Zentrum an diesem Ort, noch erhielt der „heilige Hügel" Helgafell seinen Namen vom geweihten Boden dieses Klosters. Vielmehr gehen sowohl der Name als auch die Heiligkeit dieses kleinen Berges letztlich auf denselben Landnehmer Þórólfr zurück, der die ganze Halbinsel →Þórsnes als erster besiedelte und nach dem Gott benannte, dem er von allen Göttern die meiste Verehrung entgegenbrachte. Die *Eyrbyggja saga* berichtet vom Berg Helgafell und seiner Umgebung in unmittelbarem Anschluss an die Schilderung, die sie von Þórólfs Tempel des Gottes Thor gibt (→Þórsnes).

---

* Ferðakort-Straßenatlas 15 G7.

Der heilige Berg Helgafell.

Dabei erzählt die Saga Folgendes über die Namensgebung des Berges, über die mit ihm verbundenen heiligen Gesetze und über die Rolle des Bergs im lokalen Jenseitsglauben:

> *Þórólfr gab der Landzunge zwischen dem Vigrafjord und Hofsvágr den Namen Þórsnes, „Thors Landzunge". Auf dieser Landzunge befindet sich ein Berg; für diesen Berg hatte Þórólfr eine so große Verehrung, dass kein Mann ungewaschen seinen Blick dorthin richten sollte und man auf dem Berg nichts und niemanden töten sollte, weder Vieh noch Menschen, außer wenn es selbst wegginge. Diesen Berg nannte er Helgafell, den „heiligen Berg", und glaubte, dass er dorthin gehen würde, wenn er stirbt, und ebenso alle seine Verwandten auf der Halbinsel.*

Der prominenteste Berg in Þórólfs Landnahmegebiet wird hier zu einem heiligen Ort erklärt, der mit einem Gebot ritueller Reinheit geschützt ist, auf dem ein heiliger Frieden herrscht und der zum Bestimmungsort der Toten der Familie wird. Das Jenseits, an das Þórólfr glaubt, ist kein Jenseits, das gänzlich jenseits der Welt der Lebenden liegt. Vielmehr hat das Jenseits, das Þórólfr für sich und seine Familie vorsieht, einen genau lokalisierten Ort im Diesseits, und zwar gerade den markantesten und prominentesten Ort in seinem gesamten Siedlungsgebiet. Die modernen Kategorien von Diesseits und Jenseits sind hier kaum anwendbar; denn „Diesseits" und „Jenseits" fließen in Þórólfs Jenseitskonzept ineinander und die Welt der Toten hat einen festen Platz innerhalb der Welt der Lebenden.

Es wird aus den erhaltenen Quellen zur nordischen Mythologie und Religionsgeschichte nicht wirklich klar, wie sich Vorstellungen von einem solchen „Privat-Jenseits" im Einzelnen zu Vorstellungen von einem allgemeinen (Krieger-) Paradies wie Odins Halle Walhall (→Hringsdalur) oder der Halle der Ertrunkenen der Meeresriesin Ran (→Fährpassage) verhalten. In jedem Fall vermittelt die isländische Literatur jedoch stark den Eindruck, dass die Idee des Fortlebens der Verstorbenen einer Familie in einem oder mehreren Hügeln auf ihrem Landnahmegebiet nichts völlig Außergewöhnliches war; derselbe Glaube wird etwa auch von den Nachkommen der Landnehmerin Auðr der Tiefsinnigen erzählt (→Krosshólaborg), und der Name „Helgafell" als Bezeichnung für einen Berg ist in Island noch heute mehrfach bezeugt. Eine gewisse Ähnlichkeit hierzu hat es auch, wenn einzelne Verstorbene nach ihrem Tod in ihrem Grabhügel weiterzuleben scheinen (→Hlíðarendi): Der Aufenthaltsort – das „persönliche Jenseits" – des Toten ist in einem solchen Fall ein von Menschenhand gemachter Hügel statt einer natürlichen Formation in der Landschaft, aber auch so handelt es sich noch um ein „Jenseits", das einen geographisch genau lokalisierten Platz im Diesseits hat. Wie eng genau die Vorstellungen vom Weiterleben im Totenberg und vom Fortleben im Grabhügel letztlich aber miteinander verwandt sind, darüber besteht in der Forschung bis heute keine Einigkeit.

Das Leben der Toten im grauen Felsen eines Totenbergs scheint weder etwas Graues noch etwas Furchtbares an sich gehabt zu haben. Vielmehr wird das Leben im Jenseitsberg von der Literatur in den buntesten Farben geschildert. Die *Eyrbyggja saga* berichtet nicht nur von Þórólfr, sondern auch von seinen Nachkommen. Þórólfr hatte einen Sohn, dem er den Namen Steinn gab. Da Þórólfr diesen Sohn seinem göttlichen Freund Thor weihte, nannte man ihn Þorsteinn, „Thor-Steinn". Zudem hatte Þorsteinn den Beinamen

„Dorschbeißer". Dieser Þorsteinn errichtete nun den ersten Hof unmittelbar am Helgafell und baute dort den wichtigsten isländischen Tempel seiner Tage. Als Þorsteinn stirbt – er und einige seiner Männer ertrinken beim Fischen –, bekommt ein Schafhirte am Helgafell einen Einblick in das fröhliche jenseitige Fest, das von den Toten im Berg in alle Ewigkeit gefeiert wird; die *Eyrbyggja saga* erzählt:

Im selben Herbst fuhr Þorsteinn zum Fischen hinaus zur Insel Höskuldsey.

Es war eines Abends im Herbst, dass sich ein Schafhirte Þorsteins nördlich des Bergs Helgafell um das Vieh kümmerte. Er sah, dass sich der Berg auf seiner Nordseite öffnete. Innen im Berg sah er große Feuer, und er hörte von dort lauten Festlärm und den Lärm von Trinkhörnern beim Gelage; und als er lauschte, ob er ein paar Worte ausmachen könnte, hörte er, dass dort Þorsteinn Dorschbeißer und seine Begleiter begrüßt wurden, und gesagt wurde, dass er seinem Vater gegenüber auf dem Hochsitz sitzen soll.

Am Abend erzählte der Schafhirte diese Erscheinung der Þóra, der Frau Þorsteins. Sie ging wenig darauf ein, aber erklärt, dass es sein könne, dass dies ein Vorzeichen größerer Neuigkeiten ist.

Am Morgen danach kamen Leute von draußen von Höskuldsey her und brachten die Nachricht, dass Þorsteinn Dorschbeißer beim Ausrudern zum Fischen ertrunken war; und das schien den Leuten ein großer Verlust.

24. Fróðá auf der Halbinsel Snæfellsnes: Von einigen berüchtigten „Wundern"*

Eine der am eindrücklichsten erzählten und – in einem ganz klassischen Sinne – „schaurigsten" Episoden der *Eyrbyggja saga* spielt auf dem Hof Fróðá am gleichnamigen Fluss. Dieser Hof existiert heute nicht mehr; ungefähr dort, wo er einst lag – etwa fünf Kilometer östlich von Ólafsvík an der Küstenstraße (Nr. 54) –, befindet sich heute ein Golfplatz, der jedoch nicht nach dem berühmten Hof der Sagazeit, sondern nach dem Gletscher an der Spitze der Halbinsel Snæfellsnes benannt ist. Der Fluss Fróðá, von dem der Hof seinen Namen bezog, trägt diesen Namen jedoch noch heute; er ist an der Brücke, auf der ihn die Straße 54 überquert, als solcher beschildert. Daneben zeugen noch die regionalen Toponyme *Fróðársker* („Fróðá-Fels"), *Fróðárheiði* („Fróðá-Heide") und *Fróðármúli* („Fróðá-Kuppe") von der einstigen Existenz und Bedeutung des Hofs. Von diesen Orten laden insbesondere die beiden Letzteren zum Verweilen ein: Die „Fróðá-Kuppe" *Fróðármúli* und die „Fróðá-Heide" *Fróðárheiði* befinden sich in der Berglandschaft im Zentrum der Halbinsel Snæfellsnes beim See Valavatn und sind über die Straße 54 einfach zu erreichen, die sich hier auf einer Trasse durch die Berge schlängelt, die immer wieder weite Ausblicke eröffnet, in denen die schroffen, kahlen Berge und das blaue Meer ganz eng zusammenrücken. Der See Valavatn ist vor Ort beschildert und sein Ufer bietet sich an, um Halt zu machen und die karge Gegend zu erkunden.

Die Geschichte von den „Wundern von Fróðá" beginnt in dem Jahr, in dem auf der Volksversammlung beschlossen wurde, dass Island das Christentum annehmen sollte (→Þingvellir). In diesem Jahr wird die Halbinsel Snæfellsnes von einem Schiff aus Dublin angelaufen. Das Schiff liegt lange vor der Küste, während es auf günstigen Wind für die Weiterfahrt wartet; so kommen viele der Leute von Snæfellsnes dorthin, um zu sehen, was die Kaufleute auf dem Schiff anzubieten hätten. Auch Þuríðr, die Bäuerin von Fróðá, wird

---
* Ferðakort-Straßenatlas 15 E8.

von Gerüchten über die wertvollen Dinge herbeigelockt, die eine gewisse Þórgunna von den Hebriden mit sich führe – dieselbe Þórgunna, mit der Leifr Eiríksson eine Affäre hatte, wie zu →Eiríksstaðir erzählt wird. Þórgunna zeigt Þuríðr ihre schönen Textilien, weigert sich aber, etwas davon zu verkaufen. In der Hoffnung, dass Þórgunnas Meinung sich später noch ändern werde, lädt Þuríðr sie nun ein, statt auf dem Schiff doch auf Fróðá zu wohnen. Dort kommt Þórgunna für Kost und Logis auf, indem sie bei der Arbeit auf dem Hof mithilft.

Nachdem Þórgunna in der Halle von Fróðá eine Bettstatt zugewiesen worden ist, schmückt sie diese mit so prächtigen Betttüchern und Vorhängen, wie die Leute auf den Hof es noch nie gesehen haben. Þuríðr versucht erneut, Þórgunna diese Dinge abzukaufen, bekommt jedoch eine barsche Abfuhr. Þórgunna verrichtet in der folgenden Zeit auf dem Hof gute Arbeit, indem sie webt und beim Heumachen hilft; sehr umgänglich ist sie jedoch nicht.

Eines Tages im Herbst sind alle auf der Hauswiese und arbeiten am Trocknen und Einbringen des Heus. Da zieht eine schwarze Wolke auf und verdunkelt den Himmel über Fróðá. Mit der Dunkelheit geht ein heftiger Regenschauer einher, so dass das Heu nass wird – und als es nach dem schlussendlichen Abzug der Wolke wieder hell ist, sieht man, dass es Blut geregnet hat. Das blutige Heu trocknet jedoch wieder; nur das Heu, an dem Þórgunna gearbeitet hatte, will nicht mehr trocken werden.

An diesem Abend geht Þórgunna mit Atemproblemen zu Bett, und am folgenden Morgen will sie nichts essen. Der Bauer von Fróðá, Þóroddr, erkundigt sich nach ihrem Zustand, aber Þórgunna ist nicht hoffnungsvoll. Sie nutzt die Gelegenheit, ihm ihren letzten Willen kundzutun: Sie will, dass ihr Leichnam nach Skálholt gebracht werden soll, weil sie vorhersieht, dass dies einst der heiligste Ort Islands sein wird. (Ein halbes Jahrhundert nach der Gegenwart der Erzählung, im Jahr 1056, wurde Skálholt zum Bischofssitz erhoben.) Dort soll auch ihre Totenmesse gelesen werden. Von ihren Besitztümern will sie einen goldenen Ring bei sich

Fróðá: auf den ersten Blick heute nur noch ein Flussname an einer Brücke der Straße 574.

behalten. Vom Rest sollen Þóroddr und Þuríðr alles bekommen, was sie wollen; nur ihr Bettzeug soll man verbrennen, und sie schärft Þóroddr ein, dass sie dies nicht aus Neid bestimme, sondern deshalb, weil dieses Bettzeug niemandem nützen werde.

Wenige Tage später stirbt Þórgunna, und Þóroddr will alles so tun, wie sie es ihm aufgetragen hatte. Þuríðr jedoch bittet ihren Mann so lange, das Bettzeug nicht zu verbrennen, bis er ihr gestattet, den größten Teil davon zu behalten.

Þórgunnas Leichnam wird nun in Tücher gehüllt, und ein Leichenzug aus zuverlässigen Männern bricht auf, um ihn den weiten Weg nach Skálholt zu bringen. Eines Nachts bitten sie bei einem Bauern um Unterkunft und Verpflegung; der jedoch weigert sich, ihnen Essen zu geben. Sie übernachten trotzdem auf dem Hof; dabei legen sie Þórgunnas Leiche für die Nacht in einem Lagergebäude ab. Nachdem die Männer ohne ein Abendessen zu Bett gegangen sind, hört man lauten Lärm aus dem Vorratsgebäude, in dem Þórgunna aufgebahrt ist. Als die Männer dort nach dem Rechten sehen, erblicken sie eine splitternackte Þórgunna, die für ihre Leichenträger Essen zubereitet. Diese Speisen trägt Þórgunna schließlich in das Haus und deckt dort den Tisch. Im Angesicht der wandelnden Toten sagt der geizige Bauer den Männern von Þórgunnas Leichenzug nun, dass sie natürlich alles Essen bekommen, das sie brauchen; da verlässt Þórgunna die Stube. Jetzt schlagen die Gäste über den Speisen das Kreuz, essen, ohne davon irgendeinen Schaden zu nehmen, und werden dann auch am folgenden Morgen aufs beste bewirtet. Auch auf dem Rest der Reise werden sie überall freundlich empfangen, ist dem Leichenzug sein Ruf doch vorausgeeilt. So wird Þórgunnas Leichnam schließlich den Priestern in Skálholt übergeben und dort bestattet.

Weitere Wunder ereignen sich, nachdem die Männer von Þórgunnas Überführung wieder zurück nach Fróðá gekommen sind: Für eine Woche nach ihrer Rückkehr erscheint an der Wand des Raums, in dem die Leute am Abend zusammensitzen, jede Nacht ein Halbmond, der gegen den Uhrzeigersinn um den Raum zieht. Das gilt den Bewohnern von Fróðá als ein böses Omen.

Eine Weile später beginnt der Schafhirte des Hofs, sich merkwürdig zu verhalten, und stirbt bald darauf. Damit verschwindet der Hirte jedoch nicht aus der Hofgemeinschaft: Einer der Hofbewohner geht eine Weile nach der Bestattung in der Nacht hinaus, um den Abtritt aufzusuchen. Als er wieder zurückkommt und ins Haus gehen will, versperrt ihm der tote Schafhirte den Weg und verprügelt ihn so sehr, dass er krank wird und stirbt. Danach gehen beide um, der Hirte und sein erstes Opfer, und vor Weihnachten sind noch sechs weitere Mitglieder des Haushalts tot.

In der Küche des Hofs befindet sich ein hölzerner Verschlag, in dem der wichtige Vorrat an Stockfisch aufbewahrt wird. Aus diesem Verschlag hört man an einem Abend Geräusche, kann aber kein Tier darin finden.

An einem anderen Abend ist der Bauer Þóroddr mit mehreren Männern mit dem Schiff unterwegs, um Stockfisch zu holen. Gerade an diesem Abend kommt zuhause auf Fróðá der Kopf einer Robbe aus der Grube heraus, in der in der Küche das Feuer brennt. Eine Magd schlägt mit einem Knüppel auf das Tier ein, doch das kommt nur immer weiter hervor und starrt auf ein Bett, das mit Þórgunnas Bettzeug ausgestattet ist. Auch ein Knecht, der so lange auf die Robbe

Der Fluss Fróðá, nach dem der Hof benannt war, auf dem sich die „Wunder von Fróðá" ereignet haben sollen.

Die „Fróðá-Heide" (Fróðárheiði) in den Bergen der Halbinsel Snæfellsnes.

einschlägt, bis er in Ohnmacht fällt, kann nichts dagegen ausrichten, dass das Tier immer weiter aus der Feuerstelle hervorkommt. Erst Kjartan, der junge Sohn Þórodds, kann den Hof von dieser Robbe befreien, indem er das Tier mit einem Schmiedehammer wieder in die Erde hämmert, als wäre es ein Pflock.

Þóroddr und seine Männer kommen von der Fahrt, auf der sie Stockfisch holen wollten, nicht mehr lebend zurück: Das Schiff mit seiner Ladung von getrocknetem Fisch wird an Land getrieben, doch die Mannschaft ist verschwunden. Als die Nachricht von diesem Unglück Fróðá erreicht, richten Kjartan und Þuríðr den mehrtägigen Leichenschmaus aus. Als alle Gäste eingetroffen sind und man sich zu Tisch gesetzt hat, kommen jedoch plötzlich Þóroddr und seine Gefährten wassertriefend in das Zimmer, wo der Leichenschmaus stattfindet. Diesmal sind die Wiedergänger (mehr oder weniger) willkommen: Denn man glaubte damals – oder so behauptet es jedenfalls der Sagaverfasser –, dass es ein gutes Zeichen war, wenn Ertrunkene zu ihrem eigenen Leichenschmaus kamen; dies würde nämlich bedeuten, dass sie in der Halle Rans, der Gattin des Meerriesen, gut aufgenommen worden wären (→Fährpassage, S. 34). Als die Toten sich in der Küche ans Feuer setzen, fliehen die Lebenden jedoch trotzdem.

Diese Besuche wiederholen sich allabendlich für die gesamte Dauer der Totenfeiern. Auf dem Hof hofft man, dass nach dem Ende der Totenfeiern auch die Besuche durch die Untoten zu einem Ende kommen werden. Es kommt jedoch ganz anders: Als die Gäste des letzten Leichenschmauses nach Hause gegangen sind, kommen nicht nur die Ertrunkenen, sondern obendrein auch noch die sieben Opfer des untoten Schafhirten zurück zum Hof. Diese Heimsuchung dauert die ganze Weihnachtszeit hindurch an.

Zugleich wird auch der Lärm immer größer, der aus dem Verschlag mit dem Stockfisch zu hören ist. Als man eines Tages etwas von dem getrockneten Fisch aus dem Verschlag braucht, sieht der Mann, der den Fisch holen soll, wie der Schwanz eines Tiers aus dem Fisch herausragt. Man vermutet ein totes Tier und will es an seinem Schwanz herausziehen; dies gelingt jedoch nicht, und als den Leuten der Schwanz aus den Händen rutscht, ist er verschwunden. Was den Stockfisch betrifft, so stellt sich heraus, dass von all den Fischen, die im Verschlag gelagert worden waren, nur noch die Haut übrig ist.

Nach dieser Erscheinung beginnt auf Fróðá erneut ein großes Sterben, und bald sind sieben weitere Mitglieder des Haushalts tot. Andere laufen davon, und so sind von den anfangs dreißig Menschen auf dem Hof schließlich nur noch sieben übrig. Der junge Kjartan geht nun nach Helgafell und sucht dort den Rat des Goden Snorri. Der schickt einen Priester mit ihm nach Fróðá und rät Kjartan dazu, Þórgunnas Bettzeug zu verbrennen. Außerdem solle er auf Fróðá eine Gerichtsverhandlung inszenieren; dabei sollen sie über die Wiedergänger zu Gericht sitzen und sie für ihre Wiedergängerei und den Tod, den sie den Menschen gebracht haben, verurteilen.

Als Kjartan nach Hause kommt, ist auch Þuríðr von der Krankheit befallen, an der so viele andere gestorben sind. Nun folgt Kjartan dem Rat Snorris: Er verbrennt Þórgunnas Bettzeug und lässt die Leute über die Untoten zu Gericht sitzen; diese werden einer nach dem anderen verurteilt und verlassen widerwillig den Hof. Schließlich werden die Gebäude von Snorris Priester ausgeweiht, und damit haben die „Wunder von Fróðá" ein Ende. Þuríðr genest wieder, und Kjartan führt den Hof noch lange weiter.

Die Küste unterhalb der alten Hofstatt Fróðá.

25. Reykholt: Von der Snorra-Edda*

Reykholt liegt etwa dreißig Kilometer nordöstlich des Borgarfjords im Tal Reykholtsdalur. Man erreicht es, indem man der Straße Nr. 518 nach deren Abzweigung von der Straße Nr. 50 für etwa sechs Kilometer nach Osten folgt; die Straße Nr. 50 ihrerseits bildet zwischen Stafholtstungur und Borgarnes eine weite Schleife, in der sie den Unterlauf und das Mündungsgebiet des Flusses Hvítá umfasst. Wer sich der Region von Norden her auf der Ringstraße nähert, wird übrigens zwölf Kilometer vor Stafholtstungur am kleinen Ort Bifröst vorbeikommen: Diese kleine Siedlung trägt den Namen der Regenbogenbrücke, die die Welt der Menschen mit der Welt der Götter verbindet (→Ásgarður, S. 125).

Kommt man nach Reykholt, so wird der erste Eindruck des Orts von einer großen, modernen Kirche und von deren gertenschlankem Turm bestimmt. So modern die Architektur von Reykholt aber auch sein mag, so sehr ist der Ort doch der Pflege der Tradition gewidmet. Der Gebäudekomplex, zu dem die Kirche gehört, beherbergt neben dem eigentlichen Sakralgebäude auch das Mittelalterstudienzentrum *Snorrastofa*, die „Snorri-Stube". Die Snorrastofa hat es sich zum Ziel gesetzt, einerseits die wissenschaftliche und künstlerische Auseinandersetzung mit Snorri und seiner Zeit zu fördern und andererseits wissenschaftliche Forschungsergebnisse an eine breitere Öffentlichkeit zu vermitteln. Letzterem Ziel dient nicht zuletzt eine Ausstellung zu Snorri Sturluson und der mittelalterlichen Geschichte und Archäologie Reykholts. Als Besucher sollte man sich diese Ausstellung auf keinen Fall entgehen lassen.

Reykholt war vom Jahr 1206 an der Hauptsitz von Snorri Sturluson; aus seiner Zeit ist in Reykholt noch ein in Stein gefasstes Badebecken zu sehen, das mit dem Wasser einer heißen Quelle gefüllt werden kann, sowie die Reste eines Zugangstunnels, der eine direkte Verbindung zwischen diesem Badebecken „Snorris Bad" (*Snorralaug*) und Snorris Hof herstellte. Die Reste von „Snorris Bad" gehören zu den ersten

---

* Ferðakort-Straßenatlas 2 L9.

Der Gebäudekomplex der neuen Kirche von Reykholt und des Mittelalterzentrums Snorrastofa.

archäologischen Stätten, die in Island unter Denkmalschutz gestellt wurden.

Snorri wurde im Jahr 1178 oder 1179 in →Hvammur als Sohn von Sturla Þórðarson geboren, der das mächtige Geschlecht der Sturlungen begründete. Zur Erziehung wurde Snorri schon in jungen Jahren nach →Oddi zu Jón Loptsson gegeben; Oddi war in diesen Tagen eines der großen geistigen Zentren Islands und Snorris Ziehvater Jón war damals einer der mächtigsten Männer des Landes. Somit waren schon durch Snorris Herkunft und Ausbildung die Weichen dafür gestellt, dass er bald eine wichtige öffentliche Rolle spielen würde. Ähnliches galt für Snorris ältere Brüder. Zusammen prägten sie die isländische Geschichte des 13. Jahrhunderts in einem solchen Maße, dass Snorris Familie dieser Zeit sogar ihren Namen gegeben hat: die Sturlungenzeit.

Durch eine geschickte Heiratspolitik erwarb Snorri sich Reichtum – er ist im Lauf der Zeit zum reichsten Mann Islands avanciert – und baute sich eine breite Machtbasis auf. Zu den politischen Höhepunkten seiner Karriere zählte, dass er zweimal (von 1215 bis 1218 und von 1222 bis 1231) das höchste Amt des isländischen Freistaats innehatte, nämlich das des Gesetzessprechers (→Þingvellir, S. 222). Snorris politisches Wirken sollte ihn später jedoch auch das Leben kosten. Wie viele wohlhabende Isländer verbrachte Snorri eine längere Zeit im Ausland: Er reiste zweimal nach Norwegen und hielt sich dort während seiner ersten Reise für zwei Jahre auf. Während dieser Norwegenreisen wurde Snorri zum Vasallen des norwegischen Königs Hákon Hákonarsson, der darauf erpicht war, auch Island unter seine Herrschaft zu bringen. Die verschiedenen Quellen zu Snorris Leben zeichnen unterschiedliche Bilder davon, wie Snorri sich zu diesem Ansinnen des Königs stellte; teils heißt es, er habe Hákons Expansionsbestrebungen unterstützt, teils erscheint Snorri eher als ein Gegner einer Unterordnung Islands unter den norwegischen Thron. In jedem Fall sind die Quellen sich jedoch darüber einig, dass Snorri von König Hákon auf seiner zweiten Norwegenreise keine Erlaubnis erhielt, den königlichen Hof zu verlassen und nach Island zurückzukehren. Snorri ignorierte dieses Verbot und reiste gegen den Willen des Königs ab. Hákon verzieh Snorri dieses Aufbegehren gegen seine Macht nicht: In der Nacht des 23. September 1241 wurde er auf direkten Befehl Hákons in Reykholt erschlagen.

Snorri war neben seinem politischen Wirken auch ein begnadeter Dichter. Zu seinen Werken zählten u.a. Preisgedichte auf verschiedene wichtige Persönlichkeiten; von diesen Gedichten ist jedoch kaum etwas erhalten geblieben. Nicht ohne Probleme ist auch die Überlieferung seines Prosawerks: Mit der *Heimskringla*, dem „Weltkreis", dürfte Snorri eine monumentale Geschichte der norwegischen Könige verfasst haben; dieses Werk ist bis heute erhalten und eine ungemein wichtige Geschichtsquelle, die Zuschreibung an Snorri aber ist nicht in den Handschriften der Heimskringla selbst belegt, sondern erst aus verschiedenen Hinweisen und Indizien erschlossen. Auch die berühmte Saga von Egill Skallagrímsson, die *Egils saga Skallagrímssonar* (→Borgarnes), wurde Snorri wiederholt zugeschrieben; wirklich sichere Beweise für diese Zuschreibung haben sich aber nie beibringen lassen. Ausdrücklich unter Snorris Namen überliefert ist nur seine Edda – was die nordische Religionsgeschichte angeht, ist dieses Werk jedoch auch bei weitem sein wichtigstes. Tatsächlich lässt sich ohne Übertreibung sagen, dass Snorris Edda eine der wichtigsten Quellen für unsere heutige Kenntnis der nordischen Mythologie überhaupt darstellt.

Die Snorra-Edda (so benannt zur Unterscheidung von der Lieder-Edda, →Oddi) besteht aus vier Teilen, die wohl zu verschiedenen Zeiten abgefasst und erst nachträglich zu einem Werk zusammengestellt wurden; teilweise sind sie in den Handschriften auch separat überliefert. Snorri verfasste dieses Werk vermutlich in den Jahren ab etwa 1220; die Arbeit an einzelnen Teilen setzte er aber wohl noch bis zu seinem Tod fort. Zusammengenommen formen die verschiedenen Abschnitte der Snorra-Edda eine weit ausgreifende Abhandlung über die traditionelle nordische Dichtkunst (auch wenn heute nicht mehr klar ist, ob dies zur Zeit ihrer Abfassung tatsächlich ihre primäre Intention war). Fragen der Metrik und der Kunst der poetischen Umschreibung werden hier ebenso abgedeckt wie die mythologischen Kenntnisse, die zum richtigen Verständnis der altnordischen Dichtung notwendig sind. Mythologie ist in die Snorra-Edda dabei offenbar nicht als Selbstzweck aufgenommen worden, sondern einerseits aufgrund ihrer Bedeutung für das Verständnis älterer Dichtungen und andererseits als Hilfsmittel bei der korrekten Komposition neuer Dichtungen nach dem Vorbild der alten Vorlagen. Im Einzelnen umfasst die Snorra-Edda folgende Teile:

– Der *Prolog* versucht zu erklären, wie die heidnischen Vorstellungen von den Göttern entstanden sind. Dabei werden die Götter nicht verteufelt, sondern vermenschlicht: Bei ihnen habe es sich um herausragende Menschen der Vorzeit gehandelt. Der Prolog stellt damit klar, dass die folgende Niederschrift von mythischen Geschichten keinen Glaubensabfall des Verfassers impliziert; zugleich vermeidet der Prolog durch die Vermenschlichung der Götter jedoch auch, die alten Mythen als Teufelswerk auffassen zu müssen. In gewissem Sinne werden die Göttermythen so in Heldensagen transformiert und damit auch für einen Christen religiös unbedenklich gemacht.

- Die *Gylfaginning*, die durch den Prolog eingeleitet wird, schildert ein Gespräch zwischen einem schwedischen König namens Gylfi und den drei Herrscherfiguren „der Hohe", „der Gleichhohe" und „der Dritte", in dem Gylfi über eine Vielzahl von Punkten der Mythologie und Kosmologie aufgeklärt wird. Dieser Text enthält das Gros der uns überlieferten nordischen Mythen. Der Titel *Gylfaginning* bedeutet „Gylfis Täuschung" und nimmt auf die Rahmenhandlung des Texts Bezug: Gylfi wird von den drei Göttergestalten in einer Halle empfangen, die sich am Ende der Gylfaginning als Blendwerk erweist und verschwindet.
- Snorris *Skáldskaparmál*, die „Sprache der Dichtkunst", ist ein Traktat zur skaldischen Poetik, das vor allem auf das System der sog. *kenningar* eingeht. Dabei handelt es sich um poetische Umschreibungen, die für die Dichtung des Nordens äußerst typisch sind. Da viele dieser Kenningar auf mythologische Motive zurückgreifen, fasst Snorri hier auch den Inhalt verschiedener Mythen zusammen. So erzählt er etwa den Mythos von der Erschaffung der Götterkleinodien, um zu erklären, warum „Gold" in der Dichtung als „Sifs Haar" umschrieben werden kann (→Ásbyrgi).
- Das *Háttatal*, die „Aufzählung der Versformen", ist ein Preisgedicht auf König Hákon Hákonarson und seinen Mitregenten Jarl Skúli in 102 Strophen. Dieses Gedicht setzt sich zum Ziel, sämtliche Metren der altnordischen Dichtung zu veranschaulichen. Schon Snorri selbst hat dem eigentlichen Preisgedicht einen detaillierten Kommentar hinzugefügt, der seine didaktische Funktion als Lehrgedicht für Strophenformen klar herausarbeitet. Dieser Text bildet den letzten Teil der Snorra-Edda, wurde aber wohl als erster verfasst.

Snorri schrieb seine Edda mehr als zwei Jahrhunderte nach dem formalen Übertritt Islands zum Christentum auf der Volksversammlung des Jahres 999/1000 (→Þingvellir); auch Snorri ist daher kein Zeitzeuge des nordischen Heidentums, sondern ein christlicher Gelehrter des Hochmittelalters, der

Snorralaug, "Snorris Bad". Das steingefasste Badebecken, das aus einer heißen Quelle befüllt werden kann, gehört zu den prominentesten archäologischen Monumenten in Island. In der "Saga von den Sturlungen" wird ein solches Bad in Reykholt mehrfach erwähnt. Hinter der Holztür im Hintergrund befinden sich die Reste des mittelalterlichen Tunnels, der von Snorris Wohnhaus zum Badebecken führte.

den Stand des zeitgenössischen Wissens über die vorchristliche Mythologie als Historiker, Dichter und Literaturtheoretiker zusammenfasst. Gerade der zeitliche Abstand zwischen Snorris Gegenwart und der vorchristlichen Zeit, die er behandelt, bedeutet, dass seine Edda zwar bei weitem die umfassendste, aber in den Details dennoch nicht die zuverlässigste Quelle für die nordische Mythologie ist, die uns zur Verfügung steht; als hochmittelalterliches Werk kann sie an ein Zeugnis wie die *Völuspá*, das selbst wohl noch aus der spätheidnischen Zeit stammt (→Raufarhöfn), nicht heranreichen. Doch auch Snorris Zeugnis sollte man nicht leichtfertig unterschätzen: Snorri war mit der literarischen Tradition des Nordens bestens vertraut und kannte ein reiches Repertoire von wikingerzeitlichen Dichtungen, die ihm über die vorchristliche Zeit Auskunft geben konnten, uns heute aber verloren sind. Snorris Edda mag somit zwar gelegentliche Fehler und Verzeichnungen enthalten und ist entsprechend mit einer gewissen Vorsicht zu lesen, sie stammt aber aus der

Feder eines Verfassers, der die Mythologie des Nordens besser kannte, als dies heute je möglich wäre.

Die alte Pfarrkirche von Reykholt, errichtet in den Jahren 1886/1887.

26. Surtshellir: Von Feuer, Riesen und dem Weltuntergang*

Hält man sich von Reykholt aus nach Osten und fährt auf der 518 talaufwärts tiefer ins Landesinnere hinein, so führt die Straße bald an den Hraunfossar vorbei, den „Lavafällen". Dabei handelt es sich um eine Kette von mehr als hundert kleinen Wasserfällen, die direkt aus dem Gestein eines Lavafelds entspringen und deren klares, weiß schäumendes Wasser in einem ganzen Vorhang von Kaskaden über schwarze Felsen strömt und sich in einen schmalen Gletscherfluss ergießt, der sich schlammig-grau durch eine enge Schlucht wälzt. Der Grund für dieses ungewöhnliche Spektakel ist ein unterirdisch verlaufender Arm des Gletscherflusses Hvíta, dessen Wasser hier wieder zu Tage tritt. Folgt man der Straße hiernach noch weiter, wie sie sich zwischen den Bergen Ásfjall, Tunga und Strútur durch eine grüne, von weiten Aussichten und kleinen Wäldern geprägte Landschaft schlängelt, so gelangt man etwas nördlich von Kalmanstunga schließlich zu einer Piste, die nach Nordosten von der 518 fortführt. Ein Hinweisschild weist hier darauf hin, dass es zur Höhle Surtshellir noch acht Kilometer sind. Kurz hinter diesem Hinweisschild befindet sich ein kleiner Parkplatz mit Informationstafeln zur Geologie, Flora, Fauna und Geschichte der Region – nebst einem großen Warnschild, das die Schotterstraße von hier ab als Hochlandpiste ausweist, auf der für normale Straßenautos die Durchfahrt verboten ist. Immerhin ist zwischen der Abzweigung von der 518 und Surtshellir keine Furt zu durchqueren, so dass die Schotterstraße zur Höhle bei entsprechend vorsichtiger Fahrweise für Fahrzeuge mit Allradantrieb im Allgemeinen kein Problem darstellen dürfte. Auch für eine Wanderung hat die ruhige Piste inmitten eines weiten Landschaftspanoramas von Bergen, Gletschern, kleinen Quellen und erkalteten, moosbewachsenen Lavaströmen ihren Reiz.

Die Piste erreicht das Lavafeld Hallmundarhraun nach wenigen Kilometern. Während man vom Berghang südlich

---

* Ferðakort-Straßenatlas 2 M8 / 3 M8.

Ein Blick in den Untergrund: Deckeneinsturz in Surtshellir. Im Hintergrund der Gletscherberg Eiríksjökull.

des Lavafelds zum Hallmundarhraun hinabfährt (oder hinabwandert), hat man einen weiten Blick über den erstarrten Lavastrom. Noch heute wirkt das Lavafeld, das sich aus sehr dünnflüssiger Lava gebildet hat, wie ein erstarrter Fluss. Die Oberfläche dieses steinernen Gewässers ist ebenso weitläufig wie flach – der Lavastrom hat eine Länge von mehr als 50 Kilometern und eine Grundfläche von 242 Quadratkilometern. Ein Ozean aus erstarrtem Stein, voller Wellen und Kräuselungen, aber insgesamt flach wie ein weitläufiger See. Dennoch sollte man auch als Wanderer auf der Piste bleiben: Zum einen ist das Moos, das auf der Lava wächst, extrem empfindlich, und Schäden an der Vegetation heilen in der unwirtlichen Umgebung des Hochlands nur äußerst langsam. Und zum anderen verbergen sich unter dem Moosteppich, der das Lavafeld überzieht, gefährliche Spalten, die durchaus auch einmal einen unvorsichtigen Wanderer auf Nimmerwiedersehen verschlucken können.

Einige wenige Kilometer innerhalb des Hallmundarhraun gelangt man schließlich zur Lavahöhle Surtshellir. Die „Höhle des Surtr" ist zusammen mit dem gesamten Lavafeld bei einem gewaltigen Vulkanausbruch im frühen 10. Jahrhundert entstanden; sie ist also, bis auf wenige Jahrzehnte genau, ebenso alt wie die nordische Besiedlung Islands. Diese fast zwei Kilometer lange Röhre in der Lava hat ihren eigenen Parkplatz, bei dem sich in einer völlig flachen Umgebung plötzlich der Boden auftut und man in die steinerne Unterwelt hinabsteigen kann – wenn man denn will und entsprechende Ausrüstung dabei hat: In der Höhle gibt es weder Licht noch einen für Besucher hergerichteten Pfad, so dass man ohne Lampen und ein gutes Maß an Trittsicherheit lieber an der Oberfläche bleiben sollte. An beiden Enden der Höhle befinden sich beschilderte Eingänge, die auch oberirdisch durch einen markierten Pfad miteinander und mit dem Parkplatz verbunden sind. Auf den zwei Kilometern zwischen diesen beiden Enden der Höhle sind zweimal größere Abschnitte der Decke eingebrochen. Bei diesen Deckeneinbrüchen kann man zwar nicht in die Höhle hinabsteigen, aber immerhin einen Blick in sie hineinwerfen.

Surtshellir ist heute vor allem als eine naturkundliche Sehenswürdigkeit bekannt: Da kalte Luft nach unten sinkt, wird das Innere dieser Höhle während der Wintermonate auf Temperaturen weit unter dem Gefrierpunkt abgekühlt. Da die Temperatur des Gesteins nach diesem alljährlichen Kälteschock auch im Sommer lange nicht über 0°C ansteigt, führt dies dazu, dass das in den wärmeren Monaten in die Höhle eindringende Sickerwasser dort gefriert und spektakuläre Skulpturen aus Eis formt.

Die Lavahöhle ist jedoch nicht nur von naturkundlichem, sondern auch von historischem Interesse. Von einer der Stellen aus, an denen die Decke der Höhle eingebrochen ist – beschildert als „Beinahellir", „Knochenhöhle" – ist ein mörtellos aus großen Steinen errichteter Wall zu sehen, der sich quer durch die Höhle zieht. Hierbei handelt es sich um eine mittelalterliche Verteidigungsmauer, die wohl von Geächteten errichtet wurde, die sich in der Höhle verschanzt hatten. Surtshellir ist dank dieser Mauer eine der besterhaltenen mittelalterlichen Verteidigungsanlagen in Island. Zugleich dürfte diese Mauer eines der ältesten heute noch stehenden Bauwerke auf der Insel sein.

Eine wichtige Rolle spielt Surtshellir auch in der schriftlichen Überlieferung. Als ein Ort, an dem sich die nordische Mythologie fest mit dem Lavagestein verbindet, wird die

„Höhle des Surtr" bereits in der Überlieferung zur Landnahmezeit fassbar, als das Lavafeld noch jung und die Höhle selbst wohl noch warm war – ganz anders also als heute, wo die Höhle die Kälte des Winters speichert, und nicht mehr die Hitze der Vulkaneruption, aus der sie hervorgegangen ist. Im Landnahmebuch wird Surtshellir mit folgenden knappen Worten erwähnt:

> Þorvaldr holbarki [...] kam eines Herbsts nach Þorvarðsstaðr zu Smiðkell und hielt sich dort eine Weile auf. Dann ging er hinauf zur Höhle des Surtr und trug dort das Preisgedicht vor, das er auf den Riesen in der Höhle verfasst hatte. Danach bekam er die Tochter Smiðkels zur Frau [...].

Trotz der Kürze dieser Notiz enthält sie Informationen von mythologischem Interesse: Die Höhle Surtshellir wurde schon im Frühmittelalter – kurz nach der Entstehung des Lavafelds bei einer Eruption von gewaltigen Ausmaßen – als der Wohnsitz des Feuerriesen Surtr gedacht; und die Präsenz dieses Riesen galt zumindest manchen Zeitgenossen als real genug, um für diesen Riesen ein Preisgedicht zu verfassen und es ihm an seinem Wohnort vorzutragen. Dieser Gedichtvortrag für den Riesen in seiner Höhle ist dabei jedoch nicht unbedingt als ein Akt des Kults oder der Verehrung zu sehen, wie er den Göttern zugestanden hätte. Denn der Riese Surtr ist eine Gestalt der nordischen Mythologie, die alles andere ist als ein Gegenstand kultischer Verehrung: Surtr ist kein Gott, sondern ein Feuerriese, der eine zentrale Rolle in den nordischen Vorstellungen vom Weltuntergang spielt. Wenn das Ende der Welt kommt, die „Götterdämmerung", dann wird Surtr den Göttern auf dem Schlachtfeld entgegentreten; dabei wird er ein Feuer mit sich bringen, die Surt-Lohe, das schließlich die ganze Welt verschlingen wird. Die Beheimatung dieses Riesen in Surtshellir muss für einen Menschen des frühen 10. Jahrhunderts nur naheliegend gewesen sein: Wer bei der Entstehung des mehr als 50 Kilometer langen Hallmundarhraun Zeuge war, dem mag dieses Inferno als nichts weniger erschienen sein als ein Vorgeschmack auf den Weltuntergang. (Dass dieser Weltuntergang

Eis im Reich des Feuers: Reste einer Schneezunge in Surtshellir. Noch bis weit in den August hinein ist der Schnee nicht vollständig geschmolzen, der während der Wintermonate durch mehrere Deckeneinbrüche ins Innere der Höhle gelangt.

im Deutschen üblicherweise als „Götterdämmerung" bezeichnet wird, ist übrigens authentisch mittelalterlich, aber nicht authentisch vorchristlich: Erst späte Texte aus dem Hochmittelalter sprechen von der „Götterdämmerung", *ragnarökr*, diese Bezeichnung beruhte jedoch schon im Mittelalter nur auf einem Missverständnis des älteren Begriffs *ragnarök*, „Schicksal der Götter".)

Die Gestalt des Surtr, die beim Weltuntergang eine so prominente Rolle spielt, erscheint am ausführlichsten bei Snorri Sturluson. Snorris Edda zufolge ist Surtr der Grenzwächter und Verteidiger eines brennenden Landes im Süden, das schon lange existierte, ehe die Welt der Menschen geschaffen wurde. Die Welt Surts und die Menschenwelt existieren also schon seit Urzeiten nebeneinander, doch eines Tages wird der Frieden enden und Surtr wird die Menschenwelt angreifen; so heißt es bei Snorri: „Er hat ein brennendes Schwert, und am Ende der Welt wird er ausziehen und Krieg führen und alle Götter besiegen und die ganze Erde mit Feuer verbrennen."

Verteidigungsanlagen in einer Räuberhöhle: Was hier beinahe wie ein natürlicher Wall aus abgestürzten Steinen von der Höhlendecke wirkt, ist tatsächlich eine von Menschenhand errichtete Mauer. Im Mittelalter wurde Surtshellir von Geächteten als Zufluchtsort genutzt, die mehrere Dutzend Meter hinter dem damaligen Höhleneingang quer über die ganze Breite der Höhle eine meterhohe Verteidigungsmauer errichteten. Heute liegt diese Mauer im Bereich des Tageslichts, weil unmittelbar hinter ihr ein Abschnitt der Höhlendecke eingestürzt ist. Als diese Sperrmauer errichtet wurde, herrschte hier jedoch ein ewiges Dunkel, in dem diese Mauer die Höhle in eine uneinnehmbare Festung verwandelte.

Im Einzelnen schildert Snorri die Ereignisse der Götterdämmerung folgendermaßen: Zuerst wird es zu strengen Wintern und Kriegen kommen, in denen die Welt der Menschen verwüstet wird. Darauf folgt ein besonders furchtbarer, kosmischer Winter: der Fimbulwinter. Dieser Winter wird so lange dauern wie drei gewöhnliche Winter, doch ohne dass es dazwischen Sommer würde. Zwei Wölfe werden nun Sonne und Mond verschlingen, die Sterne werden verschwinden und die Erde wird von Erdbeben erschüttert werden. Der Fenriswolf kommt frei, die Midgardschlange erhebt sich mit einer gewaltigen Flutwelle aus der See und das Totenschiff Naglfar legt ab; der Riese Hrymr wird Naglfar steuern. Der Fenriswolf und die Midgardschlange werden über die Welt herfallen. Der Himmel wird sich auftun, und die Söhne Muspells werden unter der Führung Surts und umgeben von Flammen daraus hervorreiten; als sie über die Götterbrücke Bifröst reiten, stürzt diese in sich zusammen. Alle diese riesischen Mächte versammeln sich auf einem Schlachtfeld, wo die letzte Schlacht geschlagen werden soll; dorthin kommen auch Hrymr mit den Eisriesen und Loki, der die Heerscharen der Toten anführt. Die Schlacht, zu der es nun kommt, wird in der Snorra-Edda mit folgenden Worten beschrieben:

Und als sich diese Ereignisse abspielen, da steht Heimdall auf und bläst mächtig ins Gjallarhorn und weckt alle Götter auf, und sie halten eine Versammlung ab. Da reitet Odin zum Mímisbrunnen und berät sich mit Mímir, um seiner selbst und um seiner Gefolgschaft willen. Da zittert die Esche Yggdrasill, und kein Ding im Himmel und auf der Erde ist da ohne Furcht. Die Asen und alle Einherjer bewaffnen sich und rücken auf das Feld vor. Als erster reitet Odin mit einem goldenen Helm und einer schönen Brünne und seinem Speer, der Gungnir heißt. Er hält auf den Fenriswolf zu, und Thor marschiert an seiner Seite, und er kann ihm nicht helfen, weil er genug damit zu tun hat, gegen die Midgardschlange zu kämpfen. Freyr schlägt sich mit Surtr, und es wird ein hartes Treffen, ehe Freyr fällt. [...] Da ist auch der Hund Garmr losgekommen, der vor der Höhle Gnipahellir angebunden ist. Er ist das größte Ungeheuer. Er hat einen Kampf mit Tyr, und jeder von beiden tötet den anderen. Thor trägt die Nachricht vom Tod der Midgardschlange davon und geht von da neun Schritte weg. Dann fällt er tot zur Erde von dem Gift, das der Wurm auf ihn spuckt. Der Wolf verschlingt Odin. Das wird sein Tod. Und sofort danach wendet sich Viðarr nach vorne und tritt mit einem Fuß in den unteren Kiefer des Wolfs. [...] Mit der anderen Hand nimmt er den oberen Kiefer des Wolfs und zerreißt seinen Rachen, und das wird der Tod des Wolfs. Loki hat einen Kampf mit Heimdall, und jeder von beiden tötet den anderen. Als nächstes wirft Surtr Feuer über die Erde und verbrennt die ganze Welt.

Dieses düstere Bild vom Ende der Welt erinnert in manchen seiner Züge an die christliche Endzeitschilderung der Apokalypse des Johannes. Die Ähnlichkeiten zwischen diesen

Steht man vor der mittelalterlichen Sperrmauer, so ist deutlich zu sehen, mit welcher Sorgfalt die Steine aufgeschichtet wurden. Die Mauer ist für Besucher am einfachsten von der „Höhlenöffnung 4" aus zu erreichen, also demjenigen Eingang, der vom Parkplatz am weitesten entfernt ist. Klettert man von dort aus in die Höhle, befindet sich die Mauer unmittelbar vor dem ersten Deckeneinbruch nach diesem Eingang. Vom Parkplatz aus führt ein markierter Weg zu Eingang 4; eine Überblickskarte befindet sich am Parkplatz, und die verschiedenen Zugänge und Deckeneinbrüche sind jeweils vor Ort beschildert und nummeriert. Die mittelalterliche Mauer läßt sich auch sehr gut sehen, ohne in die Höhle hinabsteigen zu müssen, da sie vom darüberliegenden Deckeneinbruch aus gut sichtbar ist (beschildert „Hellisop 3 – Beinahellir"). Es ist unbedingt darauf zu achten, weder die empfindliche Natur noch die archäologischen Reste in der Höhle in irgendeiner Weise zu beschädigen oder zu verändern. Dazu gehört u.a., dass man über Tage auf dem markierten Fußpfad bleiben sollte, da das fragile Moos auf der Lava die Belastung durch Wanderer nicht verkraftet. Ähnlich respektvoll sollte man mit der mittelalterlichen Befestigungsmauer umgehen – immerhin handelt es sich um eines der ältesten Bauwerke in Island.

beiden Beschreibungen des Weltendes dürften nicht zufällig sein: Seit langem wird in der Forschung heiß darüber diskutiert, welche Elemente der nordischen „Götterdämmerung" tatsächlich allein auf einheimischen Mythen beruhen, und welche Elemente einer Auseinandersetzung mit christlichen Lehren geschuldet sind. Man hat sogar die Frage gestellt, ob nicht die Vorstellung von einem Weltuntergang im Norden überhaupt erst unter dem Einfluss des Christentums eine signifikante Stellung innerhalb der Mythologie gewonnen hat. Man hat sich stets daran zu erinnern, dass selbst die ältesten erhaltenen Texte, die über die heidnische Mythologie des Nordens berichten, aus einem Umfeld stammen, das mit christlichen Vorstellungen zumindest immer wieder in Berührung kam. Die meisten Zeugnisse stammen sogar aus einer Zeit lange nach der Christianisierung Islands und Skandinaviens.

Wie auch immer diese Frage zu entscheiden sein mag, die mittelalterliche Mythologie des Nordens, so wie sie uns überliefert ist, lässt das Weltende und das Feuer Surts nicht grundlos über den Kosmos hereinbrechen. In der Schilderung Snorris geht der Götterdämmerung ein Mythos unmittelbar voran, der direkt auf den Weltuntergang hinleitet: der Mythos vom Mord an Balder dem Guten, der auf Anstiftung Lokis hin vom blinden Asen Höðr getötet wurde (→Ásbyrgi). Eine ähnliche Reihenfolge, die durchaus auch eine Kausalität implizieren dürfte, findet sich auch im Lied *Völuspá* im Codex Regius, dem „Königskodex" der Lieder-Edda. Der Titel dieses Lieds bedeutet „die Prophezeiung der Seherin", und was die Seherin in dieser Prophezeiung sieht, ist das Schicksal der Welt von ihrer Schöpfung bis zur ihrem Untergang – und sogar noch darüber hinaus. Die *Völuspá* präsentiert diese gewaltige kosmologische Schilderung dabei in Form eines Gesprächs zwischen Odin und einer Seherin: Odin nimmt sie in seinen Dienst, damit sie ihm den gesamten Schicksalsbogen der Welt schildert. Auch hier erscheint der Mord an Balder vor dem Weltuntergang: Die Aussage des Mythos mag sein, dass ein Mord innerhalb der eigenen Familie keine andere Konsequenz haben kann als einen Verfall, in dem die Welt sich schließlich selbst zerfleischt und in dem alles vernichtet wird. Das Eddalied *Völuspá* widmet dabei gerade der Schilderung dieses Untergangs einige Aufmerksamkeit. Dort heißt es über die Endzeit:

Laut bellt Garm   vor Gnipahellir,
die Fessel wird reißen,   und der Wolf rennen;

viel Kunde weiß sie,   noch weiter sehe ich die Zukunft voraus:
das Schicksal der Götter,   das mächtige, der Sieggötter.

Brüder werden kämpfen   und einander zu Mördern werden,
Vettern werden   Verwandte vernichten;
Hart ist es in der Welt,   große Hurerei,
Axtzeit, Schwertzeit,   Schilde werden gespalten,
Windzeit, Wolfszeit,   ehe die Welt einstürzt;
kein Mann wird   einen anderen schonen.

Míms Söhne spielen,   und das Schicksal entzündet sich
beim Klang des alten   Gjallarhorns;
laut bläst Heimdall,   das Horn ist in der Luft,
Odin spricht   mit Míms Haupt.

Die Esche Yggdrasill zittert   in voller Höhe,
es dröhnt der alte Baum,   und der Riese bricht frei;
sie haben alle Angst   auf den Straßen der Toten,
ehe ihn Surts   Verwandter verschlingt.
    Surts Verwandter = das Feuer.

Laut bellt nun Garm   vor Gnipahellir,
die Fessel wird reißen,   und der Wolf rennen;
viel Kunde weiß sie,   noch weiter sehe ich die Zukunft voraus:
das Schicksal der Götter,   das mächtige, der Sieggötter.

Hrymr kommt von Osten,   er hebt den Schild vor sich,
die Weltschlange windet sich   im Riesenzorn;
der Wurm schlägt die Wellen,   und der Adler lacht,
der Fahlschnabelige zerreißt Leichen,   Naglfar kommt los.
    Hrymr = ein Riese; Naglfar = das Schiff der Toten.

Ein Langschiff fährt von Osten,   Muspells Männer werden kommen,
über die See,   und Loki steuert;
des Ungeheuers Söhne fahren   mit dem Wolf alle,
mit ihnen ist Býleipts   Bruder unterwegs.
    Muspells Männer = die Feuerriesen; Býleipts Bruder = Loki.

Was ist mit den Asen, *was ist mit den Alben?*
Ganz Riesenheim brüllt, *die Asen sind in der Versammlung;*
die Zwerge stöhnen *vor Steintüren,*
die Weisen der Felswand — *wisst ihr noch weiter, und was?*

Surtr fährt von Süden *mit dem Unterholzfresser,*
von seinem Schwert scheint *die Sonne der Schlachtengötter;*
Felsenklippen stürzen ein, *und Trollweiber streifen umher,*
Männer betreten die Straße der Toten, *und der Himmel zerbricht.*
 Unterholzfresser = Feuer.

Da kommt Friggs *zweiter Kummer zustande,*
wenn Odin fährt, *um mit dem Wolf zu kämpfen,*
und Belis Töter, *der Helle, gegen Surtr;*
da wird Friggs *Freude fallen.*
 Belis Töter = Freyr.

Da kommt der mächtige *Sohn Siegvaters,*
Víðarr, um zu kämpfen *gegen das Schlachtfeldtier;*
er stößt dem Riesensohn *mit eigener Hand*
das Schwert ins Herz: *Da ist der Vater gerächt.*
 Siegvater = Odin; Schlachtfeldtier = der (Fenris-)Wolf.

Da kommt der berühmte *Sohn Hlóðyns:*
Odins Sohn geht, *um mit dem Wolf zu kämpfen;*
im Zorn erschlägt er *Midgards Wächter;*
alle Männer werden *die Heimat aufgeben;*
neun Schritte geht *der Sohn der Erde,*
erschöpft von der Natter fort, *ohne Furcht vor Schande.*
 Hlóðyns Sohn = Thor; Odins Sohn = Thor;
 Wolf = Untier = Midgardschlange;
 Midgards Wächter = die Midgardschlange;
 die Heimat = die Erde; Sohn der Erde = Thor.

Die Sonne wird schwarz, *die Erde sinkt ins Meer,*
vom Himmel verschwinden *die hellen Sterne;*
es wütet der Rauch *um den Lebensernährer;*
die hohen Flammen lecken *am Himmel selbst.*
 Lebensernährer = Feuer.

Laut bellt nun Garm vor Gnipahellir,
die Fessel wird reißen, und der Wolf rennen;
viel Kunde weiß sie, noch weiter sehe ich die Zukunft voraus:
das Schicksal der Götter, das mächtige, der Sieggötter.

So endet die Welt in einem Weltenbrand, der von eben dem Riesen entzündet wird, der dem Landnahmebuch zufolge in der Lavahöhle Surtshellir auf dem Hallmundarhraun seinen Wohnsitz haben soll. Lässt man das Auge über das gewaltige Lavafeld des Hallmundarhraun schweifen, so wird man schwerlich daran zweifeln, dass Surtshellir eine passende Wohnstatt für einen Feuerriesen darstellt – und es verwundert auch nicht, wenn sich die Nachbarn dieses Feuerriesen mit seiner Macht gut stellen wollten. Die Schilderung des Landnahmebuchs scheint zu implizieren, dass der Hof Þorvarðsstaðr, von dem Þorvaldr aufbrach, um Surtr seine Aufwartung zu machen, in der Nähe von Surtshellir lag; und wer nahe an einem solchen Nachbarn wohnt, mag schon allein durch diese Nähe leicht dazu inspiriert werden, ihn mit einem kunstvollen Lobpreis bei Laune zu halten. Der Nachbarschaft hat es nicht geschadet: Bis wenige Kilometer an das Hallmundarhraun heran ist das Tal der Hvítá noch heute besiedelt – und vielleicht ist es kein Zufall, dass kaum ein Hof der Höhle des Surtr näher liegt als „Thorvalds Hof", Þorvaldsstaðir im „Thorvaldstal" Þorvaldsdalur.

Der Weltbrand, den Surtr entfacht, wird übrigens nicht das endgültige Ende der Welt darstellen. Unmittelbar nachdem das Feuer alles verzehrt hat und die Schöpfung untergegangen ist, richtet sich der Blick der „Prophezeiung der Seherin" auf eine noch fernere Zukunft: Sie sieht die Erde wieder aus dem Wasser auftauchen, alles ist grün und der Adler jagt in einem Wasserfall Fische. Die Asen treffen sich wieder und finden ihre goldenen Spielbretter im Gras, mit denen sie sich vergnügt hatten, als die Welt noch jung war. Die Felder tragen von alleine Frucht, Balder kommt wieder zurück, die Gerechten wohnen in einer goldenen Halle, und ein gerechter Gott – welcher, wird nicht gesagt – tritt eine gerechte Herrschaft an. In der Zukunftsvision dieses Eddaliedes erscheint Surts Feuer somit letztlich als eine läuternde

Macht, und wie ein Phönix aus der Asche ersteht am Ende eine neue, reinere Welt aus den Ruinen der alten Ordnung.

Im Haus des Feuerriesen: die ewige Nacht von Surtshellir.

27. Borgarnes: Vom Gott der Krieger und Dichter*

Auf einer schmalen Halbinsel, die wie ein Dorn in den Borgarfjord hineinragt, liegt die kleine Stadt Borgarnes. Borgarnes ist heute ein Städtchen mit kaum zweitausend Einwohnern, das für das umliegende Land aber dennoch ein wichtiges Infrastrukturzentrum darstellt, da hier die Einkaufsmöglichkeiten der Region ebenso konzentriert sind wie die Einrichtungen des Bildungs- und Gesundheitswesens. Auch als Museumsstandort ist Borgarnes wichtig, befindet sich hier doch das Landnahmemuseum *Landnámssetur Íslands*: In zwei aufwendig gestalteten Ausstellungen werden den Besuchern dieses Museums die Geschichte der nordischen Landnahme in Island und die Saga von Egill Skallagrímsson nahegebracht, die *Egils saga Skallagrímssonar*, ein Werk des 13. Jahrhunderts.

Die *Egils saga* erzählt vom wechselhaften Leben des Skalden und Kriegers Egill Skallagrímsson, der dem Göttervater Odin besonders nahestand, nach dem frühen Tod seiner zwei Söhne aber fast an seinem Glauben verzweifelte und sich erst über der Abfassung des Klagegedichts *Sonatorrek* wieder mit seinem Gott versöhnte. Diese Saga gehört zu den berühmtesten Isländersagas, und einige ihrer Hauptschauplätze liegen in Borgarnes und am Borgarfjord. Der wichtigste – aber nicht der einzige – Handlungsschauplatz in Borgarnes selbst ist der Bestattungsplatz, an dem Egils Vater Skallagrímr nach seinem Tod in einem Hügel beigesetzt wurde. Als Egils Sohn Böðvarr in jungen Jahren auf See ertrank, bestattete Egill auch ihn in demselben Hügel, in dem schon sein Vater lag, und verlieh seinem Schmerz danach in seinem berühmtesten Werk dichterischen Ausdruck. Außerhalb von Borgarnes ist unter den Schauplätzen der *Egils saga* an erster Stelle Borg á Mýrum zu nennen, etwa zwei Kilometer Luftlinie nördlich von Borgarnes. Der erste Hof in Borg wurde von Egils Vater Skallagrímr gegründet, und später

---

* Ferðakort-Straßenatlas 2 J9.

Borgarnes und der Borgarfjord.

lebte hier Egill selbst. (Auch Snorri Sturluson verbrachte übrigens im frühen 13. Jahrhundert einige Jahre in Borg.)
 Die Stellung, die die *Egils saga* in der Region noch heute hat, wird wohl am deutlichsten in den vielen Denkmälern fassbar, die in und um Borgarnes an den Schauplätzen der *Egils saga* errichtet worden sind. Einige der wichtigsten Monumente in Borgarnes selbst finden sich im kleinen Park Skallagrímsgarður („Skallagríms-Garten"). Ein wuchtiger Kegel aus Trockensteinmauerwerk, ein rekonstruierter Grabhügel und ein großformatiges Bronzerelief erinnern hier an den Tod von Egils Sohn Böðvarr und an seine Bestattung im Grabhügel von Egils Vater Skallagrímr. Das monumentalste Denkmal im Umland von Borgarnes ist jedoch wiederum in Borg á Mýrum zu finden, wo es unmittelbar vor der kleinen Kirche aus dem 19. Jahrhundert steht: die große, weitgehend abstrakte Skulptur *Sonatorrek* („Der Söhne Verlust") des isländischen Bildhauers Ásmundur Sveinsson, eine Umsetzung von Egils gleichnamigem Gedicht in Bronze. Von kulturgeschichtlichem Interesse ist in Borg übrigens auch das Altarbild in der alten Holzkirche: Dieses Gemälde stammt von W.G. Collingwood, einem britischen Maler, Altertumsforscher und Übersetzer aus dem Altnordischen, der im Jahr 1897 auf der Suche nach den Handlungsschauplätzen der Sagas Island durchreiste und diese Reise wenig später zur Grundlage eines reich illustrierten Islandbuchs machte (*A Pilgrimage to the Saga-Steads of Iceland*, 1899).

Die heutige Kirche in Borg á Mýrum, errichtet im Jahr 1880. Hier befand sich Egils Hof und hier dichtete er seiner Saga zufolge das Gedicht über den Tod seiner Söhne.

Bereits mehrfach ist nun schon Egils Gedicht *Sonatorrek* erwähnt worden. Der Titel dieses Skaldengedichts bedeutet „der Söhne Verlust", und der Saga zufolge wurde es von Egill gedichtet, als Egils Sohn Böðvarr bei einem Unwetter auf See ums Leben kam; ein zweiter Sohn Egils war kurz zuvor schon an einer Krankheit gestorben. Die *Egils saga* erzählt, dass Egill selbst den Leichnam seines Sohnes Böðvarr an der Küste fand, ihn im Grabhügel seines Vaters bestattete und sich danach auf seinem Hof Borg in seine Kammer zurückzog, wo er sich weigerte, mit jemandem zu sprechen, zu essen oder zu trinken. Erst das Einschreiten seiner Tochter Þorgerðr kann Egill davon abbringen, sich aus Trauer zu Tode zu hungern. Sie überredet Egill, seinen toten Sohn mit einem Gedicht zu ehren. Obwohl Egill zunächst einwendet, jetzt nicht dichten zu können, gelingt ihm schließlich ein Klagegedicht, und in der Arbeit an diesem Gedicht bewältigt er seinen Schmerz. Als eines der vergleichsweise wenigen erhaltenen Skaldengedichte aus der vorchristlichen Zeit sei dieses Gedicht hier vollständig wiedergegeben, auch wenn der genaue Wortlaut des Gedichts teilweise nur ungenau überliefert ist. Von Interesse ist dieses Gedicht einerseits als der persönliche Ausdruck eines Menschen der spätheidnischen

Zeit, andererseits illustriert es aber auch die Bedeutung der Mythologie für die skaldische Dichtung; denn immer wieder verwendet Egill dichterische Umschreibungen, die auf vorchristliche Mythen anspielen. Das Gedicht lautet folgendermaßen:

> *Sehr schwer ist es für mich,*
> *die Zunge zu bewegen,*
> *oder zum Himmel zu erheben*
> *die Waage der Dichtung;*
> *nicht ist die Hoffnung jetzt groß*
> *auf Odins Diebstahl,*
> *noch ist er leicht zu ziehen*
> *aus dem Versteck des Geistes.*
>
> Odins Diebstahl = die Dichtung.

> *Nicht ist es einfach*
> *— da schweres*
> *Schluchzen waltet —*
> *aus des Geistes Ort*
> *den Freudenfund*
> *von Friggs Verwandten*
> *fließen zu lassen, einst gebracht*
> *aus Riesenheim.*

Geistes Ort = Kopf. Freudenfund von Friggs Verwandten = der mythische Skaldenmet, dessen Genuss die Gabe der Dichtkunst verleiht. Der Skaldenmet ist „aus Riesenheim gebracht", weil er von Odin aus dem Land der Riesen gestohlen wurde.

> ...
> *Es brüllen des Riesen*
> *Nackenwunden*
> *nieder vor des Zwergs*
> *Bootshaustoren.*

Nackenwunden des Riesen ~ das aus den Wunden des Riesen fließende Blut = die See (das Meer wurde bei der Weltschöpfung aus dem Blut eines Riesen geschaffen und kann daher als das „Blut des Riesen" umschrieben werden); die Bootshaustore eines Zwergs = die Klippen (Zwerge wohnen in Felsen und Bergen; Felswände sind daher ihre Hauseingänge, und Felsen am Meer sind die Zugänge zu ihren Bootshäusern); die ganze Halbstrophe bedeutet entsprechend: Das Meer brandet gegen die Klippen.

Da mein Geschlecht
vor seinem Ende steht,
totgeschlagen
wie Ahornbäume im Wald,
ist es kein fröhlicher Mann,
der die Leichenglieder
eines Verwandten
aus dem Haus trägt.

Doch werde ich
meiner Mutter Tod
und meines Vaters Fall
zuerst berichten;
das trage ich heraus
aus dem Tempel der Rede:
das Holz des Lobpreises,
mit Sprache belaubt.

      Tempel der Rede = Mund.
     Holz des Lobpreises = Preisgedicht.

Grimm war für mich die Bresche,
die die Welle schlug
in meines Vaters
Familienverband;
ich weis leer
und offen stehen,
die Lücke, die mein Sohn hinterlässt,
die mir die See abgewonnen hat.

Sehr grob hat mich
Ran geschüttelt,
ich bin allzu arm
an lieben Freunden;
die See hat die Bande
meiner Familie zerrissen,
einen festen Strang
meiner selbst.

 Ran = die Meerriesin, die die Ertrunkenen in ihrem Netz fängt
und in ihrer Halle aufnimmt. Ran ist die Frau des Meerriesen Ägir
        (→Fährpassage).

Weißt du, wenn ich in diesem Streit
mit dem Schwert Rache nehmen würde,
wären des Bierbrauers
Tage gezählt;
wenn ich kämpfen könnte
mit dem Bruder des Wogen-Peitschers,
würde ich vorgehen gegen
Ägirs Frau.

    Bierbrauer = der Meerriese Ägir, der die See beherrscht und
        die Götter mitunter zu einem großen Biergelage einlädt.
    Wogen-Peitscher = Wind; Bruder des Winds = Ägir.
    Ägirs Frau = die Meerriesin Ran, die die Ertrunkenen in
                Empfang nimmt.

Aber ich schien mir nicht
die Kraft zu haben
um den Streit weiter zu verfolgen
gegen den Mörder meines Sohns;
denn allen Leuten
steht vor Augen
eines alten Mannes
Machtlosigkeit.

Die See hat mir
viel geraubt;
grausam ist der Fall
eines Verwandten zu berichten,
da nun meiner
Familie Schild
tot sich gewandt hat
zum Pfad der Freuden.

Der Schild der Familie = der Beschützer der Familie = Egils Sohn.
                Der Pfad der Freuden = das Totenreich(?).

*Das weiß ich selbst,
dass in meinem Sohne
nicht der Stoff eines schlechten Mannes
herangewachsen wäre,
wenn dieser Schild-Baum
reifen gekonnt hätte,
bis er des Kriegsgottes
Hände genommen hätte.*

Schild-Baum = Mann, Krieger. Die idiomatische Bedeutung der letzten beiden Verse ist unsicher: Der Kriegsgott = Odin; die Hände Odins nehmen =? nach Walhall eingehen =? im Kampf sterben.

*Fast immer beherzigte er
das, was der Vater sprach,
obwohl alle Leute
etwas anderes sagten;
...
und meine Stärke
unterstützte er am meisten.*

*Oft kommt mir
meine Bruderlosigkeit
in den günstigen Wind
der Mond-Bären;
ich denke darüber nach,
wenn der Kampf zunimmt,
ich betrachte es mir genau
und grüble darüber:*

Mond-Bär = Riese; Wind der Riesen = Gedanke, Sinn.

*Welcher andere
mutige Mann
mag mir zur Seite stehn
gegen plötzlichen Angriff?
Oft bedarf ich dessen
gegen unverschämte Menschen;
ich werde vorsichtig,
da die Freunde weniger werden.*

Sehr schwer zu finden
ist einer, dem wir trauen könnten,
im ganzen Volk
von Odins Galgen;
denn ein schlechter
Verwandtenzerstörer
gibt des Bruders Leichnam
für goldene Ringe.

Odins Galgen = der Weltbaum Yggdrasill; das ganze Volk Yggdrasils = alle Bewohner der Welt.
Der Verkauf des „toten Bruders" für Geld (=goldene Ringe) bezieht sich auf die Annahme von Wergeld anstelle der Rächung des Toten. D.h.: „wer für einen Verwandten Blutgeld annimmt, anstatt ihn zu rächen, richtet die Familie zugrunde".

Ich finde das oft,
wenn man um Geld bittet,
...

Und das sagt man,
dass niemand für einen Sohn
eine Entschädigung bekomme,
außer wenn er selbst
einen solchen Nachkommen großzieht,
der ein Mann sei,
für den andern geboren,
an des Bruders Statt.

Ich mag nicht
die Gesellschaft der Leute
auch wenn jeder
sich einig ist;
mein Sohn ist in Odins
Wohnsitz gekommen,
der Sohn meiner Frau,
um einen Besuch abzustatten.

Odins Wohnsitz = Walhall, wo die gefallenen Krieger ein glückliches Dasein führen (→Hringsdalur).

Aber der König
der Maischen-Marsch
steht mir entgegen
mit festem Sinn;
nicht kann ich
den Grund der Maske,
den Wagen des Wissens
aufrecht halten,

Marsch der Maische = Bier; König des Biers = der Meerriese Ägir (da Ägir für die Götter Bier braut; zugleich mag hier das Bild eines sich auf See ‚brauenden' Sturms mit hineinspielen). Grund der Maske = Gesicht. Wagen des Wissens = Kopf.

seit meinen Sohn
das Feuer der Krankheit,
das schadenfrohe,
aus der Welt nahm;
von ihm weis ich,
dass er vor Tadel
sich hütete, vor Makel
sich vorsah.

Daran erinnere ich mich noch,
als der Freund der Götländer
in die Höhe hob
ins Land der Götter
die Esche der Familie,
den, der mir entsprang
und dem Familienzweig
meiner Frau.

Freund der Götländer (d.h. der Bewohner von Götland in Südschweden) = Odin.
Esche der Familie = Spross der Familie, Sohn.
„ins Land der Götter ... hob": Egill spricht davon, dass Odin seinen verstorbenen Sohn in seiner Halle Walhall aufgenommen hat.

Ich hatte es gut
mit dem Herrn des Speers,
ich wurde zuversichtlich,
auf ihn zu vertrauen,
bis die Freundschaft
des Vertrauten des Wagens
der Siegrichter
mit mir brach.

    Herr des Speers = Odin (dessen Waffe der Speer Gungnir ist).
    Der Vertraute des Wagens = Odin.
Siegrichter = Odin (der über den Sieg in der Schlacht entscheidet).

Ich opfere nicht deshalb
dem Bruder Vílis,
dem Schutz der Götter,
weil es mich danach verlangen würde;
doch hat Míms Freund
mir Wiedergutmachung
für das Leid gegeben,
wenn ich das Bessere bedenke.

    Bruder Vílis = Odin.
    Schutz der Götter = Odin.
    Míms Freund = Odin.

Der Gegner des Wolfs,
der Kampfgewohnte,
gab mir eine Gabe,
frei von Makel,
und den Geist,
mit dem ich mir
offene Feinde
zu Heimlichtuern machte.

    Gegner des Wolfs = Odin (der in der letzten Schlacht am Ende der Welt gegen den Fenriswolf kämpft).
    Odins makellose Gabe = die Dichtkunst.

> *Jetzt ist es schwierig für mich:*
> *Die enge Schwester*
> *von Odins Gegner*
> *steht auf der Landzunge;*
> *doch ich werde frohen Mutes,*
> *mit gutem Willen*
> *und ohne Trauer*
> *auf den Tod warten.*

Odins Gegner = der Fenriswolf; die Schwester des Fenriswolfs = die Totengöttin Hel.

Egill begann sich zu erholen, als er mit der Abfassung des Gedichts an ein Ende kam, und als das Gedicht abgeschlossen war, da trug er es Ásgerðr und Þorgerðr und seinem Gesinde vor; dann erhob er sich aus dem Bett und setzte sich auf den Hochsitz. Dieses Gedicht nannte er Sonatorrek, „Der Söhne Verlust". Dann ließ Egill seine Söhne dem alten Brauch entsprechend durch ein Bankett ehren.

Eines der zentralen Motive, die Egill in *Sonatorrek* behandelt, sind die sozialen Folgen, die der Tod seiner Söhne nach sich zieht: Mit ihrem Verlust hat er als alter Mann viel von seinem Rückhalt in der Gesellschaft verloren. Ihre Kraft war sein und seiner Familie Schutz, und ohne sie sieht er einer düsteren Zukunft entgegen. Egill zeichnet hier das Bild einer Gesellschaft, deren Ordnung ganz wesentlich auf dem Familienverband beruht. Wer nicht Teil einer starken Familie ist, der ist ein Niemand und seinen Feinden hilflos ausgeliefert.

Das zweite bestimmende Element von Egils Klagegedicht ist sein Verhältnis zur Götterwelt. Dem Meerriesen Ägir und seiner Frau Ran erklärt er seine Feindschaft, nachdem sie ihm seinen Sohn geraubt haben (→Fährpassage); zu gerne würde er an ihnen Rache nehmen, doch resigniert muss er eingestehen, dass sein Schwert dem Meer nichts anhaben kann. Ganz ambivalent hingegen ist die Art, wie er sein Verhältnis zum Allvater Odin beschreibt. Einerseits fühlt er sich von Odin, den er für seinen Freund gehalten hatte, verraten. Zugleich aber muss er auch eingestehen, dass ihm Odin so reiche intellektuelle Gaben geschenkt hat, dass er dem Gott insgesamt immer noch zu Dank verpflichtet ist: Von ihm hat er den scharfen Verstand, der es ihm sein Leben lang erlaubt hat, seiner Feinde Herr zu werden, und von ihm hat er die große Gabe der Dichtkunst. Zudem drückt Egill die Hoffnung aus, dass Odin seine Söhne zu sich ins Land der Götter geholt und bei sich aufgenommen hat, in seiner Halle Walhall, wo die toten Krieger bis zum Ende der Welt ein ewiges Fest feiern (→Hringsdalur).

Heute ist Odin vor allem als ein Gott des Kriegs und der Krieger bekannt, und dieser Aspekt ist für Odin tatsächlich von zentraler Bedeutung: Er ist der Herr der Totenhalle Walhall, in der sich das Paradies der gefallenen Krieger befindet, und dort sitzt er auf seinem Hochsitz, mit seinen zwei Wölfen zu beiden Seiten und dem Speer Gungnir in der Hand. Am Ende der Welt wird er mit seinen Kriegern aus Walhall ausziehen, um an der Spitze des Heers der Götter und Einherjer gegen die Streitmacht der Riesen und Ungeheuer in die letzte Schlacht zu reiten (→Surtshellir).

Zugleich ist Odin jedoch auch der Gott der Weisheit und Dichtkunst. Er ist einäugig, weil er eines seiner Augen als ein Pfand in der Quelle Mímirs niederlegte, um aus dieser Quelle Weisheit trinken zu dürfen (→Raufarhöfn, S. 69). Er zog zu den Riesen und stahl den Skaldenmet, dessen Genuss die Dichtkunst verleiht und der aus dem vergorenen Blut des weisesten Mannes der Welt gebraut worden war, den die Götter geschaffen und zwei Zwerge ermordet hatten (→Dverghamrar). Auf seinen Schultern sitzen die beiden Raben Huginn und Muninn, die er jeden Tag in die Welt aussendet, damit sie ihm von allem Nachricht bringen, was sich dort ereignet. Im Eddalied *Grímnismál* offenbart er vielfältiges mythisches Wissen, und im Eddalied *Vafþrúðnismál* besiegt er einen weisen Riesen in einem Wissenswettstreit. Und insbesondere: Er wurde sich selbst geopfert und durchlief so eine Initiation, die ihm eine Schau kosmischer Weisheit ermöglichte; im Eddalied *Hávamál*, den „Sprüchen des Hohen", sagt er von sich selbst:

Ich weiß, dass ich hing   am windigen Baum,
* neun ganze Nächte,*
mit dem Speer verwundet,   und Odin geweiht,
* selbst mir selber,*

an dem Baum, von dem keiner weiß,
aus welchen Wurzeln er wächst.

Mit einem Brotlaib erfrischen sie mich nicht, noch mit einem
Trinkhorn;
ich schaute nieder;
ich nahm die Runen auf, schreiend nahm ich sie,
dann fiel ich zurück.

Neun machtvolle Sprüche empfing ich von dem berühmten Sohn
Bölþors, des Vaters der Bestla,
und ich bekam einen Trunk von dem teuren Met,
ausgeschenkt aus Óðrerir.

> Bölþorr = ein Riese; Bestla = Odins Mutter.
> (Ein solcher Onkel Odins ist sonst unbekannt.)
> Der teure Met = der Skaldenmet.

Da begann ich zu gedeihen und weise zu werden
und zu wachsen und aufzublühen;
Wort führte mir von Wort zu Wort,
Werk führte mir von Werk zu Werk.

Diese Strophen beschreiben, wie Odin mit einem Speer verwundet, an einem Baum gehängt und so sich selbst geopfert wird. Parallelen anderswo in der altnordischen Literatur zeigen, dass sowohl die Verwundung mit einem Speer als auch der Tod durch Erhängen spezifisch mit Odin und Opfern für Odin assoziiert waren. Zwar gibt es keine Belege dafür, dass ihm in Island tatsächlich jemals Menschen geopfert worden wären, aber in Legende und Heldensage war das Menschenopfer an Odin durch Erhängen und Erstechen mit dem Speer ein wichtiges Motiv. Selbst ein König kann dem Götterkönig und Gott der Könige in der Heldensage auf diese Weise geopfert werden. In den „Sprüchen des Hohen" jedoch wird Odin selbst dem Odin geopfert, und er hängt dabei nicht an irgendeinem Baum, sondern an einem Baum, „dessen Wurzeln keiner kennt", das heißt: an der Weltesche Yggdrasill. Dass dieses Motiv alt ist, zeigt schon der Name „Yggdrasill": „Yggdrasill" bedeutet „Pferd des Yggr". Dabei ist „Yggr" ein gut bezeugter Name Odins und „Pferd des

Gehenkten" ist eine etablierte poetische Umschreibung für den Galgen; „Yggdrasill" ist also das „Pferd Odins" im Sinne von „der Galgen Odins". Die Weltesche ist in ihrer Essenz der Baum, an dem der höchste Gott sich selbst geopfert wurde. Das Mysterium dieses Selbstopfers führt jedoch nicht zum Ende seiner Stellung als oberster Gott, sondern zu einem inneren Wachstum: Odin nimmt die Runen auf, empfängt machtvolle (magische?) Sprüche, wird weise und beginnt, große Werke zu verrichten.

In der Geschichte der Forschung hat der Mythos von Odins Selbstopfer zu einer hitzigen Debatte darüber geführt, wie diese Erzählung zu deuten sei. Eine Extremposition sah in Odins Selbstopfer eine spätheidnische Imitation des Kreuzestods Jesu; der Unterschied zwischen Kreuz und Baum lässt sich dabei dadurch überbrücken, dass in der christlichen Symbolik das Kreuz mit dem Baum des Lebens im Paradies gleichgesetzt werden kann. Unüberwindbar scheint jedoch der Unterschied in der Funktion von Odins Selbstopfer und der Kreuzigung Jesu: Wo auf der einen Seite individuelles Wachstum und der Erwerb von Kenntnissen und Macht steht, steht auf der anderen die Erlösung von Sünden, was dem Norden als Konzept ganz fremd war. Ein anderer Deutungsansatz von Odins Selbstopfer hat zur Interpretation dieses Mythos daher nicht nach Süden geblickt, sondern weit in den Norden, zu den Samen und den arktischen Völkern: Dort hat man auf schamanistische Rituale hingewiesen, in denen der Schamane mit Hilfe ekstatischer Techniken, die man mit Odins Selbstopfer verglichen hat, esoterisches Wissen erwirbt. Odins Selbstopfer würde so zur schamanistischen Initiation, Odin selbst zum göttlichen Schamanen.

Wie dem auch sei, in jedem Fall wird aus Mythen wie denen von der Quelle Mímirs, vom Diebstahl des Skaldenmets und von Odins Selbstopfer überdeutlich, dass Odin eben nicht nur der Gott der Krieger, sondern gerade auch der Gott der Weisen und Dichter und sogar der ekstatischen Inspiration ist. Er vereint damit in sich zwei Aspekte, mit denen Männer wie Egill – selbst halb Krieger und halb Dichter – sich unmittelbar identifizieren konnten: Sie stehen für eine intellektuelle und Machtelite, die sich weniger über ihren Erfolg in der Landwirtschaft als über ihre kriegerischen Taten und ihre literarischen Leistungen definiert.

In Anbetracht der zentralen Stellung, die Odin als Göttervater, Götterkönig und Gott der Könige in der nordischen Götterwelt innehat, tritt seine Gemahlin Frigg in den Mythen erstaunlich in den Hintergrund. Snorri Sturluson sagt von Frigg in seiner Prosa-Edda, dass sie die höchste der Göttinnen sei. In dem, was von der nordischen Mythologie auf uns gekommen ist, wird diese Aussage jedoch schon dadurch untergraben, dass Snorri die Rolle der höchsten Göttin an anderer Stelle der Göttin Freyja zuschreibt, die im späten *Sörla þáttr* obendrein als die Geliebte Odins dargestellt wird (→Flatey). Auch in den mythischen Erzählungen tritt Frigg auffallend wenig hervor. Ihre wichtigste Rolle spielt sie im Mythos von Balders Tod; dort nimmt sie (fast) allen Dingen Eide ab, Balder keinen Schaden zuzufügen, und nach Balders Tod schickt sie Hermóðr in die Unterwelt, um die Totengöttin Hel um die Freilassung Balders zu bitten (→Ásbyrgi). Eine Art ehelicher Auseinandersetzung zwischen Odin und Frigg setzt ferner die Handlung des Eddaliedes *Grímnismál* in Gang, und die *Ynglinga saga* in Snorris *Heimskringla* (→Reykholt) berichtet von einem Vorfall, als Odin für längere Zeit abwesend war und seine Brüder sowohl seine Herrschaft und sein Eigentum als auch seine Frau Frigg übernahmen. Über diese wenigen Mythen hinaus taucht Frigg in der nordischen Mythologie kaum als Handlungsträgerin auf. Das auffallende Schweigen der Quellen über die Gemahlin des Götterkönigs dürfte jedoch weitgehend auf den Zufällen der Überlieferung beruhen. Denn obwohl aus dem südgermanischen Bereich deutlich weniger Material zur Mythologie erhalten ist als aus dem Norden, spielt Frigg dort vergleichsweise eine sehr viel größere Rolle als in der erhaltenen skandinavischen und isländischen Mythologie. Die religiöse Bedeutung Friggs dürfte einer Götterkönigin einst durchaus entsprochen haben; nur lässt uns die nordische Überlieferung hier im Stich.

28. Reykjavík: Von Landnahme, Handschriften und Götterstraßen*

Die Region um Reykjavík, die Hauptstadt Islands und als solche die nördlichste Hauptstadt der Welt, ist heute mit weitem Abstand der am dichtesten besiedelte Teil des Landes. Allein in der Stadt Reykjavík im engeren Sinne leben etwa 120.000 Menschen, und im Großraum von Reykjavík und den angrenzenden Gemeinden sind es gar 200.000 – fast zwei Drittel der Gesamtbevölkerung Islands, die im Jahr 2013 bei etwa 320.000 Menschen lag.

Auch die Region von Reykjavík wurde zum ersten Mal während der isländischen Landnahme im Frühmittelalter besiedelt. Diese früheste Besiedlung ist in Reykjavík nicht nur literarisch, sondern auch archäologisch fassbar. Im Jahr 2001 wurden bei archäologischen Ausgrabungen in der Aðalstræti im Stadtzentrum von Reykjavík ein Langhaus des 10. Jahrhunderts und ein Abschnitt einer Mauer aus den Jahren um 871 n.Chr. gefunden; diese Reste stammen damit unmittelbar aus der Zeit, in die traditionell der Beginn der nordischen Landnahme in Island datiert wird. Die ausgegrabenen Gebäude aus der Landnahmezeit wurden an Ort und Stelle konserviert und bilden heute den Kern des Museums *Landnámssýningin / The Settlement Exhibition*.

Wie im Fall von →Akureyri, wird auch die erste Landnahme in Reykjavík vom Landnahmebuch mit einem Orakelbescheid verbunden. Der erste Landnehmer in Reykjavík – und damit der erste Siedler überhaupt, der sich in Island fest niederließ – soll ein gewisser Ingólfr Arnarson gewesen sein. Ingólfr machte sich zunächst auf eine kürzere Erkundungsreise ins neuentdeckte Island, um sich von diesem Land selbst ein Bild zu formen; danach kehrte er nach Skandinavien zurück. Im folgenden Winter veranstaltete er ein großes Opferfest, um sein Schicksal zu erkunden, und während dieses Opferfests wurde ihm vom Orakel mitgeteilt, dass seine Zukunft in Island liege. (Leider enthält der Bericht des Landnahmebuchs keinerlei Aussagen darüber, wie genau

---

* Ferðakort-Straßenatlas 1 J11.

Altstadtidyll in Reykjavík.

eine solche Orakelbefragung ablief.) Ingólfr folgte dem Orakelspruch und machte sich im folgenden Sommer zusammen mit seinem glücklosen Ziehbruder Leifr nach Island auf; die beiden Männer trennten sich aber nach ihrer Ankunft in Island, und Leifs Geschichte wird daher anderswo erzählt (→Vestmannaeyjar). Als Island in Sicht kam, warf Ingólfr seine Hochsitzpfeiler über Bord und erklärte, dass er dort siedeln würde, wo diese Pfeiler an Land trieben. Dies geschah in Reykjavík, und dort ließ Ingólfr sich nieder. Die

Im Hafen von Reykjavík.

Reste des Gehöfts, die heute in der Aðalstræti zu sehen sind, könnten durchaus zu Ingólfs Hof und dessen Nachfolgebauten gehört haben.

Wer an der frühen isländischen Religionsgeschichte interessiert ist, sollte auch auf keinen Fall auf einen Besuch im isländischen Nationalmuseum (*Þjóðminjasafn Íslands*) verzichten. Zu den Höhepunkten der Dauerausstellung zählt eine große Zahl von wikingerzeitlichen Funden, einschließlich rekonstruierter vorchristlicher Gräber und einer kleinen Bronzestatuette aus den Jahren um 1000 n.Chr., die den Gott Thor darstellen könnte. Auch der Geschichte der Zauberei in Island ist ein eigener Ausstellungsabschnitt gewidmet.

Eine weitere Ausstellung, die man als historisch interessierter Reisender nicht überspringen sollte, ist die Handschriftenausstellung im „Kulturhaus" (*Þjóðmenningarhúsið*). Unter den vielen dort ausgestellten wertvollen Handschriften sind für die nordische Mythologie nicht zuletzt zwei von zentraler Bedeutung: das „Königsbuch" (*Codex Regius*) der Lieder-Edda und das „Königsbuch" (*Codex Regius*) der Prosa-Edda des Snorri Sturluson. Mit diesen beiden Handschriften beherbergt Reykjavík die zentralsten Textzeugen für die zwei wichtigsten Quellentexte zur nordischen Mythologie überhaupt (→Oddi; →Reykholt).

Spaziert man durch die Straßen von Reykjavík, so mag man übrigens darauf stoßen, dass südwestlich der großen Hallgrímskirkja einige Straßen die Namen von Göttern tragen: die „Njörd-Straße" Njarðargata ist nach dem Meeresgott Njörd benannt (→Fährpassage); der „Loki-Steig" Lokastígur nach dem Gott Loki (→Ásbyrgi); die „Thors-Straße" Þórsgata nach dem Donnergott und Riesenbekämpfer Thor (→Fährpassage; →Þórsmörk; u.a.). Die „Freyja-Straße" Freyjugata hat ihren Namen von der Liebesgöttin Freyja (→Flatey). Die „Balder-Straße" Baldursgata trägt den Gott Balder im Namen, der auf Anstiften Lokis hin ermordet wird (→Ásbyrgi). Die „Tyr-Straße" Týsgata nimmt auf den Gott Tyr Bezug, der in den erhaltenen Mythen nicht sehr stark hervortritt (→Fährpassage; →Surtshellir). Seine wichtigste Rolle in den Fragmenten der nordischen Mythologie, die auf uns gekommen sind, spielt er bei der Fesselung des

Fenriswolfs, bei der er seine rechte Hand verliert; dieses Opfer führt jedoch dazu, dass die Gefahr durch den Fenriswolf zumindest bis zur Götterdämmerung gebannt ist. Die „Bragi-Straße" Bragagata ist nach dem legendären ersten Skalden Bragi dem Alten benannt, der später unter die Götter aufgenommen und zu einem Gott der Dichtung erhoben wurde. Die „Odins-Straße" Óðinsgata, die nach dem Allvater, Kriegsgott und Dichtergott Odin benannt ist (→Borgarnes; u.ö.), bildet im Südwesten den Abschluss des Bezirks der Götterstraßen. In einem anderen Teil Reykjavíks befindet sich die „Ägir-Straße" Ægisgata, die nach dem Meerriesen Ägir benannt ist und passenderweise auf den Hafen zuläuft, wo sie auf eine breite Hafenmole hinausführt (→Fährpassage). In der Nähe findet sich auch die „Ran-Straße" Ránargata; da Ägirs Frau Ran die Ertrunkenen in ihrer Halle unter dem Meer aufnimmt (→Fährpassage), hat man ihr jedoch eine Straße zugewiesen, die sich zwar mit der Straße ihres Ehemanns Ägir kreuzt, die aber einige Querstraßen vom Hafen entfernt verläuft. Wer möchte schon am Hafenbecken an die Totengöttin des Meeres erinnert werden?

Reykjavík von der Insel Viðey aus gesehen.

29. Þingvellir: Von der Volksversammlung des Jahres 999/1000*

Der Nationalpark Þingvellir liegt etwa vierzig Kilometer östlich von Reykjavík und ist von dort über die Ringstraße und die Straße 36 problemlos zu erreichen. Nähert man sich dem Kern des Nationalparks, wo sich die historischen Stätten befinden, von Westen her, dann bietet es sich an, das Auto auf dem Parkplatz beim Besucherzentrum an der Straße 36 zurückzulassen. Dieser Parkplatz liegt oberhalb der Klippen der „Allmännerschlucht" Almannagjá, und sein Aussichtspunkt eröffnet einen weiten Blick über das historische Landschaftsensemble von Þingvellir. Von dort folgt man dann einem gut ausgebauten Fußweg in die Almannagjá hinab. Diese in grob nord-südlicher Richtung verlaufende Schlucht wird auf ihrer Westseite von senkrechten Klippen begrenzt, während sie sich auf ihrer Ostseite zur Ebene hin öffnet. Das Ensemble von Klippen, Ebene und dem dazwischenliegenden Hang bildete von etwa 930 bis zum Jahr 1798 die Bühne für die isländische Volksversammlung; „Þingvellir" bedeutet nichts anderes als „Felder der Volksversammlung (*þing*)". Die Funktion des Parlaments einer unabhängigen Republik erfüllte die Volksversammlung in Þingvellir allerdings nur bis in die 1260er Jahre; denn in der zweiten Hälfte des 13. Jahrhunderts hatten innere Streitigkeiten in Island ein solches Ausmaß erreicht, dass die Isländer den Herrschaftsansprüchen des norwegischen Königs schließlich nichts mehr entgegenzusetzen hatten und sich seiner Oberhoheit unterwarfen.

Folgt man dem Fußpfad, der vom Besucherparkplatz in die Almannagjá-Schlucht hinabführt, so erreicht man nach knapp 600 Metern eine hölzerne Tribüne und einen Fahnenmast, an dem die isländische Fahne weht. Die Tribüne befindet sich an dem Ort, an dem sich zur Zeit der isländischen Republik vermutlich der „Gesetzesfelsen" befand. Der Gesetzesfelsen war das Herz der Volksversammlung zur Zeit

---

* Ferðakort-Straßenatlas 1 L10.

Tribüne und Fahnenmast bezeichnen den Ort, an dem sich zur Zeit des isländischen Freistaats wohl der Lögberg befand, der „Gesetzesfelsen". Von diesem Felsen herab soll Þorgeirr die Rede gehalten haben, in der er die Konversion Islands zum Christentum verkündete.

der Republik: Hier wurden die zentralsten Anliegen der Versammlung diskutiert, und hier war vor allem auch die Stelle, wo der „Gesetzessprecher" seines Amtes waltete. Der Gesetzessprecher war in gewissem Sinne das lebende juristische Gedächtnis der Republik, eine Rechtsbibliothek in einer Person; denn sein Amt bestand darin, dass er binnen drei Jahren alle isländischen Gesetze öffentlich vortragen musste, jedes Jahr ein Drittel. Diese Aufgabe des Gesetzessprechers wurde für so wichtig erachtet, dass sein Amt das einzige Amt der Republik war, für dessen Ausübung seinem jeweiligen Inhaber eine Entlohnung zustand.

Nach der Eingliederung Islands in das Königreich Norwegen in den 1260er Jahren wurden die isländischen Gesetze bald durch die Gesetze Norwegens ersetzt, und der Gesetzesfelsen verlor so schließlich seine Funktion. Er fiel mit der Zeit dem Vergessen anheim, und dass er genau dort lag, wo sich heute Tribüne und Fahnenmast befinden, ist nicht mehr als eine Vermutung. Sicherer ist hingegen, dass es sich bei den Ruinen kleiner Buden, die sich um den (wahrscheinlichen) Gesetzesfelsen und anderswo in Þingvellir verstreut finden, um Gebäude handelte, die zur Zeit der Volksversammlung als temporäre Unterkünfte der angereisten Versammlungsteilnehmer dienten. Solche kleine Buden, die halb als Hütten und halb als Zelte konstruiert waren, waren fester Besitz einzelner wichtiger Isländer und wurden jedes Jahr für die Versammlung wieder in Dienst genommen. Ein Kuriosum hierzu ist über Snorri überliefert: Er gab seiner Thing-Bude den Namen „Walhall". Dies mag vielleicht von seinem Selbstbewusstsein als Politiker und Mythograph zeugen, in Anbetracht der winzigen Dimensionen solcher Buden spiegelt es aber wohl auch eine gewisse Selbstironie wieder. Wiederaufgegriffen wurde diese Snorri'sche Tradition vom historischen Luxushotel Valhöll, das sich bis vor wenigen Jahren etwa 400 Meter südlich des Gesetzesfelsens befand; im Jahr 2009 brannte das Gebäude nach einer Dienstzeit von mehr als hundert Jahren jedoch leider bis auf die Grundmauern nieder.

Þingvellir ist in mehrfacher Hinsicht von religionsgeschichtlichem Interesse. So befindet sich unmittelbar östlich der kleinen Kirche der isländische Nationalfriedhof, wo u.a. der Dichter Einar Benediktsson begraben liegt, dessen Werk uns in →Ásbyrgi begegnet war. An einen deutlich dunkleren Aspekt der isländischen – und insgesamt der europäischen – Geschichte gemahnt der Name Brennugjá, den eine breite Felsspalte etwa 300 Meter ostnordöstlich des Gesetzesfelsens trägt: In dieser „Verbrennungsschlucht" brannten während der Hexenverfolgungen des 17. Jahrhunderts die Scheiterhaufen von zumindest neun Opfern des Hexenwahns.

Seine wichtigste Rolle für die Religionsgeschichte des Nordens spielte Þingvellir jedoch im Jahr 999/1000, als auf der Volksversammlung die Konversion Islands zum Christentum beschlossen wurde. Historisch haben bei der Christianisierung Islands viele Faktoren eine Rolle gespielt. Schon zur Zeit der ersten nordischen Landnahme in Island waren einige der Siedler Christen, und dazu kam eine gezielte christliche Mission ebenso wie ökonomischer und politischer Druck von außen. Als der entscheidende Wendepunkt, an dem das Christentum in Island die Oberhand gewann, gilt jedoch schon seit dem Mittelalter die Volksversammlung des

Jahres 999/1000. Der älteste Bericht über die Ereignisse, die sich dort zugetragen haben sollen, findet sich im „Buch der Isländer", der *Íslendingabók* des Ari Þorgilsson (1068-1148), genannt *inn fróði*, „der Weise". Sein „Buch der Isländer" ist der älteste erzählende Prosatext, der in einer nordischen Sprache erhalten geblieben ist; entsprechend hat man Ari mit gutem Recht den Vater der Sagaliteratur genannt. Die Christianisierung Islands schildert er folgendermaßen, beginnend mit einem gewalttätigen christlichen Missionar im Dienst eines jähzornigen norwegischen Königs und endend mit dem Willen eines isländischen Heiden zur Versöhnung und zur Wahrung des Friedens:

König Óláfr, Sohn Tryggvis, Sohn Óláfs, Sohn Haraldr Schönhaars, brachte das Christentum nach Norwegen und nach Island. Er sandte den Priester hierher ins Land, der Þangbrandr hieß, und der unterwies die Menschen hier im Christentum und taufte dann alle, die den Glauben annahmen. Und Hallr Þorsteinssonr von Síða ließ sich bald taufen, und ebenso Hjalti Skeggjasonr aus Þjórsárdalr und Gizurr der Weiße, Sohn Teits, des Sohns des Ketilbjörn von Mosfell, und viele andere Häuptlinge; und dennoch waren diejenigen die mehreren, die sich dagegen aussprachen und nein sagten. Und als er [=Þangbrandr] dann ein oder zwei Winter hier gewesen war, da fuhr er fort: Er hatte hier zwei oder drei Männer erschlagen, die ihn verhöhnt hatten. Und als er in den Osten [=nach Norwegen] kam, erzählte er König Óláfr alles, was ihm geschehen war, und er erklärte es für ganz hoffnungslos, dass das Christentum hier noch angenommen würde. Und er [=der König] wurde hierüber sehr zornig, und er gedachte, unsere Landsleute, die sich im Osten befanden, dafür verstümmeln oder töten zu lassen. Und in diesem selben Sommer kamen Gizurr und Hjalti von hier aus Island, und sie konnten beim König ihre Freilassung bewirken, und sie versprachen ihm aufs neue ihre Unterstützung dabei, dass das Christentum hier noch angenommen würde, und sie erklärten, dass sie keine Erwartung von etwas anderem hatten, als dass es gelingen würde.

Und im nächsten Sommer danach fuhren sie und der Priester, der Þormóðr hieß, von Osten [=aus Norwegen zurück nach Island], und sie kamen dann auf die Vestmannaeyjar, als zehn

Wochen des Sommers vorbei waren, und es war alles gut verlaufen. Teitr [=einer von Aris Informanten] sagte, dass das einer sagt, der selbst dabei war. Da war das im vorangegangenen Sommer in den Gesetzen niedergelegt worden, dass die Leute so zur Volksversammlung kommen sollten, wenn zehn Wochen des Sommers verstrichen wären; aber bis zu dieser Zeit kamen sie eine Woche früher.

Und sie reisten sofort aufs Festland und dann zur Volksversammlung, und sie überredeten Hjalti dazu, dass er in Laugardalr mit elf anderen zurückblieb, und zwar deswegen, weil er zuvor im vorangegangenen Sommer auf der Volksversammlung wegen Blasphemie zur milderen Acht verurteilt worden war. Und das war aus dem Grunde, dass er beim Gesetzesfelsen dieses Spottgedicht sprach:

> *Ich will nicht die Götter anbellen;*
> *eine Hündin dünkt mich Freyja.*

Gizurr und seine Leute aber waren unterwegs, bis sie zu einem Ort in der Nähe des Sees Ölfossvatn kamen, der Vellankatla heißt. Und sie sandten eine Botschaft von da zur Versammlung, dass alle ihre Fürsprecher ihnen entgegen kommen sollten, weil sie erfahren hatten, dass ihre Gegner ihnen mit Gewalt den Zugang zur Versammlungsstätte verwehren wollten. Und ehe sie von da aufbrachen, kam Hjalti dorthin geritten, zusammen mit denjenigen, die mit ihm zurückgeblieben waren.

Und dann ritten sie zur Versammlung, und ihre Verwandten und Freunde kamen ihnen vorher entgegen, wie sie gebeten hatten. Und die Heiden versammelten sich mit voller Bewaffnung, und es war so nahe daran, dass sie zu kämpfen anfingen, dass man nicht sah, wie es ausgehen würde.

Und am nächsten Tag gingen Gizurr und Hjalti zum Gesetzesfelsen und verkündeten dort ihre Botschaft. Und es heißt, dass das außerordentlich war, wie gut sie sprachen. Und daraus ergab sich, dass dort einer nach dem anderen Zeugen benannte, und beide Gruppen kündigten sich gegenseitig die Rechtsgemeinschaft auf, die Christen und die Heiden, und dann gingen sie vom Gesetzesfelsen. Da baten die Christen Hallr von Síða, dass er ihre Gesetze verkünden solle, die mit dem Christentum einhergehen sollten. Und er befreite sich dadurch von dieser Aufgabe ihnen gegenüber, dass er den Gesetzessprecher Þorgeirr dafür bezahlte, dass er sie verkünden sollte, obwohl er damals noch ein Heide war.

Und dann, als die Leute in ihre Buden gingen, da legte Þorgeirr sich nieder und breitete seinen Pelzmantel über sich und lag diesen ganzen Tag und die folgende Nacht da und sprach kein Wort. Und am Morgen danach setzte er sich auf und ließ verkünden, dass die Leute zum Gesetzesfelsen gehen sollten.

Und als die Leute dorthin kamen, da begann er seine Rede, und er sagte, dass ihm die Lebensumstände der Menschen dann in eine aussichtslose Lage geraten zu sein schienen, wenn die Menschen hier im Lande nicht alle ein und dasselbe Gesetz haben sollten. Er redete in vieler Weise auf die Leute ein, dass sie das nicht geschehen lassen sollten, und sagte, dass das zu einer solchen Zwietracht führen würde, dass es eine sichere Aussicht war, dass sich zwischen den Menschen solche Kämpfe ergeben würden, dass das Land davon veröden würde. Er sprach davon, dass die Könige von Norwegen und von Dänemark eine lange Zeit miteinander Unfrieden und Schlachten hatten, bis die Einheimischen zwischen ihnen Frieden machten, obwohl sie nicht wollten. Und dieser Beschluss führte dazu, dass sie sich bald gegenseitig Kostbarkeiten sandten; außerdem hielt dieser Frieden, solange sie lebten. „Und jetzt scheint es mir angeraten," sagte er, „dass auch wir nicht die entscheiden lassen, die am meisten gegeneinander vorgehen wollen, und wir vermitteln so zwischen ihnen, dass beide Seiten etwas von ihrem Willen bekommen, und wir haben alle dasselbe Gesetz und dieselbe Religion. Das wird wahr werden, dass wir, wenn wir das Gesetz entzwei reißen, auch den Frieden zerreißen werden."

Er brachte seine Rede so zum Abschluss, dass jede der beiden Seiten zustimmte, dass alle dasselbe Gesetz haben sollten, und zwar dasjenige, von dem er beschließen würde, es zu verkünden. Dann wurde dies in den Gesetzen festgelegt: dass alle Leute Christen werden und die Taufe empfangen sollten, die zuvor hier im Lande ungetauft waren; und bezüglich des Aussetzens von Kindern und des Verzehrs von Pferdefleisch sollten die alten Gesetze gelten. Die Leute sollten im Verborgenen opfern, wenn sie wollten, aber mit der milderen Acht bestraft werden, wenn man dafür Zeugen beibringen könnte. Und wenige Winter später wurde dieser heidnische Brauch abgeschafft, wie das übrige Heidentum.

Die Ebene Þingvellir.

Das christliche Rechtsmonopol, das mit dem definitiven Verbot heidnischer Opfer entstand, endete übrigens in gewissem Sinne in den 1970er Jahren: Im Jahr 1973 wurde die „Asenglaubensgemeinschaft" (*Ásatrúarfélagið*) in Island als Religionsgemeinschaft anerkannt; dabei wurden ihr sämtliche Rechte eingeräumt, die auch anderen Religionsgemeinschaften in Island zustehen, wie die Durchführung rechtsverbindlicher Eheschließungen oder von Beerdigungen. Heute soll die isländische Asenglaubensgemeinschaft etwa 2000 Mitglieder haben.

Die Kirche in Þingvellir, errichtet im Jahr 1859.

30. Laugarvatn: Von Warmtäufern*

Etwa zwanzig Kilometer östlich von Þingvellir, und auf der Straße Nr. 365 vom Nationalpark aus einfach erreichbar, liegt der kleine See Laugarvatn, der „See der warmen Quelle", im Tal Laugardalur, dem „Tal der warmen Quelle". Im gleichnamigen Ort Laugarvatn am Ufer dieses Sees entspringen die namensgebenden warmen Quellen noch heute. Eine von ihnen, mit einem niedrigen Erdwall eingefasst und einem bemoosten Walskelett gegenüber gelegen, trägt den Namen Vígðalaug, „geweihte Quelle"; man findet diese heilige Quelle unterhalb des Restaurants Lindin und neben dem Geothermalbad Laugarvatn Fontana unmittelbar am See. Diese Quelle ist der „Christentumssaga" (*Kristni saga*) zufolge der Ort eines kuriosen Nachtrags zum Beschluss der Volksversammlung des Jahres 999/1000, wonach ganz Island das Christentum annehmen sollte. Wie das „Buch der Isländer", dessen Schilderung des isländischen Übertritts zum Christentum unter →Þingvellir ausführlich zitiert wird, gibt auch die *Kristni saga* eine detaillierte Beschreibung der Ereignisse, die sich im Jahr 999/1000 in Þingvellir abgespielt haben sollen. Die Rede, mit der der Gesetzessprecher Þorgeirr die Annahme des Christentums verkündet und die daraus resultierenden Gesetzesänderungen umreißt, ist in beiden Texten nahezu wortgleich wiedergegeben. Der Verfasser der *Kristni saga* hat seine Fassung mit nur kleineren Änderungen wohl direkt aus dem „Buch der Isländer" übernommen. Auf Þorgeirs Rede lässt die *Kristni saga* jedoch noch ein Nachspiel folgen, das die isländische Christianisierung unmittelbar mit den heißen Quellen am See Laugarvatn verbindet. Die *Kristni saga* erzählt:

> *Þorgeirr brachte die Ansprache da so zum Abschluss, dass jede der beiden Seiten dem zustimmte, dass sie das Gesetz haben sollten, von dem er beschließen würde, es zu verkünden. Da war dies Þorgeirs Kundmachung, dass alle Leute in Island getauft werden und an*

---
* Ferðakort-Straßenatlas 1 M11.

Die „geweihte Quelle" Vigðalaug am See Laugarvatn.

einen Gott glauben sollten; und bezüglich des Aussetzens von Kindern und des Verzehrs von Pferdefleisch sollen die alten Gesetze bestehenbleiben; die Leute sollten im Verborgenen opfern, wenn sie wollten, aber mit der milderen Acht bestraft werden, wenn man dafür Zeugen beibringen könnte. Dieser heidnische Brauch wurde einige Winter später abgeschafft.

Alle Leute aus dem isländischen Nordland und aus Südisland wurden in Reykjalaug im Tal Laugardalr getauft, als sie von der Versammlung fortritten, da sie nicht in kaltes Wasser gehen wollten.

Der Name „Reykjalaug" ist ein sprechender Name und bedeutet einfach: „warme Quelle des Rauchs", „dampfende warme Quelle". Als Baptisterium verwandten die Nord- und die Südisländer für ihre Massentaufe nach der Entscheidung für den Übertritt zum Christentum somit eine vulkanisch beheizte Quelle, um sich die Unbequemlichkeit zu ersparen, in kaltem Wasser untergetaucht zu werden – immerhin war im Frühmittelalter noch die Taufe durch Untertauchen des ganzen Körpers üblich. Ganz ähnlich ging man in Westisland vor; der Bericht der *Kristni saga* fährt wenig später fort:

> *In diesem Sommer wurden alle Mitglieder der Volksversammlung getauft, als die Leute nach Hause ritten; die meisten Leute aus Westisland wurden in Reykjalaug im südlichen Reykjardalr getauft; [...].*

Auch für das Freiluft-Baptisterium der Westisländer im Tal Reykjadalr – dem heutigen Lundarreykjadalur am Borgarfjord – geht schon aus dem Namen „Reykjalaug" hervor, dass man hier für die Massentaufe nach der Volksversammlung gleichfalls auf eine dampfende warme Quelle zurückgriff. Und wieso auch nicht? Wenn man sich schon gefallen lassen musste, dass man von nun an nur noch im Verborgenen opfern durfte, warum sollte man diese ohnehin unerwünschte neue Zeit auch noch unnötig mit einem Sprung ins kalte Wasser einläuten?

Das „Kreuzwarmwasserbecken" Krosslaug, das in der Kristni saga unter dem Namen Reykjalaug erscheint und das bei den Massentaufen des Jahres 1000 als Freiluftbaptisterium für die Westisländer gedient haben soll. Krosslaug liegt im oberen Lundarreykjadalur an der Straße 52.

31. Vestmannaeyjar: Von irischen Sklaven, irischen Sagen und nordischen Mythen*

Die „Westmännerinseln" Vestmannaeyjar vor der isländischen Südküste sind heute vor allem durch die Ereignisse des Jahres 1973 bekannt, als auf Heimaey, der Hauptinsel der Vestmannaeyjar, am 23. Januar plötzlich ein Vulkan ausbrach; im Lauf der folgenden Wochen und Monate begrub dieser Ausbruch ein Drittel der Stadt Heimaey unter sich und vergrößerte die Fläche der Insel um mehr als zwei Quadratkilometer. Obwohl es sich hierbei um die größte Naturkatastrophe in der jüngeren Geschichte Islands handelte, kam Heimaey mit nur einem Todesopfer trotz monumentaler Sachschäden vergleichsweise glimpflich davon. Bereits im Jahr 2005 begann man sogar mit einer öffentlichen Ausgrabung einiger der verschütteten Häuser, die unter dem selbstbewussten Titel „Pompeji des Nordens" den Besuchern von Heimaey das Ausmaß der Katastrophe veranschaulichen sollte. Die Ergebnisse dieses Projekts werden inzwischen im eigens neu errichteten Ausstellungszentrum *Eldheimar* gezeigt.

Die Archäologie der Vestmannaeyjar beginnt jedoch nicht erst im Jahr 1973. Ausgrabungen im Herjólfsdalur auf der Hauptinsel Heimaey haben eine Gruppe von frühmittelalterlichen Gehöften zutagegefördert. Das Bauholz dieser Gehöfte hat C14-Daten erbracht, die diesen Fund ins 7. Jahrhundert datieren würden. Damit würde der Beginn der Besiedlung des Herjólfsdalur fast zwei Jahrhunderte vor den „offiziellen" Beginn der isländischen Landnahme datiert, wie sie von der literarischen Überlieferung geschildert wird. Diese extrem frühe Datierung mag aber dadurch verfälscht sein, dass bei der Konstruktion der ältesten Gebäude im Herjólfsdalur altes Treibholz als Baumaterial verwendet wurde.

Die literarische Überlieferung enthält keinen Hinweis auf eine extrem frühe Landnahme auf den Vestmannaeyjar.

---

* Ferðakort-Straßenatlas 14 O14.

Die Westmännerinseln.

Auch dem Landnahmebuch zufolge fand die erste Besiedlung und Namensgebung der Vestmannaeyjar jedoch immerhin schon in Zusammenhang mit den beiden ersten isländischen Landnehmern statt, den Ziehbrüdern Ingólfr und Leifr. Diese beiden Männer waren die ersten nordischen Siedler, die sich in Island permanent niederließen; ihre Auswanderung nach Island nahmen sie zusammen in Angriff.

Das Landnahmebuch widmet diesen beiden Ziehbrüdern eine der ausführlichsten Landnahmeschilderungen im ganzen Text; dabei wird zwischen den zwei Männern ein merklicher Kontrast aufgebaut. Ingólfr konzentriert sich vor ihrer endgültigen Auswanderung ganz darauf, alles vorzubereiten, was für eine erfolgreiche Expedition nach Island nötig ist. Leifr hingegen fährt nach Irland und plündert dort; von diesem Plünderzug bringt er reiche Beute mit nach Hause, die neben Schätzen auch zehn Sklaven umfasst, und nach diesem Plünderzug trägt er den Namen Hjör-Leifr, „Schwert-Leifr". In diesem Winter veranstaltet Ingólfr ein großes Opferfest und erkundet sein Schicksal, und das Orakel weist ihn nach Island; Leifr aber weigert sich zu opfern. Ingólfr, der umsichtige Planer und fromme Opferer, wird später zum Gründer von →Reykjavík, und seine Geschichte wird dort erzählt. Leifr lässt sich im Folgenden an einem anderen Ort nieder als Ingólfr, in Hjörleifshöfði an der Südküste,* und überwintert dort. Im Frühling beschließt er, Felder anzulegen und zu säen. Er hat auch einen Ochsen zur Verfügung, das Tier, das normalerweise vor den Pflug gespannt wurde. Leifr lässt nun jedoch nicht seinen Ochsen anspannen, sondern zwingt seine irischen Sklaven, den Pflug zu ziehen. Diese sind hierüber verständlicherweise wenig erfreut und schmieden einen Plan, um sich zu rächen: Sie wollen den Ochsen töten und danach behaupten, ein Bär hätte ihn gerissen; wenn Leifr und seine Männer sich daraufhin aufmachen würden, um den Bären zu jagen, würden sie ihnen auflauern und sie einen nach dem anderen erschlagen. Dieser Plan wird nun tatsächlich in die Tat umgesetzt – und gelingt: Die Iren töten Leifr und seine Gefährten und fliehen mit ihren Frauen auf die Inseln, die sie im Südwesten sehen.

Es dauert jedoch nicht lange, bis Ingólfr erfährt, dass sein Ziehbruder tot ist. Ingólfr erahnt gleich, was passiert ist, und bemerkt: „Ich sehe, dass es so jedem ergeht, der nicht opfern will." Da das Schiff fehlt, vermutet er, dass die Sklaven auf den Inseln Zuflucht gesucht haben werden; und in der Tat findet Ingólfr sie dort vor. Sie sind gerade beim Essen, als er über sie herfällt; die Iren werden nun teils erschlagen und stürzen sich teils selbst von den Klippen. Danach heißt es weiter: „Seither heißen die dortigen Inseln, wo die Sklaven getötet wurden, Westmännerinseln (*Vestmannaeyjar*); denn sie waren Westmänner (=Iren)."

Keltische, insbesondere irische Sklaven, wie sie in der Geschichte von der Benennung der Vestmannaeyjar als „Westmännerinseln" auftreten, tauchen in der nordischen Literatur immer wieder auf; und umgekehrt verzeichnen irische Annalen der Wikingerzeit wiederholt die Entführung von Iren durch plündernde Nordleute. Es ist geschätzt worden, dass im 10. Jahrhundert ein Viertel der isländischen Bevölkerung aus Sklaven bestand, von denen sehr viele aus Irland gestammt haben dürften. Von ihren skandinavischstämmigen Herren waren diese Sklaven dabei keineswegs hermetisch abgeriegelt; schon die beengten Wohnverhältnisse, wie

---

* Siehe unten S. 300.

Auf den Westmännerinseln: der Hafen von Heimaey.

man sie in den rekonstruierten mittelalterlichen Gehöften von →Eiríksstaðir und →Stöng erleben kann, verboten eine strenge Trennung zwischen Herren und Sklaven, und gerade weibliche Sklaven dürften als Konkubinen und Ammen immer wieder eng in den Familienverband integriert worden sein und einen Teil ihres eigenen kulturellen Erbes an ihre Kinder weitergegeben haben. Solche und ähnliche Faktoren haben dazu geführt, dass Island weder genetisch noch kulturell jemals auch nur annäherungsweise „rein nordisch" oder gar „rein germanisch" war. Dies zeigt sich bereits in so vergleichsweise banalen Elementen wie dem isländischen Inventar an Personennamen: Einige der beliebtesten isländischen Personennamen, wie die Namen Njáll oder Kormákr, stammen aus Irland. Irisches Erbe wurde so zu einem festen Bestandteil des isländischen Erbes, und dieses irische Element ist sogar zu einem so integralen Teil der isländischen Geistesgeschichte geworden, dass es selbst in der Mythologie der Edda seine Spuren hinterlassen hat.

Das prominenteste Beispiel für einen irischen Einfluss in der eddischen Mythologie ist der Mythos von Thors Fahrt zu Útgarðaloki. Diese schwankhafte Geschichte wird von Snorri in seiner Prosa-Edda erzählt. Sie beginnt damit, dass

Thor in seinem von zwei Ziegenböcken gezogenen Streitwagen und in der Begleitung Lokis auf Fahrt geht. Am Abend kehren sie bei einem armen Bauern ein, und Thor schlachtet seine zwei Böcke und lädt die Bauersfamilie ein, mit ihnen zu essen; die Knochen sollen sie auf die abgezogenen Felle der beiden Ziegen werfen. Am nächsten Tag steht Thor in aller Frühe auf und weiht die Ziegenfelle mit seinem Hammer Mjöllnir; da stehen die beiden Böcke heil wieder auf – doch einer von ihnen hat ein gebrochenes Bein, da der Sohn des Bauern seinen Oberschenkelknochen am Abend zuvor gespalten hatte, um das Mark zu essen. Thor wird so wütend über diese Verletzung, dass die Bauersfamilie um ihr Leben fürchtet; als er ihre panische Angst sieht, beruhigt Thor sich jedoch. Als Wiedergutmachung für den Schaden bekommt er den Sohn und die Tochter des Bauern als Diener.

Nun setzen Thor und seine Gefährten die Reise fort und überqueren das Meer, bis sie zum Land der Riesen gelangen. Dort finden sie einen großen Wald vor, aber keine Unterkunft; erst am Abend stoßen sie auf ein merkwürdiges, großes Gebäude, dessen Eingang so breit ist wie das ganze Haus. In Ermangelung besserer Alternativen verbringen sie dort die Nacht. Diese Nacht wird jedoch alles andere als ruhig: Um Mitternacht ereignet sich ein schweres Erdbeben, und Thor und seine Gefährten ziehen sich in eine Seitenkammer zurück, die auf halber Länge vom Hauptraum des Hauses abzweigt. Den Rest der Nacht hören sie ein lautes Grollen. Als es am nächsten Morgen wieder hell wird, finden sie in der Nähe ihrer Unterkunft einen gewaltigen, schnarchenden Riesen vor – und es stellt sich heraus, dass es sein Schnarchen war, das sie die ganze Nacht wachgehalten hat. Dieser Riese wacht nun auf, stellt sich als Skrýmir vor und nimmt seinen Handschuh wieder an sich; denn das Gebäude, in dem Thor und seine Gefährten die Nacht verbracht hatten, war in Wirklichkeit der Handschuh des Riesen, und die Seitenkammer war dessen Daumen. Nach dem Frühstück lädt Skrýmir seine neuen Bekannten ein, dass sie doch ihre Essensvorräte zusammenlegen könnten. Thor stimmt dem zu, und so wird alles Essen in Skrýmirs Tasche gepackt. Als es nach einem anstrengenden Reisetag Abend wird, legt

Skrýmir sich jedoch schlafen, ohne etwas zu essen – Thor, Loki und ihre Diener sollten sich doch selbst aus seiner Tasche bedienen. Die Knoten dieser Tasche lassen sich aber nicht öffnen, und so verpasst Thor dem inzwischen schon wieder schlafenden Riesen einen Schlag mit seinem Hammer. Die einzige Wirkung dieses Hiebs ist allerdings, dass der Riese aufwacht und fragt, ob ihm ein Blatt von einem Baum auf den Kopf gefallen ist. Während der Nacht, die der Riese laut schnarchend unter einem Baum verbringt, versucht Thor noch zweimal, ihm den Schädel zu zerschmettern; beide Male jedoch bewirkt er nichts, als dass Skrýmir aufwacht und sich wundert, ob nun eine Eichel oder Vogeldreck aus dem Baum gefallen ist.

Am Morgen gehen der Riese und die Götter ihrer getrennten Wege, und Thor und seine Begleiter gelangen bald zu einer gewaltigen Burg. Niemand öffnet ihnen das Tor, doch die Dimensionen des Tors sind so gewaltig, dass sie sich zwischen den einzelnen Balken hindurchquetschen können. Drinnen finden sie eine Halle vor, in der sie vom Burgherrn – sein Name ist Útgarðaloki – nur mehr oder weniger freundlich begrüßt werden: Denn er fragt seine Besucher, zu welchen besonderen Leistungen sie fähig sind. In seiner Halle dürfe nämlich niemand bleiben, der sich nicht in irgendetwas besonders auszeichnet.

Loki, der in der Gruppe ganz hinten steht, meint nun, dass er jedermann im Wettessen besiegen kann. Als Antwort darauf wird ein Wettessen zwischen Loki und Logi organisiert, in dem beide sich an einem hölzernen Trog voller Fleischstücke gegenübersitzen und sich zur Mitte durchessen müssen. Dieser Wettkampf endet damit, dass beide die Mitte des Trogs gleichzeitig erreichen – doch Loki hat nur das Fleisch gegessen, während Logi auch die Knochen und sogar den Trog verspeist hat. So gewinnt Logi.

Den nächsten Wettkampf muss Thors neugewonnener Diener bestehen, der am Beginn der Geschichte den Knochen des Bocks zerbrochen hatte. Er tritt im Wettlauf an, und sein Gegner ist Hugi – und Hugi gewinnt mit Leichtigkeit.

Hierauf ist Thor an der Reihe. Er will sich mit seinem Gastgeber in einem Trinkwettkampf messen, und so bringt man ihm Útgarðalokis Horn. So sehr Thor sich jedoch auch anstrengt, er kann es nicht leeren – selbst mit drei Anläufen schafft er es nur, dass das Bier im Horn ein wenig niedriger ist als am Anfang. Útgarðaloki gibt sich von dieser Leistung wenig beeindruckt und schlägt nun vor, Thor solle die Katze hochzuheben versuchen, die die jungen Männer in seiner Halle zum Spaß hochstemmen. Thor nimmt diese Herausforderung an – aber die Katze biegt ihren Rücken durch, und so sehr Thor sich auch anstrengt, gelingt ihm doch nur, dass sie eine ihrer vier Pfoten vom Boden hebt. Thor ist nun wütend und fordert, dass sich ihm jemand zum Ringkampf stellen soll. Útgarðaloki aber schickt seine alte Amme Elli – und sie zwingt Thor mit einem Bein aufs Knie. Danach beendet Útgarðaloki alle Wettkämpfe und lässt seine Gäste bewirten.

Am folgenden Morgen bekommen Thor und seine Gefährten ein reichliches Frühstück vorgesetzt, ehe Útgarðaloki sie zum Tor hinaus begleitet. Als sie draußen vor dem Burgtor stehen, erklärt Útgarðaloki seinen Gästen nun zu deren Überraschung, was im Verlauf ihres Abenteuers im Land der Riesen wirklich vorgefallen war. Denn die Begegnungen und Wettkämpfe der vorangegangenen zwei Tage, die für die Gefährten durchwegs in so unglücklicher Weise ausgegangen waren, waren nichts als Täuschungen gewesen: Skrýmir war in Wirklichkeit Útgarðaloki gewesen, und den Vorratssack, den Thor nicht öffnen konnte, hatte er mit Eisendraht verschlossen. Als Thor mit dem Hammer nach ihm schlug, hielt er einen Berg als Schild vor sich; Thors Hiebe waren so mächtig, dass sie ihre Spuren an diesem Berg in Form von drei Tälern hinterlassen haben. Loki war bei seinem Wettessen gegen das Feuer angetreten (altnordisch *logi* bedeutet „Feuer, Lohe"). Thors neuer Diener lief bei seinem Wettlauf gegen Útgarðalokis Gedanken, den niemand einholen kann (altnordisch *hugi* ist der „Gedanke"). Das Trinkhorn, das Thor nicht zu leeren vermochte, war so lang, dass es mit seinem Ende in das Meer ragte; er trank so mächtig daraus, dass er dabei die Gezeiten geschaffen hat. Die Katze, die Thor nicht ganz vom Boden heben konnte, war in Wirklichkeit die

Die Hafeneinfahrt von Heimaey, die seit mehreren Jahrhunderten vom Fort Skansinn bewacht wird (im Vordergrund). Die erste Erwähnung eines Forts an dieser Stelle stammt aus dem Jahr 1586.

Midgardschlange; er hob sie fast bis zum Himmel. Und eine gewaltige Leistung war es auch, als Thor bei seinem Ringkampf mit Útgarðalokis Amme nur mit einem Knie den Boden berührte; denn sie war das personifizierte Alter, das jeden niederringt (altnordisch *elli* ist das „Alter"). Hierauf verabschiedet Útgarðaloki sich mit dem Wunsch, Thor möge ihn nie wieder besuchen. Thor hebt wütend seinen Hammer – aber da sind Útgarðaloki und seine Burg bereits verschwunden, und die Gefährten stehen allein auf freiem Feld.

In diesem Mythos hat die Forschung wiederholt keltische Einflüsse ausmachen wollen; am gründlichsten untersucht wurden dabei mögliche Beziehungen zu irischen Erzählungen. Im Fall der Erzählung von Thors Besuch bei Útgarðaloki bestehen solche Beziehungen vor allem zur irischen Geschichte vom *Gastmahl in Conáns Haus*. Diese Erzählung handelt vom irischen Volkshelden Finn, einer der beliebtesten Heldengestalten der irischen Literatur. In einer Episode des „Gastmahls in Conáns Haus" treffen Finn und seine Männer auf der Jagd auf einen Riesen, den eine junge Frau mit großer Geschwindigkeit vor sich hertreibt. Sie versuchen, diesem merkwürdigen Paar zu folgen, verlieren sie jedoch in einem Nebel. Als der Nebel sich wieder lichtet, stehen sie vor einem Haus. Sie treten ein, werden willkommen geheißen und zum Abendessen eingeladen. Dieses Abendessen gestaltet sich für Finn und seine Männer jedoch als eine äußerst unangenehme Erfahrung: Sie werden in Auseinandersetzungen mit einem Schafsbock und einer alten Frau verwickelt, in denen die Helden keine gute Figur machen. Am Ende wird jedoch auch ihnen – wie Thor und seinen Gefährten in der Geschichte von Útgarðaloki – verraten, dass nichts das war, was es zu sein schien. Die junge Frau, die den Riesen so schnell vor sich hergetrieben hatte, war der personifizierte Geist gewesen; der Schafsbock das personifizierte „menschliche Wesen"; und die alte Frau war das personifizierte Alter. Nun werden Finn und seine Männer freundlich bewirtet, und am nächsten Morgen wachen sie auf einem Berggipfel auf; das Haus aber ist verschwunden.

In der irischen wie in der nordischen Erzählung stößt somit eine Gruppe von Helden auf ein besonderes Gebäude, in dem sie zur Nacht bleiben. Es kommt zu einer Reihe von Auseinandersetzungen mit unbesiegbaren Personifikationen, ohne dass die Helden verstehen, womit sie es in Wirklichkeit zu tun haben. Eine dieser Personifikationen ist eine Personifikation des „Gedankens" oder „Geistes", die so schnell läuft, dass man sie nicht einholen kann; eine andere Personifikation, die in beiden Geschichten auftaucht, ist eine alte Frau, die das „Alter" personifiziert. Nach den wenig angenehmen Begegnungen mit diesen Figuren werden die Helden der Erzählung bewirtet und wird ihnen erläutert, womit sie es wirklich zu tun gehabt hatten. Am folgenden Morgen verschwindet das Gebäude, und die Gefährten finden sich allein in der offenen Landschaft wieder.

Die Übereinstimmungen zwischen den Ereignissen in der Halle des Útgarðaloki und in der Erzählung vom „Gastmahl in Conáns Haus" sind so eng, dass man mit gutem Recht davon ausgegangen ist, dass die beiden Geschichten direkt miteinander verwandt sind. Da die Geschichte von Útgarðaloki im Norden nur bei Snorri erscheint, während die Geschichte von Finn und seinen Männern in Irland in sehr vielen Varianten sehr häufig bezeugt ist, kann man vermuten, dass die nordische Erzählung bei Snorri auf einer beliebten irischen Erzählung beruht: Dem Heldengott Thor mögen hier Abenteuer zugeschrieben worden sein, die ursprünglich zum irischen Volkshelden Finn gehörten. Die Útgarðaloki-Geschichte illustriert damit, dass der Beitrag der „Westmänner" zur isländischen Kulturgeschichte nicht nur darin bestand, für die „Westmännerinseln" einen Namen zu liefern: Schon zur Zeit der isländischen Landnahme war die isländische Bevölkerung ein veritables nordwesteuropäisches Völkergemisch, und dies hat sich auch in einer entsprechend bunt-internationalen Mythologie niedergeschlagen.

Heimaey vom Vulkan Helgafell aus gesehen.

32. Stöng und Þjóðveldisbær: Von Mythologie und Architektur*

Die Straße Nr. 32 durch das Tal Þjórsárdalur dürfte den meisten Islandreisenden vor allem als der wichtigste Zubringer zum südlichen Anfang der Sprengisandur-Hochlandroute bekannt sein. Obwohl es sich bei der 32 um eine gut ausgebaute Teerstraße handelt, führt sie schon lange vor dem Beginn der eigentlichen (und nur mit einem Geländewagen befahrbaren) Hochlandpiste durch eine Landschaft, die so verlassen daliegt, dass sie dem guten Straßenausbau zum Trotz bereits einen Eindruck davon vermittelt, welche Leere den Reisenden im Hochland erwartet. Sieben Kilometer hinter Ásólfsstaðir, dem letzten Hof vor dem Hochland, und kurz vor dem kleinen Berg Skeljafell, gehen zwei Abzweigungen von dieser Straße ab, eine Schotterstraße nach Norden und eine geteerte Straße nach Süden.

Die (recht holprige und nur für Geländewagen geeignete) Schotterstraße führt an der Flanke des Skeljafell entlang und um diesen Berg herum zur Ausgrabungsstätte von Stöng, einer der monumentalsten archäologischen Stätten Islands. Der mittelalterliche Hof von Stöng ist ein Mahnmal für die gelegentliche Vergänglichkeit menschlicher Siedlungsbemühungen: Einst war das Tal Þjórsárdalur dicht besiedelt und wurde intensiv bewirtschaftet, bis ein Ausbruch des Vulkans Hekla im Jahr 1104 und die Aktivität Heklas in den folgenden Jahrhunderten den Höfen des Tals ein Ende setzte; immerhin liegt die Hekla nur knapp zwanzig Kilometer südsüdöstlich von Stöng. Stöng und einige andere Höfe im Þjórsárdalur wurden im Jahr 1939 ausgegraben; heute ist jedoch nur noch der Hof von Stöng sichtbar, da die anderen Ausgrabungen wieder zugeschüttet wurden. Dominiert wird die Stätte von einem großen Schutzbau, unter dem die Fundamente des Hauptgebäudes des Hofs konserviert sind. Allein die Haupthalle des Hofs hat eine Länge von etwa sechzehn Metern und veranschaulicht damit nachdrücklich die Ausmaße eines wohlhabenden isländischen Hofs aus der

---

* Ferðakort-Straßenatlas 21 P11.

Stöng: die Reste des Hauptgebäudes des mittelalterlichen Hofs.

Zeit des isländischen Freistaats, wie er kurz vor der Abfassungszeit der meisten Sagas bewohnt wurde. (Freilich ist dabei relativierend zu bedenken, dass die Halle *allen* Mitgliedern des bäuerlichen Haushalts als Schlafraum diente, vom Großbauern bis zu seinen Knechten und Sklaven.) Um das Hauptgebäude und seinen Schutzbau herum verstreut sind in Stöng ferner noch die Fundamente eines Stallgebäudes, einer Schmiede und einer kleinen Kirche zu sehen; letztere wurde erst in den 1990er Jahren ausgegraben.

In den Jahren 1974-1977 wurde zur Feier von 1100 Jahren isländischer Besiedlung der Versuch unternommen, eine möglichst originalgetreue Rekonstruktion des Hofs von Stöng zu errichten. Das sehr gelungene Ergebnis ist der rekonstruierte Hof Þjóðveldisbær, der nach kurzer Fahrt über die oben bereits erwähnte Straße zu erreichen ist, die von der 32 nach Süden abzweigt. Aus der Ferne wirkt das Gebäude mit seiner Gesamtlänge von fast dreißig Metern beinahe mehr wie eine natürliche Struktur denn wie ein Bauwerk: Die massigen Außenmauern sind aus Grassoden und Steinen errichtet, und auch das in schon fast organisch wirkender Weise geschwungene Dach ist mit Grassoden gedeckt. Damit ist das gesamte Gebäude in einen Teppich von üppig

Þjóðveldisbær, die Rekonstruktion des mittelalterlichen Hofs von Stöng.

wachsendem Gras gehüllt und wirkt so beinahe wie ein natürlicher Hügel.

Die hügelartige Erscheinung der mit Grassoden gedeckten Höfe zur Zeit des Freistaats hat wohl auch in der Mythologie Spuren hinterlassen. Die Prosa-Edda des Snorri Sturluson und das eddische Lied *Grímnismál*, das vielleicht aus dem 12. Jahrhundert stammt, erwähnen in ihrer Beschreibung von Odins Halle Walhall zwei Tiere, die auf dem Dach dieser Halle stehen: Die Ziege Heiðrún und der Hirsch Eikþyrnir stehen auf dem Dach Walhalls und fressen dort von den Zweigen des Weltbaums. Beide werden dabei zu den Spendern eines großen Reichtums an Flüssigkeiten: Aus dem Euter der Ziege fließt der Met, den die toten Krieger in Walhall trinken, und vom Geweih des Hirschs tropft der Tau, der die Ströme der Welt mit Wasser füllt. Das Lied *Grímnismál* schildert diese Szene mit folgenden Worten:

> *Heiðrún heißt die Ziege, die auf der Halle Heervaters steht,*
> *und von den Zweigen Læraðs abbeißt;*
> *das Bierfass füllen soll sie mit dem klaren Met:*
> *Nicht kann dieser Trunk ausgehen.*
>
> Heervater = Odin; Læraðr = der Weltbaum Yggdrasill.

> *Eikþyrnir heißt der Hirsch, der auf der Halle Heervaters steht,*
> *und von den Zweigen Læraðs abbeißt;*
> *und von seinem Geweih tropft es in Hvergelmir:*
> *Dort entspringen alle Flüsse.*
>
> Hvergelmir = eine mythische Quelle,
> aus der die Flüsse der Welt entspringen.

Das Lied *Grímnismál* ist wohl in gewissem Umfang ein Flickwerk, dessen Teile aus ganz unterschiedlichen Quellen stammen und vielleicht auch ganz unterschiedliches Alter haben. In anderen Strophen dieses Lieds wird Walhall als eine Halle beschrieben, deren Dachstuhl aus Speeren gefügt und die mit Schilden gedeckt ist (→Hringsdalur). Ein solches martialisches, metallisch-glänzendes Bild verträgt sich schlecht mit der Vorstellung einer Halle, auf deren Dach Tiere weiden. Sieht man nun jedoch das hügelartige Grassodendach von Þjóðveldisbær, dann wird unmittelbar einleuchtend, welche Art von Gebäude der Dichter dieser beiden Strophen vor seinem geistigen Auge gesehen haben dürfte: Auf dem grünen Dach einer mit Grassoden gedeckten Halle würde eine Ziege sich wohl zu Hause fühlen.

Wechselbeziehungen zwischen Mythologie und Architektur finden sich auch im Inneren nordischer Hallen und ihrer literarischen Beschreibungen. In der Literatur ist hier die Halle von König Völsungr in der *Völsunga saga* zu nennen, der „Saga von den Völsungen". (Diese Saga war eine von Richard Wagners zentralen Quellen für seinen *Ring des Nibelungen*.) Die Saga erzählt, dass diese Halle so um einen Baum herumgebaut war, dass der Stamm sich durch die ganze Halle nach oben erstreckte und die blühenden Zweige des Baums durch das Dach ins Freie ragten. Dieser Baum wird in der Saga zum Ort einer Theophanie Odins, in der Odin für seinen ausgewählten Helden ein Schwert im Stamm des Baums zurücklässt. (Die Szene erinnert auffallend an das „Schwert im Stein" der Artussage: Ebenso wie nur der Held der *Völsunga saga* das Schwert aus dem Baum ziehen kann, kann auch Excalibur nur von Artus aus einem Stein gezogen werden, in dem es durch göttlichen Willen erscheint.) Dass hier im Inneren der Königshalle ein Baum wächst, an dem sich der Gott Odin persönlich zeigt und eine Gabe für einen großen Krieger zurücklässt, lässt stark daran denken, dass auch neben Odins mythischer Kriegerhalle Walhall, in der der Gott seinen Sitz hat, ein gewaltiger Baum steht: der Weltbaum Yggdrasill. Die Beschreibung von Völsungs Halle in dieser Saga spielt so wohl unmittelbar mit der Beschreibung der Halle Odins in der Mythologie: In beiden Fällen sind die

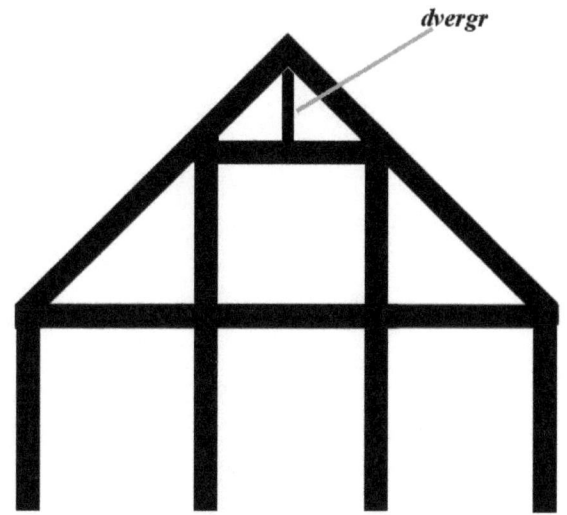

herrscherliche Halle und der kosmische Baum untrennbar miteinander verbunden.

Aber man muss von Þjóðveldisbær nicht in die Ferne der Sagaliteratur streifen, um Beziehungen zwischen Halle und Mythos zu finden. Der größte Raum in diesem Gebäudekomplex ist die sogenannte „Halle": Hier wurden in einem Hof der Freistaatszeit wohl die meisten täglichen Verrichtungen erledigt, hier schliefen alle Mitglieder des Haushalts und hier stand der „Hochsitz", der Ehrenplatz des Hausherrn, der in den Sagas sehr oft erwähnt wird (auch wenn er in Þjóðveldisbær nicht vorhanden ist). Betritt man diese Halle im rekonstruierten Gebäudekomplex und sieht in den Dachstuhl hinauf, so sieht man, dass der Firstbalken in regelmäßigen Abständen von kurzen Holzsäulen gestützt wird, die etwas von seiner Last auf einen darunter liegenden Querbalken übertragen; dieser wiederum wird von den hölzernen Säulen getragen, die den Raum unterteilen und auf denen ein wesentlicher Teil des Gewichts des Dachs lastet. Diese kurzen sogenannten „Firstsäulen", die den Firstbalken entlasten, tragen im Altnordischen den Namen *dvergar*, „Zwerge". Für einen modernen Betrachter scheint diese Bezeichnung schon deshalb passend, weil es sich um eher kurze Balken

Das Balkenwerk des rekonstruierten Hofs Þjóðveldisbær.

handelt. Dies mag jedoch nicht die ganze Signifikanz dieser Bezeichnung sein; denn sie findet eine interessante Parallele im Mythos von der Weltschöpfung, wie er von Snorri in seiner Prosa-Edda überliefert wird. Dort erzählt Snorri, dass sich der urzeitliche Raum des Ginnungagap von Norden her mit Eis füllte; aus dem brennenden Land Muspell im Süden flogen jedoch Funken, die dieses Eis zum Schmelzen brachten. Aus dem Zusammenprall der nördlichen Kälte und der südlichen Hitze entstand ein lebendes Wesen, der Urriese Ymir, von dem die Frostriesen abstammen. Ymir wurde durch die Milch der Kuh Auðhumla ernährt; diese Kuh wiederum ernährte sich, indem sie am Eis leckte. Mit ihrem Lecken befreite sie Búri aus dem Eis, und von Búri stammen die Götter ab. Die Götter töteten nun Ymir und formten die Welt aus seinem Körper. Aus seinem Blut schufen sie das Meer, aus seinem Fleisch die Erde, aus seinen Knochen die Berge und aus seiner Schädelkalotte den Himmel:

Sie nahmen auch seinen Schädel und machten daraus den Himmel, und sie stellten ihn mit vier Ecken über der Erde auf, und unter jede Ecke stellten sie einen Zwerg. Diese heißen so: Austri, Vestri, Norðri, Suðri.

Sowohl das Dach der Welt als auch das Dach des Hauses werden somit von denselben Pfeilern getragen: von „Zwergen". Das Haus wird damit andeutungsweise zu einer Nachahmung der Welt im Kleinen. Die Grundidee ist dieselbe, wie sie in vielen isländischen Landkirchen erscheint, deren Decken oft blau gestrichen und mit goldenen Sternen geschmückt sind. In dieselbe Richtung könnten auch die Hochsitzpfeiler weisen, die in der isländischen Literatur wiederholt erwähnt werden (→Vatnsdalur, S. 107; →Reykjavík; →Þórsnes; →Jökulsá). Von diesen Hochsitzpfeilern wird mehrfach erzählt, dass Siedler sie aus ihrer alten Heimat mitgebracht und vor der Landung in Island über Bord geworfen haben; danach errichteten sie das neue Gehöft an dem Ort, an dem die Hochsitzpfeiler an Land getrieben wurden. Wo genau im isländischen Haus der Hochsitz stand und welche Rolle die Hochsitzpfeiler genau spielten, lässt sich heute nicht mehr mit Sicherheit rekonstruieren. Man vermutet jedoch, dass die Hochsitzpfeiler im nordischen Wohnhaus der Wikingerzeit eine doppelte Funktion hatten, indem sie einerseits den „Hochsitz" des Hausherrn flankierten und andererseits in der Dachkonstruktion eine tragende Funktion erfüllten. Insbesondere der Vergleich mit den religiösen Vorstellungen der Samen, die in Skandinavien die nördlichen Nachbarn der Nordmänner waren, hat darüber hinaus zur Vermutung geführt, dass diese Hochsitzpfeiler symbolische Repräsentanten einer Weltsäule gewesen sein könnten, die das

Himmelsdach trägt: Das Haus wäre so ein Spiegelbild des Makrokosmos im Mikrokosmos, ein Spiegel der Welt im Großen im kleinen Raum der Halle. Im Hausbau des christlichen Hochmittelalters, als die Sagas entstanden, hatten die Hochsitzsäulen freilich längst keine solche Funktion mehr, weder als tragendes Element im Haus noch als Symbol des Kosmos. In einem Gebäude wie Þjóðveldisbær erinnern daher nur noch die „Zwerge" daran, dass die Architektur der Halle einst eng mit dem mythischen Bild des Kosmos verbunden gewesen sein mag.

Grassodengebäude nach Art der Freistaatszeit: ein Dach und eine Wand wie eine Weide.

33. Oddi: Von der Lieder-Edda*

Biegt man etwa acht Kilometer nordwestlich von Hvolsvöllur von der Ringstraße nach Südwesten auf die Straße 266 ab und folgt ihr für vier Kilometer, so gelangt man zur Kirchstätte von Oddi. In Oddi angekommen, wird man von einer fröhlichen kleinen Holzkirche mit weißgestrichenen Wellblechwänden, gelben Fensterrahmen und einem roten Dach erwartet. Diese heutige Kirche stammt aus dem Jahr 1924, setzt aber eine lange mittelalterliche Tradition fort. Ihr angeschlossen ist ein kleiner Friedhof, und auf einem Hügel wenige Meter vor der Kirchentür befindet sich eine moderne Bronzestatue, die Sæmundr den Weisen darstellt, wie er dem Teufel in der Gestalt einer Robbe einen Hieb mit seiner Bibel versetzt.

Sæmundr Sigfússon, genannt *inn fróði* („der Weise"), ist der erste historische fassbare Schriftsteller Islands. Geboren im Jahr 1056, ging er zum Studium nach Frankreich und verbrachte nach seiner Rückkehr nach Island und seiner Priesterweihe sein Leben in Oddi; er starb im Jahr 1133. Oddi machte er während seiner langen Schaffensperiode zu einem der großen geistigen Zentren des Landes.

In der späteren, nachmittelalterlichen Volkssage wurde Sæmundr zu einem mächtigen Magier. Sein Studium in Frankreich wurde in der Sage zu einem Studium an einer Schule der schwarzen Magie, die vom Teufel selbst geleitet wurde, und auch seine Rückkehr nach Island nahm ein entsprechend magisches Kolorit an: Als die Priesterstelle in Oddi frei wurde, sollte sie nach dem Willen des Königs derjenige von drei Kandidaten bekommen, dem es gelingen würde, Oddi als erster zu erreichen. Da schloss Sæmundr einen Pakt mit dem Teufel, der ihn möglichst schnell trockenen Fußes nach Island bringen sollte; im Gegenzug sollte Sæmundr ihm gehören. Der Teufel nahm nun die Gestalt einer Robbe an, auf deren Rücken Sæmundr nach Oddi ritt. Kurz vor der Ankunft in Island versetzte Sæmundr dem Teufel jedoch einen Hieb mit seiner Bibel; der Teufel warf

---
* Ferðakort-Straßenatlas 14 N12.

ihn daraufhin ins Meer, und da er nun seinen Teil des Vertrags nicht erfüllt hatte – immerhin war Sæmundr nass geworden –, hatte er auch seinen Lohn verwirkt. Sæmundr schwamm den Rest der Strecke.

Sæmundr der Weise begründete in Oddi eine Schule, die für einige Generationen Bestand hatte. Dort wurde Theologie unterrichtet, daneben wohl auch die sieben freien Künste und die einheimische literarische Tradition, die sowohl die Dichtung als auch die Prosaliteratur umfasste: die Sagas. Der Unterricht, der in Oddi angeboten wurde, dürfte einen wesentlichen Grundstein für das spätere Wirken von Oddis berühmtestem Schüler gelegt haben, dem Politiker, Historiker und Mythographen Snorri Sturluson (→Reykholt). Das rege intellektuelle und literarische Leben, das Sæmundr in Oddi begründete, und Sæmunds eigener Ruhm als erster fassbarer Literat Islands haben dazu geführt, dass ihm die Sammlung der altnordischen Götter- und Heldenlieder zugeschrieben wurde, die heute als die Lieder-Edda bekannt ist und eine unserer wichtigsten Quellen für die nordische Mythologie darstellt. Bis ins 19. Jahrhundert hinein wurde diese Sammlung daher gern als die Sæmundar-Edda bezeichnet; diese Bezeichnung ist heute jedoch außer Gebrauch gekommen, da es für eine Verbindung Sæmunds mit der Kompilation der Lieder-Edda keine historische Grundlage gibt.

Die Bezeichnung „Edda" war ihrem Ursprung nach ausschließlich der Titel der Edda Snorris (→Reykholt) und wurde erst später von Snorris mythologischem Werk auf die Sammlung der Götter- und Heldenlieder übertragen, die heute die „Lieder-Edda" genannt wird. Zur Bedeutung des Namens „Edda" gibt es verschiedene Theorien; bis heute ist nicht zweifelsfrei geklärt, was er bedeutet und warum er als Titel eines mythologischen Werks Verwendung fand. Die bei weitem wichtigste Quelle für die Texte der Lieder-Edda ist eine Handschrift, die unter dem Namen *Codex Regius*, „Königsbuch", bekannt ist. Diese Handschrift stammt wohl aus den 1270er Jahren. Im 17. Jahrhundert gelangte sie in den Besitz des damaligen Bischofs von Skálholt, des Gelehrten Brynjólfur Sveinsson, der sie Sæmundr dem Weisen zuschrieb. Über weitere Umwege kam das Königsbuch dann

Der Kirchhof und die heutige Kirche von Oddi, errichtet im Jahr 1924.

nach Kopenhagen in den Besitz des dänischen Königs, wurde nach der isländischen Unabhängigkeit von Dänemark aber im Jahr 1971 schließlich wieder an Island zurückgegeben.

Die heute noch erhaltenen Teile dieser Handschrift umfassen knapp über dreißig Lieder und kurze Prosastücke, die sich teils mit der Götter- und teils mit der Heldensage beschäftigen; das Übergewicht liegt dabei allerdings deutlich auf der Heldensage, die knapp zwei Drittel des Umfangs der Lieder-Edda ausmacht. Die Götterlieder umfassen im Einzelnen elf Texte:

- Die *Völuspá* (die „Prophezeiung der Seherin") präsentiert eine Gesamtschau des Schicksals der Welt von ihrer Schöpfung bis zu ihrem Untergang und ihrer Neuschöpfung (→Raufarhöfn);
- das Lied *Hávamál* (die „Sprüche des Hohen") besteht vor allem aus einer Sammlung von Lebensweisheiten (→Borgarnes);
- das Lied *Vafþrúðnismál* (die „Sprüche Vafþrúðnis") schildert einen Wissenswettstreit zwischen Odin und dem Riesen Vafþrúðnir;

- das Lied *Grímnismál* (die „Sprüche Grímnis") schildert, wie Odin von einem menschlichen König, den er aufgezogen hatte, nicht erkannt und stattdessen gefoltert wird, bis der Gott seine Identität schließlich in einer visionären Schau zeigt und den König für sein Vergehen mit dem Tod bestraft (→Hringsdalur; →Ásgarður; →Stöng);
- das Lied *Skírnismál* (die „Sprüche Skírnis") schildert die Werbung des Gottes Freyr um eine Frau aus dem Geschlecht der Riesen (→Ásgarður);
- das Lied *Hárbarðsljóð* (das „Lied von Hárbarðr") schildert in stark ironischer Weise einen Streit zwischen Odin und Thor;
- die *Hymiskviða* (das „Lied von Hymir") behandelt Thors Fischzug gegen die Midgardschlange (→Fährpassage);
- in der *Lokasenna* (der „Schimpfrede Lokis") überhäuft Loki die anderen Götter während eines Gastmahls mit vielerlei Schmähungen;
- in der *Þrymskviða* (dem „Lied von Þrymr") wird Thors Hammer Mjöllnir von einem Riesen gestohlen, dann aber durch Thor und Loki wieder zurückgeholt (→Þórsmörk);
- die *Völundarkviða* (das „Lied von Völundr") beschreibt die Gefangennahme und Verstümmelung des elbischen Schmieds Völundr durch einen menschlichen König und die grausame Rache, die Völundr dafür nimmt;
- und das Lied *Alvíssmál* (die „Sprüche Alvíss") erzählt, wie Thor einen Zwerg überlistet (→Dverghamrar).

Hierauf folgen im Königsbuch Lieder und Prosapassagen zur Heldensage. Diese Texte befassen sich vor allem mit dem Helden Helgi und mit dem Sagenkreis, der in der deutschen Heldensage durch das Nibelungenlied behandelt wird.

Die Entstehungszeiten und Entstehungsorte der einzelnen Texte des Königsbuchs der Lieder-Edda sind ausgesprochen vielfältig; die zeitliche Spanne reicht vom 9./10. bis zum 12./13. Jahrhundert, und die geographische Spanne von Norwegen über Island bis nach (im Fall eines Heldenlieds) Grönland. Entsprechend ist auch der Wert ganz unterschiedlich, den die verschiedenen Texte als Quellen für die vorchristliche Mythologie haben: Manches ist noch direkte Überlieferung aus der heidnischen Zeit, anderes aber erst eine Schöpfung des christlichen Hochmittelalters Jahrhunderte nach der Christianisierung. Daher stellt die Lieder-Edda zweierlei dar: Heidnische Mythologie einerseits und eine christliche Perspektive auf die heidnische Vergangenheit andererseits. Leider lassen sich diese beiden Aspekte der Lieder-Edda jedoch oft nicht klar voneinander unterscheiden: Was authentisch heidnisch und was bloße mittelalterliche christliche Phantasie ist, lässt sich heute längst nicht mehr in jedem Fall bestimmen.♣

♣ Für eines der wenigen eddischen Gedichte, die außerhalb des Königsbuchs überliefert sind, vgl. →Flatey.

34. Hlíðarendi: Von toten Helden und offenen Grabhügeln*

Hlíðarendi ist heute noch der Name einer kleinen Kirche mit weißen Wellblechwänden und einem roten Dach, deren Fassade und deren Türmchen mit verspielten Zierelementen aus rot gestrichenem Holz geschmückt sind. Das Kirchlein liegt hoch am Hang über der Küstenebene westlich des Gebirges Eyjafjöll; von hier tut sich ein weiter Blick über das flache, von schimmernden Wasserläufen durchzogene Land auf, bis der Horizont sich im Dunst und in den Wolken verliert. Unmittelbar unterhalb der Kirche liegt ein alter Friedhof malerisch in einem kleinen Hain.

So klein die pittoreske Kirche von Hlíðarendi ist, so groß ist der literarische Ruhm dieses Orts. In der *Njáls saga*, der „Saga von Njáll", die weithin als die bedeutendste Isländersaga gilt, ist Hlíðarendi der Wohnsitz des heldenhaften Gunnarr. Gunnarr von Hlíðarendi ist der engste Freund Njáls. Im Verlauf der Ereignisse, wie sie die Saga schildert, verstrickt Gunnarr sich immer mehr in eine Situation, in der er schließlich nur noch die Wahl hat, entweder als Geächteter das Land zu verlassen oder damit rechnen zu müssen, dass ihn seine Feinde eines Tages gemeinsam angreifen und töten werden. Auf den wohlmeinenden Rat seines hellsichtigen Freunds Njáll hin beschließt Gunnarr, den vorsichtigen Weg einzuschlagen, sich der Acht zu beugen und Island für die ihm auferlegte Zeit – drei Jahre – den Rücken zu kehren. Tatsächlich bricht er auf. Doch nicht weit von Gunnars Hof entfernt strauchelt sein Pferd; Gunnarr springt aus dem Sattel und landet so, dass sein Blick wieder auf seinen Hof in Hlíðarendi fällt. Da sagt er, dass ihm sein Hof noch nie so schön erschienen war – und kehrt um. Im Folgenden kommt es, wie Njáll es vorhergesehen hatte, und Gunnarr wird von seinen Feinden angegriffen und stirbt nach hartem Kampf.

Für Gunnars Leichnam wird ein Grabhügel aufgeworfen, in dem er sitzend bestattet wird. Bald trägt es sich jedoch zu,

---

* Ferðakort-Straßenatlas 14 P13.

dass ein Hirte und eine Magd Rinder an Gunnars Hügel vorbeitreiben – und es scheint ihnen, dass Gunnarr bei guter Laune ist und Verse vorträgt. Diese Geschichte wird Njáll erzählt, der daraufhin seinen Sohn Skarpheðinn nach Hlíðarendi schickt. Skarpheðinn verbringt viel Zeit mit Gunnars Sohn Högni; doch Högni ist ein Skeptiker, und so verzichtet man darauf, ihm von der Erscheinung seines Vaters zu erzählen. Dies wird jedoch auch bald unnötig. Die *Njáls saga* berichtet, wie Gunnars Grabhügel sich kurze Zeit später ein weiteres Mal öffnet und Gunnarr ein Gedicht rezitiert, in dem er davon spricht, dass er eher sterben als seinen Feinden weichen würde:

Skarpheðinn und Högni waren eines Abends draußen, südlich von Gunnars Grabhügel; der Mondschein war hell, aber manchmal zogen die Wolken davor zu. Es schien ihnen, als wäre der Grabhügel offen, und Gunnarr hatte sich im Hügel gedreht und sah dem Mond entgegen. Sie glaubten, im Hügel vier Lichter brennen zu sehen, und nirgends war ein Schatten. Sie sahen, dass Gunnarr heiter war und sehr fröhlich aussah. Er sprach eine Strophe, und zwar so laut, dass sie es doch deutlich hören konnten, obgleich sie weit entfernt waren.

> *Der Ringe Verteiler sprach,*
> *aufrecht in Tatkraft, er, der*
> *strahlend mit bestem Herzen*
> *kämpfte, Högnis Vater:*
> *Eher, sagte dieser, als weichen, wolle er,*
> *der schildtragende Krieger,*
> *verschleiert mit dem Helm,*
> *Schlachten-Freyjas Pfeiler, sterben –*
> *und als Schlachten-Freyjas Pfeiler sterben.*

Verteiler von Ringen = Fürst (der goldene Ringe an seine Gefolgsleute verteilt), Krieger; Schlachten-Freyja = Walküre; Pfeiler der Walküre = Krieger. Insgesamt bedeutet die Strophe also: „Gunnarr (=der Krieger, Högnis Vater) sprach: Eher als seinen Feinden nachzugeben, würde er mit Helm und Schild bewehrt fallen."

Dann verschloss sich der Grabhügel wieder.
 „Würdest du das glauben," sagte Skarpheðinn, „wenn andere Leute es dir erzählt hätten?"

> „Ich würde es glauben, wenn Njáll es mir sagen würde," sagte Högni, „weil es heißt, dass er nie lügt."
>
> „Etwas Großes steht hinter einer solchen Erscheinung," sagte Skarpheðinn, „wenn er selbst sich uns offenbart und uns wissen lässt, dass er lieber sterben wollte als seinen Feinden weichen; und er hat uns diesen Rat offenbar werden lassen."

Skarpheðinn und Högni müssen sich von Gunnarr kein weiteres Mal sagen lassen, dass man die Auseinandersetzung mit seinen Feinden nicht scheuen soll. Noch in derselben Nacht machen die beiden sich auf, um einige der Männer zu erschlagen, die am tödlichen Angriff auf Gunnarr beteiligt gewesen waren. Auf ihrem Weg werden sie dabei von zwei Raben begleitet – ein deutliches Zeichen dafür, dass die Gunst des Kriegsgottes Odin mit ihnen ist.

In dem Gedicht, das Gunnarr aus seinem Grabhügel heraus spricht, bezeichnet er sich selbst als „Schlachten-Freyjas Pfeiler". Hierbei handelt es sich um eine Art von poetischer Umschreibung, eine sogenannte Kenning, die für die mittelalterliche Dichtung des Nordens sehr typisch ist. Bei solchen Umschreibungen wird ein metaphorisch gebrauchter Begriff durch einen weiteren Terminus näher bestimmt; auch der Begriff, der den Grundbegriff näher bestimmt, kann dabei aus einer solchen poetischen Umschreibung bestehen. Im vorliegenden Fall bezeichnet sich Gunnarr als „Pfeiler" der „Schlachten-Freyja": Freyja ist eine Göttin, eine „Schlachten-Freyja" ist demnach eine „Schlachten-Göttin", und der „Pfeiler der Schlachten-Göttin" ist entsprechend ein Krieger.

Der hier mit „Schlachten-Freyja" übersetzte altnordische Begriff ist dabei strenggenommen noch ein wenig blutiger, als die Übersetzung „Schlachten-Freyja" ausdrücken mag: Im altnordischen Text heißt es hier *val-Freyja*, „Freyja der Erschlagenen". Damit bringt diese Kenning einen zentralen Charakterzug derjenigen Wesen auf den Punkt, die so umschrieben werden. Denn „Schlachten-Freyja" bzw. „Freyja der Erschlagenen" ist im Rahmen der nordischen Mythologie nicht eine allgemeine Umschreibung für „Schlachtengöttin", sondern spezifisch eine Umschreibung für „Walküre".

Hlíðarendi: der Hof Gunnars, Ort seiner Erscheinung im Grabhügel.

Die Walküren der nordischen Mythologie sind übernatürliche Wesen, die ihre Heimat auf dem Schlachtfeld und in Walhall haben, der Halle Odins, in der die toten Krieger Aufnahme finden. In Walhall werden sie – zumal in spätem Quellenmaterial – als Wesen beschrieben, die dort den gefallenen Helden und dem Göttervater Odin Bier und Wein kredenzen; ihre eigentliche und wohl ursprüngliche Rolle spielen sie jedoch nicht als Schankmaiden am Bierfass, sondern auf dem Schlachtfeld. Das Gedicht *Hákonarmál*, das wohl noch unmittelbar in die Zeit des ausgehenden Heidentums kurz nach der Mitte des 10. Jahrhunderts zu datieren ist, ist hier eine der zentralsten Quellen: Es schildert, wie Odin zwei Walküren aussendet, um von den an einer Schlacht beteiligten Königen diejenigen auszuwählen, die fallen und zu Odin nach Walhall ziehen sollen. Die beiden Walküren finden König Hákon, und als die Schlacht vorüber ist, sitzt der König mit gezogenem Schwert und zerhackter Rüstung da und hadert mit seinem Schicksal – denn er ist in der Schlacht gefallen. Die beiden Walküren treten dem toten König entgegen und verkünden ihm, dass er eingeladen ist, zu den Göttern zu ziehen; er aber fragt sie trotzig, warum sie ihm den verdienten Sieg gestohlen haben. Dem können die zwei Walküren jedoch entgegenhalten, dass sie es so eingerichtet haben, dass Hákon zwar starb, aber dennoch seine Feinde in die Flucht schlug und den Sieg gewann. Darauf verabschieden sie sich mit den Worten, dass sie nun zu Odin vorausreiten müssen, um ihm das Kommen eines großen Königs anzukündigen.

Die Walküren der *Hákonarmál* erscheinen in diesem Zeugnis aus der Wikingerzeit somit als machtvolle übernatürliche Wesen, Sendboten Odins, die in den Verlauf des Kampfgeschehens eingreifen, den Sieg verleihen, über den Tod bestimmen und die Gefallenen nach Walhall weisen. Die Begegnung mit ihnen markiert das Ende einer kriegerischen Laufbahn: Sie bestimmen über den letzten Kampf des Kriegers, in dem er sein Leben beendet, und treten ihm an der Schwelle ins Jenseits entgegen. Diese enge Verbindung mit dem Leben und Sterben des Kriegers findet in der heroischen Literatur des Nordens auch immer wieder einen Niederschlag darin, dass Walküren als die Geliebten einzelner Helden erscheinen. Dieser Zug mag ursprünglich sein: In der altnordischen und altenglischen Überlieferung gibt es verschiedene Indizien dafür, dass eine gewisse erotische Seite einen zentralen Aspekt der Walküren darstellte. Ein solcher erotischer Aspekt kehrt zudem auch in verschiedenen Schlachtfeld- und Todesdämoninnen der irischen Mythologie und des antiken Mittelmeerraums wieder, die eine Vielzahl von Zügen mit den Walküren gemeinsam haben. Die engen Übereinstimmungen zwischen diesen Figuren könnten darauf hindeuten, dass die Walküren des wikingerzeitlichen Nordens vielleicht in einem weiten, geradezu paneuropäischen religionsgeschichtlichen Zusammenhang stehen. Auch ihr erotischer Aspekt könnte dann einer möglicherweise sehr alten Schicht der Überlieferung zugehören.

In der mittelalterlichen heroischen Literatur Islands geht die Darstellung einer Walküre oft mit einer starken Vermenschlichung einher: Walküren, die als Geliebte von Helden erscheinen, werden typischerweise von weiblichen Kriegsdämonen zu sterblichen Frauen mit einem kriegerischen Charakter vermenschlicht. Ein Beispiel hierfür ist die Walküre Sigrún in der *Helgakviða Hundingsbana ǫnnur*, dem „Zweiten Lied von Helgi dem Hundingstöter"; dabei handelt es sich um eines der Heldenlieder der Lieder-Edda, das in der heute vorliegenden Form dem 12. oder 13. Jahrhundert entstammt. Nachdem Helgi sich als Held ausgezeichnet hat, nimmt ihn sich Sigrún zu ihrem Geliebten und Gatten. Während seiner Laufbahn als Krieger unterstützt sie ihn in Kämpfen und Unwettern zur See; doch am Ende kann sie nicht verhindern, dass Helgi vom Sohn eines Königs erschlagen wird, der von Helgi getötet worden war. Die Schilderung der darauffolgenden Ereignisse ist zutiefst vom Übernatürlichen geprägt – doch gerade an die Figur Sigrúns wird nun nichts Übernatürliches mehr angeknüpft. Ganz anders als die Walküren der wikingerzeitlichen *Hákonarmál* wird die Sigrún des hochmittelalterlichen Helgilieds nicht als eine Totendämonin gezeigt, die dem Helden den Weg ins Kriegerparadies beim Gott Odin weist, sondern sie ist eine allzu menschliche Gestalt, die trauernd unter den Lebenden zurückbleibt. Sigrúns Trauer um ihren toten Geliebten ist dabei so exzessiv, dass sie Helgi sogar dazu bringt, in die Menschenwelt zurückzukehren, Sigrún in sein Hügelgrab einzuladen und sie für ihre ausufernde Trauer zu tadeln. Diese Szene, in der Sigrún und der tote Helgi sich im Grabhügel treffen, erinnert in manchen Zügen an die Erscheinung Gunnars in seinem Grabhügel in der *Njáls saga*: In beiden Fällen sehen erst Dienstleute den toten Helden, ehe es zu einer Erscheinung des Toten vor den eigentlichen Protagonisten der weiteren Erzählung und einer direkten Kommunikation zwischen den Lebenden und dem Toten in seinem Hügel kommt. In ihrem Grundtenor unterscheiden sich diese zwei Szenen jedoch stark, auch wenn sie beide von toten Helden und offenen Grabhügeln handeln. Der entsprechende Schlussteil des zweiten Lieds von Helgi dem Hundingstöter lautet folgendermaßen:

Sigrúns Magd ging am Abend in die Nähe von Helgis Grabhügel und sah, dass Helgi mit vielen Männern zum Grabhügel ritt.

Die Magd sprach:

„Sind dies Trugbilder, was ich zu sehen meine,
oder der Götter Schicksal – tote Männer reiten?
Und eure Pferde treibt ihr mit Sporen an;
oder ist den Kriegern die Heimkunft gegeben?"
                      Schicksal der Götter = Götterdämmerung, Weltuntergang.

„Dies ist kein Trugbild, was du zu sehen meinst,
noch der Untergang der Welt, auch wenn du uns siehst,
auch wenn wir unsere Pferde mit Sporen antreiben;
noch ist den Kriegern die Heimkunft gegeben."

Die Magd ging nach Hause und sagte zu Sigrún:

„Geh hinaus, Sigrún von Sefafjöll,
wenn du dich danach sehnst, den Beschützer der Heerschar
                                                    zu treffen;
der Grabhügel ist aufgesperrt, Helgi ist gekommen;
die Wunden bluten, der Held bat dich
dass du die Wundentropfen stillen solltest."
                                                            Wundentropfen = Blut.

Sigrún ging zu Helgi in den Grabhügel und sprach:

„Jetzt bin ich so froh über unser Treffen,
wie Odins assgierige Falken,
wenn sie Gefallene wissen, warme Fleischstücke,
oder tauglänzend die Morgendämmerung sehen."
                                                            Odins Falken = Raben.

Erst will ich küssen den leblosen König,
ehe du die blutige Brünne abwirfst;
dein Haar, Helgi, ist mit Reif bedeckt,
ganz ist der Fürst mit Leichentau benetzt,
nasskalt sind die Hände dem Verwandten Högnis;
wie kann ich dir, Fürst, dafür Linderung verschaffen?"
                                                            Leichentau = Blut.

„Du allein bist dafür verantwortlich, Sigrún von Sefafjöll,
dass Helgi mit Kummertau benetzt ist;
du weinst, Goldgeschmückte, bittere Tränen,

Sonnenhelle, Südländerin,   ehe du schlafen gehst;
jede fällt blutig   auf die Brust dem Prinzen,
nasskalt, schneidend,   schwer mit Kummer.
                              Kummertau = Tränen.

Wohl sollen wir trinken   kostbare Trünke,
Auch wenn wir Lust   und Lande verloren;
kein Mann soll   Klagelieder singen,
auch wenn er an meiner Brust   Todeswunden sieht;
jetzt sind die Bräute   im Grabhügel verschlossen,
die Frauen der Krieger,   bei uns Toten."

Sigrún bereitete im Grabhügel ein Bett.

„Hier habe ich dir, Helgi,   ein Bett bereitet,
ein sehr sorgenloses,   Verwandter der Ylfinge;
in deinen Armen, König,   will ich einschlafen,
wie ich es tun würde   beim lebenden Fürsten."

„Jetzt sage ich,   dass nichts mehr überrascht,
weder früh noch spät,   bei Sefafjöll,
da du im Arm   dem Leblosen schläfst,
die Weiße, im Hügel,   Högnis Tochter,
und du bist am Leben,   die Königsgeborene.

Zeit ist's für mich, zu reiten   gerötete Wege,
das fahle Pferd den Himmelspfad   laufen zu lassen;
westlich der Brücke des Himmelsgewölbes   soll ich sein
ehe Salgofnir   das Siegvolk weckt."
        Gerötete Wege = der Himmel in der Morgendämmerung;
        Salgofnir = ein Hahn in Walhall, dem Paradies der toten Krieger;
                Siegvolk = die toten Helden in Walhall.

Helgi und seine Männer ritten ihres Wegs; und die Frauen gingen nach Hause zum Hof. Den nächsten Abend ließ Sigrún ihre Magd am Grabhügel Wache halten. Aber bei Einbruch der Nacht, als Sigrún zum Grabhügel kam...

Sie sagte:

„Gekommen wäre jetzt,   wenn zu kommen gedächte,
Sigmunds Sohn   aus den Sälen Odins;
ich sage, dass die Hoffnung   auf des Prinzen Rückkehr
                                                  verblasst,
da die Adler   auf den Eschenzweigen sitzen
und alle Leute   zur Traumversammlung eilen.*
                                              Traumversammlung = Schlaf.

*Sei nicht so verrückt,   allein zu gehen,
Maid der Skjöldungen,   zu den Häusern der Toten;
mächtiger werden   in der Nacht alle
toten Unholde, Mädchen,   als am lichten Tage."*

Sigrún starb bald an Schmerz und Kummer.
    Das war der Glaube in der alten Zeit, dass Menschen wiedergeboren würden, und das wird jetzt eine Altweibergeschichte genannt. Es heißt, dass Helgi und Sigrún wiedergeboren worden seien. Er hieß da Helgi Haddingjaskaði, und sie Kára, Tochter Hálfdans, wie es im Gedicht Káruljóð gesagt wird, und sie war eine Walküre.

Das hier erwähnte „Káralied" (*Káruljóð*) ist nicht erhalten; immerhin enthält die Lieder-Edda jedoch insgesamt drei Helgi-Lieder, in denen das innige Verhältnis zwischen Held und (wenn auch oft vermenschlichter) Walküre durchgehend eine wichtige Rolle spielt.

35. Þórsmörk: Vom Wald des Donnergottes*

Mit dem eigenen Fahrzeug führt der einzige Weg nach Þórsmörk über die Hochlandpiste F249, die etwa 21 Kilometer östlich von Hvolsvöllur von der Ringstraße nach Norden abzweigt. An der Abzweigung trägt die Straße noch die Nummer 249, ohne das vorgestellte „F" für *fjall* („Berg"), das die Straße als Hochlandpiste kennzeichnet. Schon nach wenigen Kilometern wandelt sich die passable Schotterstraße jedoch zu einer Piste, die immer wieder durch Flüsse führt und ausschließlich für geländegängige Wagen befahrbar ist. Und auch mit einem Geländewagen ist es dringend angeraten, auf keinen Fall den Gletscherfluss Krossá zu durchqueren, der grob parallel zur Straße verläuft; zwar befindet sich eine der Berghütten von Þórsmörk jenseits der Krossá, doch gibt es einen guten Grund dafür, warum neben dieser Hütte üblicherweise ein Traktor mit einem langen Abschleppseil parkt. Als Alternative zum Selberfahren, das in Þórsmörk sehr schnell allzu abenteuerlich werden kann, besteht in den Sommermonaten eine Busverbindung mit höhergelegten Bussen, die auch die Hütte jenseits der Krossá anfahren.

Þórsmörk ist eine gleichzeitig wilde und friedlich-grüne Naturlandschaft, die heute vor allem als ein Wanderparadies bekannt ist; zwei Berghütten mit angeschlossenen Zeltplätzen laden zum Verweilen ein. Ihren besonderen Reiz zieht Þórsmörk aus den extremen Gegensätzen, die sich hier auf dem kleinem Raum eines Flusstals und seiner Seitentäler zusammendrängen. Die Sohle des Tals wird von den vielfach verzweigten Flussarmen der Krossá eingenommen, die diesen Raum mit einer flachen Ebene aus grauschwarzem Sand, Schlamm und Geröll aufgefüllt hat. Ihr Wasser ist selbst so sehr mit dunkelgrauem Schlamm gesättigt, dass der Fluss fast mit dem Land verschmilzt, das er geschaffen hat, durchfließt und regelmäßig überspült. Schon dort, wo das Land jedoch nur einen Meter höher liegt als die fast leblose Schlamm- und Sandebene, explodiert es geradezu in einem satten, saftigen, samtigen Grün. Die dunkelgrünen Berghänge erheben sich

---

* Ferðakort-Straßenatlas 14 Q13.

Þórsmörk, der Wald des Donnergottes, mit dem Gletscherfluss Krossá.

ansatzlos aus dem nahezu schwarzen Sand und sind obendrein dicht bewaldet; allein dies ist für Island so ungewöhnlich, dass es das Tal beinahe surreal wirken lässt. Und in der Ferne hinter diesem Grün liegen die gewaltigen Schnee- und Eismassen der Gletscher Eyjafjallajökull und Mýrdalsjökull wie ein Wall um zwei Seiten des Tals. Im übergangslosen Nebeneinander der schwarzen Schlammebene, der grünen Berghänge und der weißen Gletscher wirken die Gegensätze dieser drei Naturräume allein für sich schon unwirklich. Wenn sich dann auch noch – wie es auffallend oft der Fall ist – ein Regenbogen über Þórsmörk spannt, scheint es endgültig, als wäre dieser Ort nicht ganz von dieser Welt. Dann verwundert es auch nicht mehr, dass der obere, südöstliche Teil von Þórsmörk den Namen *Goðaland* trägt: „Land der Götter".

Þórsmörk erscheint bereits im isländischen Landnahmebuch aus dem 13. Jahrhundert. Der erste Landnehmer in Þórsmörk war diesem Text zufolge ein gewisser Ásbjörn Reyrketilsson; zu seiner Landnahme in Þórsmörk heißt es nur lakonisch: „Ásbjörn weihte das Land, das er in Besitz genommen hatte, dem Gott Thor und nannte es Þórsmörk, ‚Thors Wald'." Die Namensgebung von Þórsmörk folgt genau demselben Muster wie etwa im Fall des Namens der Halbinsel →Þórsnes auf der Halbinsel Snæfellsnes: Ein

Landnehmer, der Thor besondere Verehrung entgegenbringt, weiht seine Landnahme diesem Gott und verewigt diese Weihung in einem Thors-Namen.

Der Gott Thor erscheint in den mittelalterlichen Texten immer wieder als ein Gott, der mit der Landnahme und den Landnehmern besonders eng verbunden ist; etwa ein Viertel der ca. 4000 Personen, die im isländischen Landnahmebuch genannt werden, tragen Namen, die mit dem Namen Thors gebildet sind. Ein Grund für diese Beliebtheit Thors bei den Isländern der Landnahmezeit dürfte in einem Aspekt dieses Gottes zu finden sein, der im 11. Jahrhundert vom norddeutschen Historiker Adam von Bremen in seiner *Hamburgischen Kirchengeschichte* notiert wird. Adam fasst die nordischen Vorstellungen vom Gott Thor folgendermaßen zusammen: „Thor [...] hat im Himmel den Vorsitz, er, der über Donner und Blitze, Winde und Regen, schönes Wetter und die Feldfrüchte gebietet." In dieser Beschreibung Adams erscheint Thor als ein Herr über die Witterung und damit über das Wachstum der Pflanzen. Beides macht unmittelbar deutlich, warum gerade Thor für die isländischen Landnehmer so wichtig war: Bei diesen Männern und Frauen handelte es sich zwar um reiche Mitglieder der nordischen Elite, aber auch diese Elite bestand im Wesentlichen aus Großgrundbesitzern und Großbauern. Selbst der reichste Landnehmer war unmittelbar davon abhängig, dass seine Felder gediehen, seine Ernten nicht durch Stürme oder unzeitigen Frost vernichtet wurden und seine Tiere durch den Winter kamen. Þórsmörk mit seiner geschützten Lage zwischen den Bergen, die sogar einen kleinen Wald gedeihen lässt, mag sich so gleich in zweifacher Weise auf den Einflussbereich des Gottes beziehen: Als ein geschützter Ort voll von sattem Grün ist Þórsmörk die Gabe eines Gottes, der über Witterung und Wachstum gebietet, und zugleich ist die Weihung an diesen Gott eine Bitte darum, dass er seine Gaben auch weiterhin freigebig gewähren möge.

Die Lage der grünen Oase Þórsmörk, die sich zwischen Gebirgszüge und Gletscher schmiegt, impliziert darüber hinaus vielleicht auch noch eine dritte Bezugnahme auf Thor. Die Wildnis des Gebirges und die Eiswüsten der Gletscher sind die Heimat einiger der ältesten Feinde der Götter: der Bergriesen und der Frostriesen (→Ásbyrgi, S. 56). Gerade Thor ist es, der als gewaltiger Kämpfer die Welten der Menschen und der Götter immer wieder gegen die Bedrohung beschützt, die von den Riesen ausgeht. Einer der vielen Mythen, die von Thors Kämpfen gegen einzelne Riesen berichten, ist der Mythos von seiner Reise zum Riesen Geirrøðr. Dieser Mythos wird erzählt vom spätheidnischen Skalden Eilífr Goðrunarson in einem Preisgedicht auf Thor aus dem späten 10. Jahrhundert und von Snorri Sturluson in seiner Prosa-Edda; dabei greift Snorri unmittelbar auf Eilífr zurück. In diesem Mythos versuchen die Riesen, ihren alten Feind Thor wehrlos in ihrer Hände zu bekommen – und zahlen den Preis dafür.

Die Geschichte beginnt damit, dass Loki sich das Falkenhemd der Göttin Frigg für einen Vergnügungsflug ausleiht und in der Gestalt eines Falken zum Hof des Riesen Geirrøðr fliegt. Dort lässt er sich auf dem Dach der Halle nieder und späht durch den Rauchabzug ins Innere des Gebäudes. Dabei wird er aber vom Hausherrn gesehen. Geirrøðr schickt nun einen Mann aus seinem Gesinde los, um den Falken auf dem Dach zu fangen. Loki meint zunächst, dass von dem Dienstboten keine Gefahr ausgeht, der so langsam und mühselig aufs Dach klettert; als er im letzten Augenblick davonfliegen will, muss er jedoch feststellen, dass er mit seinen Krallen am Dach festklebt. Der falkengestaltige Loki wird so gefangen und zu Geirrøðr gebracht. Der erkennt an Lokis Augen, dass er es nicht mit einem gewöhnlichen Falken, sondern mit einem verwandelten Mann zu tun hat. Er sperrt Loki nun in eine Kiste, bis Loki sich mit einem schwerwiegenden Gelöbnis freikauft: Er soll Thor zu Geirrøðr bringen – und zwar ohne seinen Hammer.

Tatsächlich lässt Thor sich von Loki zu einer Reise ins Land der Riesen überreden, auf die er seinen Hammer nicht mitnimmt. Unterwegs übernachten sie jedoch im Haus der Riesin Gríðr; diese klärt Thor über Geirrøðr auf und gibt ihm einen Stab, einen Kraftgürtel und eiserne Handschuhe. Den Stab und den Kraftgürtel braucht Thor schon wenig später: Als Thor und Loki auf ihrer weiteren Reise einen tiefen Fluss durchwaten müssen, schwillt dieser Fluss gerade zu dem Zeitpunkt immer mehr an, als Thor und Loki sich mitten im Wasser befinden. Nur mit Hilfe des Stabs und des Gürtels können sie sich ans andere Ufer retten. Thor sieht dabei beim Durchwaten des Stroms weiter flussaufwärts eine Riesin mit gespreizten Beinen über dem Flusslauf stehen; bei ihr handelt es sich um eine Tochter Geirrøðs, und sie ist es, die den Fluss (mit ihrem Urin?) so sehr zum Anschwellen bringt. Da greift Thor sich einen großen Stein, wirft ihn nach dieser Riesin und dämmt den Wasserfluss damit an seiner Quelle.

Bald darauf gelangt Thor zum Anwesen Geirrøðs. Dort weist man ihm zunächst einen kleinen Schuppen zu, in dem sich nur ein einziger Stuhl befindet. Als Thor sich auf diesem Sitz niederlässt, wird er plötzlich an die Decke gehoben und läuft Gefahr, zwischen dem Stuhl und den Deckenbalken zerquetscht zu werden. Der Gott stützt sich jedoch mit seinem Stab an den Dachbalken mit solcher Kraft ab und drückt nach unten, dass er unter sich einen Schrei hört. Unter seinem Sitz liegen nun zwei weitere Töchter des Riesen Geirrøðr. Thor hat sich ihnen mit solcher Kraft entgegengestemmt, dass er ihnen das Rückgrat gebrochen hat.

Jetzt lädt Geirrøðr Thor schließlich in seine Halle ein und fordert ihn zu einem Spiel heraus. Mit einer Zange greift der Riese einen glühenden Eisenklumpen und wirft damit nach Thor. Thor kommen nun die Eisenhandschuhe zugute, die er am Beginn seiner Reise von der freundlichen Riesin bekommen hatte: Mit diesen Handschuhen kann er das glühende Eisen fangen und es mit solcher Gewalt auf Geirrøðr zurückschleudern, dass es einen Pfeiler, den Riesen und die Wand der Halle durchschlägt, ehe es schließlich draußen in der Erde stecken bleibt.

Der Mythos von Thors Fahrt zum Riesen Geirrøðr ist durch die erhaltenen Teile von Eilífr Goðrunarsons spätheidnischem Preisgedicht auf den Gott zumindest in seinen Grundzügen als eine authentische Göttererzählung aus der vorchristlichen Zeit gesichert. Das Motiv der Feindschaft zwischen Thor und den Riesen hat die isländischen Literaten des Mittelalters jedoch auch noch nach dem Glaubenswechsel fasziniert. In einer ganz schwankhaften Weise wird es im eddischen Götterlied *Þrymskviða* behandelt, dem „Lied vom Riesen Þrymr". Dabei handelt es sich um ein Lied des 12. oder 13. Jahrhunderts, das eine Geschichte erzählt, die sonst in keiner alten Quelle erwähnt wird. In Anbetracht seiner Überlieferungslage dürfte es sich dabei um einen reinen Kunstmythos handeln, um eine Götternovelle, die wohl erst vom Verfasser des „Lieds von Þrymir" erfunden wurde. In den folgenden Jahrhunderten wurde die Geschichte jedoch zu einer der beliebtesten und bekanntesten Göttererzählungen und war in Volksliedern in der ganzen skandinavischen Welt verbreitet.

Die Handlung der Geschichte beginnt damit, dass Thor eines Morgens aufwacht – und sein Hammer Mjöllnir ist verschwunden. Dieser Hammer ist der beste Schutz, den die Götter gegen die ständige Bedrohung durch die Riesen besitzen, und entsprechend groß ist der Schreck. Thor wendet sich nun an Loki, der ihm bei der Suche helfen soll. Zusammen gehen sie zur Göttin Freyja (→Flatey), die Loki ihr Falkengewand leiht. Mit Hilfe dieses Zaubergewands verwandelt sich Loki in einen Falken und reist so ins Land der Riesen. Dort stellt er den Riesenfürsten Þrymr zur Rede, der ohne Umschweife bekennt, dass er den Hammer gestohlen hat: Er hat ihn tief unter der Erde verborgen und wird ihn nur herausgeben, wenn ihm im Gegenzug die Göttin Freyja zur Frau gegeben wird. Loki kehrt nun ins Land der Götter zurück und überbringt Þryms Bedingungen. Als Thor der Göttin Freyja vorschlägt, auf Þryms Wunsch einzugehen, ist sie empört und weigert sich rundheraus. Der Gott Heimdall hat jedoch die Idee, dass man doch Thor als die Braut verkleiden könnte. Thor protestiert, wird aber überstimmt. So wird der Donnergott in Frauenkleider gehüllt und mit reichem Schmuck behängt, während Loki sich als die Magd der Braut verkleidet.

Als die beiden im Land der Riesen ankommen, ist Þrymr hocherfreut; sofort lässt er seine Halle für das Hochzeitsbankett herrichten. Der erste Schock kommt für den Riesen jedoch schon während des nun folgenden Festmahls: Die Braut vertilgt einen ganzen Ochsen, acht Lachse, die gesamten Leckereien der Frauen und Unmengen an Met. Þrymr hat noch nie eine Frau so viel essen und trinken sehen. Aber Loki beruhigt ihn: Vor Sehnsucht nach ihrem zukünftigen Gemahl hat die Braut acht Tage und Nächte lang nichts gegessen. Jetzt hebt Þrymr den Schleier der Braut hoch, um ihr einen Kuss zu geben; er schreckt aber sofort zurück, so sehr brennen ihre Augen. Wieder rettet Loki die Situation: Die Braut habe vor Sehnsucht ganze acht Nächte kein Auge zugetan – da sind rote Augen kein Wunder.

Þrymr lässt jetzt den Hammer holen: Er soll der Braut in den Schoß gelegt werden, um sie zu weihen, und so soll man formell die Ehe zwischen ihm und seiner Braut besiegeln. Als Thor jedoch den Hammer sieht, lacht ihm das Herz in der Brust: Er packt seinen Mjöllnir und erschlägt zuerst Þrymr und dann sein ganzes Geschlecht.

In Þórsmörk: Goðaland, das „Land der Götter".

36. Jökulsá: Von Magiern, Erdrutschen und Gletscherläufen*

Kehrt man nach dem Besuch von Þórsmörk wieder auf die Ringstraße zurück und folgt ihr nach Osten, so kommt man bald am berühmten Wasserfall Skógafoss vorbei. Unmittelbar hinter diesem Wasserfall entfernt sich die Straße von den Bergen, an deren Fuß sie bis dahin entlanggeführt hatte, und schwingt auf eine weite Sandfläche hinaus: die Ebene des Skógasandur und des Sólheimasandur. Diese Sandebene erstreckt sich völlig flach über mehrere Kilometer. Früher war sie ganz von der Monotonie des schwarzen Sandes geprägt, doch heute finden sich auch einige Flecken Grün, da in großem Maßstab Gras angepflanzt wurde, um den losen Sand zu binden und die Sanddrift zu verringern.

Die moderne Geologie nimmt an, dass die Sandebene von Skógasandur und Sólheimasandur, in deren Mitte der Gletscherfluss Jökulsá sein Bett hat, durch einen Ausbruch des Vulkans Katla und den damit verbundenen Gletscherlauf entstanden ist. Eine ganz eigene Perspektive hierauf vertritt das Landnahmebuch. Dort wird vom Siedler Loðmundr dem Alten erzählt, wie er zusammen mit seinem Ziehbruder nach Island auswandert. Ehe sie die Küste erreichen, wirft Loðmundr seine Hochsitzpfeiler über Bord und sagt, dass er dort siedeln wolle, wo diese Pfeiler an Land gespült würden. Zunächst gehen die Auswanderer jedoch in Ostisland an Land, wo Loðmundr den Loðmundarfjord in Besitz nimmt – den ersten Fjord nördlich des Seyðisfjords – und nach sich benennt; dieser Fjord trägt noch heute Loðmunds Namen. Dort verbringen Loðmundr und sein Ziehbruder darauf ihren ersten Winter in Island. Schließlich hört Loðmundr, dass seine Hochsitzpfeiler in Südisland an Land geschwemmt worden sind. Das Landnahmebuch berichtet nun Folgendes:

Danach brachte er all sein Hab und Gut auf das Schiff, und als das Segel gehisst war, legte er sich nieder und befahl, dass kein Mann so dreist sein solle, ihn bei seinem Namen anzusprechen.

---
* Ferðakort-Straßenatlas 14 Q13 / Q14.

Der Wasserfall von Skógar.

Die Sandebene Sólheimasandur.

Und als er eine kurze Zeit dagelegen hatte, gab es einen großen Lärm; da sahen die Leute, dass ein großer Erdrutsch auf den Hof niederging, in dem Loðmundr gewohnt hatte. Danach setzte er sich auf und begann zu sprechen: „Das ist meine Verwünschung, dass niemals ein Schiff heil vom Meer zurückkommen soll, das von hier lossegelt." Er hielt dann nach Süden, um Horn herum und nach Westen an der Küste entlang und ganz an Hjörleifshöfði vorbei, und er ging ein wenig westlich davon an Land. Er nahm dort Land, wo die Pfeiler an Land gekommen waren, und zwar zwischen den Flüssen Harfsá und Fúlalækr; letzterer heißt jetzt Jökulsá auf dem Sólheimasandur. Er wohnte in Loðmundarhvammr („Loðmundstal") und nannte den Platz Sólheimar („Sonnenheim").

Als Loðmundr alt war, wohnte Þrasi in Skógar; auch er war zauberkundig. Das ereignete sich einmal, dass Þrasi am Morgen einen großen Gletscherlauf sah; er leitete das Wasser mit Zauberei nach Osten an Sólheimar vorbei. Ein Knecht Loðmunds sah das, und er sagte, dass das Meer von Norden über das Land auf sie zustürze. Loðmundr war zu diesem Zeitpunkt blind. Er befahl dem Knecht, ihm in einem Schöpfgefäß das zu bringen, was er das Meer nannte; und als er zurückkam, sagte Loðmundr: „Ich meine nicht, dass dies das Meer ist." Dann befahl er dem Knecht, ihn zum Wasser zu begleiten, „und steck die Spitze meines Stabs in das Wasser." Am Stab befand sich ein Ring, und Loðmundr hielt den Stab mit beiden Händen und biss in den Ring. Da begann das Wasser zurück nach Westen an Skógar vorbei zu stürzen. Jeder von beiden leitete danach das Wasser von sich weg, bis sie sich bei einer Klamm trafen. Da einigten sie sich darauf, dass der Fluss dort hinabstürzen solle, wo die Strecke zum Meer am kürzesten wäre. Dieser Fluss heißt jetzt Jökulsá und markiert die Grenze zwischen den Bezirken.

Die Namen der beiden Höfe, deren Besitzer in dieser magischen Auseinandersetzung den heutigen Verlauf der Jökulsá festgelegt haben sollen, sind noch heute lebendig. An Loðmunds Hof Sólheimar erinnert heute noch die Bezeichnung der Sandebene am Ostufer der Jökulsá, die den Namen Sólheimarsandur trägt; ebenso stellen die Namen der ersten Höfe östlich der Jökulsá nach wie vor Reflexe des ersten landnahmezeitlichen Namens dar: Ytri-Sólheimar, Eystri-Sólheimar, Sólheimahjáleiga und Sólheimatunga. Gleichermaßen altehrwürdig sind die Ortsnamen westlich der Jökulsá. Die Sandebene westlich des Flusses trägt den Namen Skógasandur; noch immer gibt es einen Hof Skógar, der den Namen von Þrasis Siedlungsplatz unmittelbar bewahrt; und nach diesem Hof ist auch der berühmte Wasserfall Skógafoss benannt, der „Skógar-Fall". Eine neuzeitliche Volkssage verbindet den landnahmezeitlichen Zauberer von

Skógar übrigens auch mit diesem Wasserfall. Eine Variante dieser Sage erzählt, dass Þrasi in einer Höhle hinter dem Skógafoss eine Schatztruhe versteckt habe. Nur einmal, unter ganz besonderen Umständen, hätte ein isländischer Junge den Griff dieser Truhe zu fassen bekommen; damals brach der Griff jedoch ab, und die Truhe liegt heute noch hinter dem Wasserfall verborgen. Der Truhengriff diente später als Türgriff einer Kirche und ist heute, nur wenige hundert Meter vom Wasserfall entfernt, im Heimatmuseum von Skógar zu sehen.

Nicht von religionsgeschichtlichem, aber doch von einigem ökologischem Interesse ist übrigens der Ortsname „Skógar". Er bedeutet „Wälder" und illustriert damit den gravierenden Unterschied zwischen der bewaldeten Insel vor der Landnahme und dem heutigen Zustand, in dem höhere Vegetation in Island so selten ist, dass jeder kleine Hain zu einer Sehenswürdigkeit wird.

Der „Sonnenheimgletscher" Sólheimajökull, wo der „Gletscherfluss" Jökulsá entspringt.

37. Hörgsland, Hörgslandskot, Hörgsdalur: Von der Religionsgeschichte einiger Ortsnamen*

Wenn man auf der Ringstraße von Kirkjubæjarklaustur aus nach Osten fährt und der Route auf einer einigermaßen detaillierten Karte folgt, bemerkt man vielleicht, dass die Straße etwa fünf Kilometer hinter Kirkjubæjarklaustur an einer Gruppe von Siedlungsplätzen vorbeiführt, deren Namen mit dem Element *Hörg-* beginnen: Hörgsland (wo heute u.a. ein Campingplatz geführt wird), Hörgslandskot und – jenseits des Flusses in den Bergen – Hörgsdalur.

Hinter dem Vorderglied aller drei Ortsnamen steht das altnordische Wort *hörgr*; sie bedeuten „*hörgr*-Land", „*hörgr*-Land-Kate" und „*hörgr*-Tal". Die Grundbedeutung des Worts *hörgr*, das auch im Altenglischen und im Althochdeutschen Verwandte hat, dürfte in etwa „Steinhaufen" gewesen sein. Dieser „Steinhaufen" war dabei allerdings kein gewöhnlicher Steinhaufen, sondern vielmehr einer, der im sakralen Bereich beheimatet war: ein aus Steinen aufgeschichteter Altar. So heißt es im Hyndla-Lied, wenn Óttars hingebungsvolle Verehrung der Göttin Freyja beschrieben wird (→Flatey):

> *Einen Altar* (hörgr) *errichtete er mir, aus Steinen aufgeschichtet:*
> *Dies Gestein ist jetzt zu Glas geworden;*
> *er rötete ihn in frischem Rinderblut;*
> *stets vertraute Óttarr auf die Asinnen.*

Zu dieser in farbenfrohen Rottönen gehaltenen Schilderung von Opfern auf einem aus Steinen errichteten *hörgr* gibt es genug Parallelen, um wahrscheinlich zu machen, dass die ursprüngliche Bedeutung von *hörgr* als Begriff der Sakralsprache wohl tatsächlich „ein aus Steinen aufgeschichteter Opferaltar" war. Darunter, dass der Stein des Altars „zu Glas geworden" ist, mag sich der Dichter dieser Strophe vorgestellt haben, dass die Hitze der Opferfeuer das Gestein zu

---

* Ferðakort-Straßenatlas 13 V12.

Hörgsland, das „Land des Steinaltars".

Glas geschmolzen hat; die Stelle ist aber auch so aufgefasst worden, dass mit der „Verglasung" des Steins ein „glasiger" Überzug aus dem Blut der vielen dort geschlachteten Opfertiere gemeint gewesen sei. So oder so ist diesem Detail jedoch kaum viel Gewicht beizumessen: Das Hyndla-Lied ist erst Jahrhunderte nach der Christianisierung Islands entstanden, und es handelt sich hier daher nicht um ein zeitgenössisches Bild heidnischer Opferpraxis, sondern nur um eine hochmittelalterliche christliche Vorstellung davon, wie eine solche Opferpraxis ausgesehen haben könnte. Zudem gibt es noch ein weiteres Problem für die Bestimmung der genauen Assoziationen, die mit dem Begriff *hörgr* verbunden waren: Schon in verschiedenen Eddaliedern finden sich Indizien dafür, dass das Wort *hörgr* bereits in spätheidnischer Zeit neben dem eigentlichen Opferaltar auch einen gebauten Tempel bezeichnen konnte. In letzterem Sinne wird *hörgr* von Snorri verwendet, wenn er erzählt, dass in Asgard eine sehr schöne Halle stand, die der Tempel (*hörgr*) der Göttinnen war (→Ásgarður, S. 124). Dieses Schwanken zwischen der ursprünglichen Bedeutung von *hörgr* als „Steinaltar" und der sekundären, aber vielleicht noch spätheidnischen Bedeutung als „gezimmerter Tempel" macht es unmöglich, klar zu sagen, ob Ortsnamen wie Hörgsland besser als „Altar-Land" oder als „Tempel-Land" aufzufassen sind. Oder anders gesagt: Es lässt sich heute nicht mehr bestimmen, ob Hörgsland, Hörgslandskot und Hörgsdalur nach einem Opferaltar oder nach einem kleinen Kultgebäude benannt sind. Klar ist jedoch, dass es sich bei diesen drei Ortsnamen um Bezeichnungen handelt, die auf einen heidnischen Kult verweisen. Sie sind gewissermaßen das heidnische nordische Äquivalent zu christlichen deutschen Ortsnamen wie „Kirchdorf".

38. Dverghamrar: Von den Bewohnern der Lavaklippen*

Etwa fünf Kilometer östlich der Gruppe der „Opferaltar-Ortsnamen" von Hörgsland, Hörgslandskot und Hörgsdalur liegen die Dverghamrar. Hierbei handelt es sich um zwei markante Basaltfelsen, deren Südseiten in senkrechten Klippen enden, die ganz aus den typischen Basaltsäulen bestehen. Die senkrechten Wände aus Säulenbasalt sind hier von solcher Regelmäßigkeit, dass sie der Felsformation beinahe das Aussehen eines Orgelprospekts verleihen. Der Parkplatz, der zu dieser Natursehenswürdigkeit gehört, liegt unmittelbar südlich der Ringstraße, in Sichtweite des Wasserfalls Foss á Síðu. Vom Parkplatz sind die Dverghamrar nur noch knapp hundert Meter entfernt und über einen Fußpfad zu erreichen. Von der Ringstraße aus sind sie nicht zu sehen, da die Klippen auf der Seite der Felsformation liegen, die von der Straße wegweist. Sie sind an der Straße jedoch ausgeschildert.

Der Name Dverghamrar bedeutet wörtlich „Zwergenklippen". Dieser Name spielt auf die Zwerge der nordischen Mythologie an, wie sie uns schon mehrfach begegnet sind. Die altnordischen Zwerge sind Wesen, die im Inneren der Felsen leben. So beginnt die „Erzählung von Sörli" damit, wie die Göttin Freyja an einem Felsen vorbeigeht, in dem vier Zwerge ihre Werkstatt haben (→Flatey, S. 156), und so kann der spätheidnische Skalde Egill Skallagrímsson in seinem Gedicht *Sonatorrek* die Meeresklippen als „Bootshaustore der Zwerge" umschreiben, da Felsen am Meer für Felsbewohner naheliegende Bootshäuser darstellen (→Borgarnes, oben S. 205). In eine ähnliche Richtung weist auch die altnordische Bezeichnung für das Echo: Denn das Echo heißt *dverg-mál*, „Zwergenspruch"; es ist die neckische Antwort eines Zwergs auf den Ruf eines Menschen.

In ihren Felsen haben die Zwerge auch ihre Werkstätten. Von allen Wesen sind sie die kunstfertigsten Schmiede, und

---

* Ferðakort-Straßenatlas 13 V12.

Dverghamrar, die „Zwergenfelsen". Im Hintergrund zwischen den Zwergenfelsen ist der Wasserfall Foss á Síðu zu sehen.

so treten sie in der nordischen Mythologie gerade auch deshalb immer wieder auf, weil sie praktisch alle Götterkleinodien geschaffen haben: Thors Hammer Mjöllnir, Odins Speer Gungnir und seinen goldenen Ring Draupnir, das goldene Haar der Sif, Freys Schiff Skíðblaðnir und seinen goldenen Eber Gullinborsti, und Freyjas Schmuckstück Brísingamen (→Ásbyrgi, S. 58; →Flatey, S. 156). Mit dieser besonderen Kunstfertigkeit geht einher, dass die Zwerge immer wieder als besonders weise gelten. So bezeichnet das Eddalied *Völuspá*, die „Prophezeiung der Seherin", die Zwerge als „die Weisen der Felswand" (→Surtshellir, S. 199). Das Eddalied *Alvíssmál* beschreibt sogar einen Wissenswettkampf zwischen einem Zwerg und dem Gott Thor. In diesem Lied wohl des 12. Jahrhunderts wird geschildert, wie der Zwerg Alvíss („der Allwissende") Thor aufsucht, um dessen Tochter zur Frau zu bekommen: Während Thor auf einer seiner Fahrten unterwegs war, ist ihm das Mädchen versprochen worden. Thor weiß hiervon nichts und ist darüber auch alles andere als erfreut; da das Versprechen nun aber schon gegeben ist, will er es auch achten – unter der Bedingung, dass Alvíss zuvor seine Weisheit unter Beweis stellt, indem er die Fragen des Gottes beantwortet. Tatsächlich macht der „Allwissende" seinem Namen alle Ehre und es gelingt ihm, Thor auf alle seine Fragen zu antworten. Der Zwerg übersieht hierbei jedoch, dass die Nacht während dieser Wissensprobe vorübergeht, und als die ersten Lichtstrahlen des Morgens in die Halle fallen und den Zwerg treffen, wird er sofort zu Stein.

Auf nochmals ganz andere Art mit dem Besitz von Weisheit verbunden werden die Zwerge im Mythos von der Entstehung des Skaldenmets. Snorri erzählt diesen Mythos folgendermaßen: Nachdem die Asen und Wanen in der Urzeit gegeneinander Krieg geführt haben, schließen sie schließlich Frieden. Als dieser Friede geschlossen wird, spucken sowohl die Asen als auch die Vanen in ein Gefäß, und aus dem gesammelten Speichel schaffen sie den Mann Kvasir, der so weise ist, dass er jede Frage beantworten kann. Kvasir durchstreift die Welt und gibt sein Wissen weiter, doch als er bei zwei Zwergen zu Gast ist, wird er von ihnen ermordet. Die Zwerge fangen Kvasis Blut auf und vermischen es mit Honig; so entsteht der Skaldenmet, der jeden, der davon trinkt, zu einem Dichter macht. Bei einer späteren Gelegenheit haben diese zwei Zwerge einen Riesen und seine Frau zu Gast. Sie nehmen den Riesen mit auf See; als ihr Schiff jedoch kentert, ertrinkt der Riese, da er nicht schwimmen kann. Die Zwerge allerdings schaffen es, nach Hause zu kommen, und erzählen der Frau des Riesen vom geschehenen Unglück. Diese fängt darauf zu weinen an, und um sie zum Schweigen zu bringen, lassen ihr die Zwerge einen Mühlstein auf den Kopf fallen. Als der Sohn des Riesenpaars hiervon erfährt, packt er sich die beiden Zwerge und setzt sie auf einer Schäre aus, die bei Flut vom Meer überspült wird. Um mit dem Leben davonzukommen, müssen sie den Skaldenmet hergeben. So gelangt dieser Met zu den Riesen, von wo er später von Odin gestohlen wird.

Das reichlich mörderische Verhalten der beiden Zwerge, die durch den Mord an Kvasir den Skaldenmet schufen, fällt gerade im Vergleich zur positiven Rolle auf, die die Zwerge bei der Schaffung der Götterkleinodien spielen. Die Zwerge sind üblicherweise ausgesprochen hilfreiche Wesen – jedoch nicht immer. Ähnlich unsicher ist, was passiert, wenn ein Mensch am Haus eines Zwergs vorbeikommt. Eine Informationstafel bei den Dverghamrar gibt ausführlich eine Geschichte wieder, die davon erzählt, wie ein junges Mädchen im Jahre 1904 an den Basaltklippen vorbeiging und hörte, dass dort eine christliche Hymne gesungen wurde: Daraus konnte man ersehen, dass die Zwerge in der Klippe Christen waren; und für das Mädchen ergab sich aus der Begegnung kein Schaden. Deutlich weniger glücklich erging es dem Schwedenkönig Sveigðir. Snorri erzählt dessen Lebensgeschichte in seiner *Ynglinga saga*, der „Saga von den Ynglingen". Er weiß von ihm zu berichten, dass Sveigðir nach dem Antritt seiner Herrschaft ein Gelübde ablegte, das Land der Götter und sogar Odin persönlich zu suchen. Die sich daraus ergebende Reise führt ihn für fünf Jahre durch die ganze Welt, bis in die Türkei und nach Westasien. Schließlich kommt er jedoch nach Hause zurück und bleibt dort eine Zeitlang. Das Leben in der Heimat kann ihn jedoch auf Dauer nicht halten, und so begibt er sich erneut auf die Suche nach Odin:

> *Sveigðir fuhr wieder aus, um das Land der Götter zu suchen. Und im östlichen Schweden heißt ein großer Hof „beim Stein"; da gibt es einen Stein, der so groß ist wie ein großes Haus. Am Abend nach Sonnenuntergang, als Sveigðir vom Trinken zur Schlafkammer ging, da sah er zum Stein, wo ein Zwerg unter dem Stein saß. Sveigðir und seine Männer waren sehr betrunken und liefen zum Stein. Der Zwerg stand in der Tür und rief Sveigðir an, bat ihn dort einzutreten, wenn er Odin treffen wollte. Sveigðir lief in den Stein, und der Stein verschloss sich sofort wieder, und Sveigðir kam nicht zurück. So spricht Þjóðólfr aus Hvinir:*
>
> > *Und der tagscheue*
> > *Saalwächter*
> > *von Durnis Verwandten*
> > *betrog Sveigðir,*
> > *als in den Stein*
> > *der hochgesinnte*
> > *Verwandte Duslis*
> > *hinter einem Zwerg herlief;*
> > *und der helle Saal*

Sökmímis und der Seinen,
der riesenbewohnte,
gähnte für den Eber.

Die Verwandten des Durnir = die Zwerge;
Verwandter des Dusli = Sveigðir;
Sökmímir = ein Riese; Saal des Riesen = der Stein;
Eber = König.

Diese Passage in der Saga von den Ynglingen illustriert die Ambivalenz, die auch die Zwerge – obwohl gerade sie zumeist als positive Figuren erscheinen, die wunderbare Gegenstände schaffen – in der literarischen Mythologie des christlichen Mittelalters entwickeln können. In dieser Episode wird ein Zwerg zum Werkzeug des Untergangs eines heidnischen Königs, bei dem dieser König von den Figuren seiner eigenen heidnischen Religion verraten wird: Die christliche Agenda hinter der Anekdote ist nicht zu übersehen. Im Grunde ist eine solche christliche Agenda auch nicht verwunderlich, immerhin stammt diese Saga erst aus dem 13. Jahrhundert; erstaunlich ist eigentlich vielmehr, wie viele Texte die gelehrte Schriftkultur des christlichen Nordeuropa hervorgebracht hat, die keine so offenkundige christliche Agenda verfolgen. Und erstaunlich ist – umso mehr im Kontrast zur Geschichte des Sveigðir – im Grunde auch die moderne Geschichte über die Zwerge von Dverghamrar, die eine christliche Hymne singen: Die Figuren der alten, vorchristlichen Kosmologie werden in dieser Geschichte unmittelbar in die neue christliche Weltsicht integriert, indem auch sie einfach zu Christen gemacht werden. Die beiden Geschichten von Sveigðir und von den singenden Zwergen von Dverghamrar illustrieren zwei extrem gegensätzliche Arten, nach dem Religionswechsel mit den Figuren der vorchristlichen Religion umzugehen: Eine Methode besteht darin, die alten Figuren zu dämonisieren, und die andere darin, sie im Sinne der neuen Religion umzudeuten und sie mehr oder weniger bruchlos positiv in das neue Weltbild zu integrieren. Beide Ansätze sind in der Geschichte der Christianisierung Europas auch anderswo bezeugt; der mit weitem Abstand dominierende ist jedoch derjenige der Dämonisierung der vorchristlichen Vorstellungswelt.

39. Hof am Álftafjord: Von Disen, Sehern und dem Glaubenswechsel*

An der Südwestküste des Álftafjords – der eigentlich weniger ein Fjord ist als eine Lagune – mündet der kleine Fluss Hofsá ins Meer. Unmittelbar nördlich des Brückendamms, auf dem die Ringstraße die Hofsá überquert, führt eine Schotterstraße nach Westen ins Tal Hofsdalur hinauf. Folgt man dieser Straße für knapp drei Kilometer, so gelangt man nach Hof. Dort befindet sich gleich neben dem bäuerlichen Anwesen die frühere Pfarrkirche des Kirchspiels: ein kleines, schlichtes, weiß gestrichenes Kirchlein mit blauem Dach, das inmitten eines kleinen Friedhofs liegt.

Die Geschichte von Hof reicht – wie dies bei so vielen isländischen Bauernhöfen der Fall ist – bis ganz an den Anfang der isländischen Besiedlung zurück. Der literarische Ruhm Hofs beruht dabei vor allem auf dem *Þiðranda þáttr ok Þórhalls*, der „Geschichte von Þiðrandi und Þórhallr"; die erste Fassung dieser Erzählung dürfte wohl um das Jahr 1200 vom Mönch Gunnlaugr Leifsson abgefasst worden sein, der im Kloster →Þingeyrar wirkte. Erhalten ist die Erzählung unter anderem in der Handschrift *Flateyjarbók* (→Flatey).

Zu der Zeit, zu der die Erzählung von Þiðrandi und Þórhallr spielt, lebte auf Hof am Álftafjord ein Mann namens Síðu-Hallr (auch bekannt als Hallr von Síða; für seine spätere Rolle bei der Christianisierung Islands vgl. →Þingvellir). Þiðrandi, nach dem die Geschichte benannt ist, ist Síðu-Halls Lieblingssohn. Die dritte Hauptperson der Erzählung ist Þórhallr, genannt „der Seher". Þórhallr ist Síðu-Halls engster Freund, und die beiden Männer besuchen einander oft. Eines Tages lädt Síðu-Hallr seinen Freund ein, seinen Besuch auf Hof doch bis zu einem Fest auszudehnen, das er im Herbst feiern würde. Auch Þiðrandi kommt zu dieser Gelegenheit heim auf das väterliche Anwesen; seine Tüchtigkeit wird dort – wie schon oft zuvor – von allen Leuten gelobt. Nur Þórhallr ist in der Nähe des jungen Mannes auffallend schweigsam. Síðu-Hallr bemerkt dies und fragt ihn nach der

---

* Ferðakort-Straßenatlas 11 AE9.

Hof am Álftafjord im Tal Hofsdalur.

Ursache dafür. Darauf meint er, dass Síðu-Hallr auch so genug um seinem Sohn trauern wird, selbst wenn ihm nicht jeder erzählt, was für ein guter Mann er ist. Als das für den Herbst angesetzte Fest näher rückt, wird Þórhallr immer betrübter und prophezeit schließlich, dass bei diesem Fest ein Seher getötet werden würde.

Síðu-Hallr zeigt sich von dieser düsteren Prophezeiung wenig beeindruckt: Er erwidert, dass er einen alten Ochsen habe, dem er den Namen „Seher" gegeben hätte, weil dieser Ochse klüger sei als die anderen Tiere in seiner Herde. Den werde er schlachten, und so sei die Prophezeiung erfüllt, ohne dass Þórhallr sich Sorgen machen müsse. Diese ermutigenden Worte verfehlen allerdings ihre Wirkung auf Þórhallr, und so bietet Síðu-Hallr schließlich sogar an, das Fest abzusagen; Þórhallr ist jedoch ganz fatalistisch und lehnt dieses Angebot ab: Was er prophezeit hat, werde so oder so eintreten.

Als der Abend des Fests gekommen ist, richtet Þórhallr an alle Anwesenden die Bitte, in dieser Nacht unter keinen Umständen das Haus zu verlassen und, was auch immer draußen geschehen möge, es nicht zu beachten. Darauf wird das Festmahl abgehalten. Þiðrandi bewirtet alle in bester Weise, und als es Zeit ist, sich zu Bett zu begeben, verzichtet er auf sein eigenes Bett und stellt es für die Gäste seines Vaters zur Verfügung. Er selbst schläft auf dem Podium am Ende der Halle neben der Tür. Da klopft es an der Tür; aber alle gehorchen der Anweisung Þórhalls und ignorieren das Klopfen. So geht es zwei Mal, aber beim dritten Mal kann Þiðrandi nicht mehr an sich halten: Es sei doch eine Schande, nicht aufzumachen, wenn Gäste vor der Tür stehen.

Þiðrandi geht nun hinaus und sieht sich draußen um. Da sieht er sich plötzlich zwischen zwei Gruppen von jeweils neun Frauen: Die eine Gruppe besteht aus neun schwarzgekleideten Frauen auf schwarzen Pferden und mit Schwertern in ihren Händen, und die andere Gruppe aus neun weißgewandeten Frauen auf weißen Pferden. Þiðrandi will ins Haus zurückgehen, doch die schwarzgewandeten Frauen sind schneller als er und greifen ihn mit ihren Schwertern an.

Später in der Nacht wacht Þórhallr auf und bemerkt, dass Þiðrandi nicht mehr im Haus ist; da ahnt er, was sich ereignet hat. Sie finden den jungen Mann tödlich verwundet vor dem Haus liegen. Er kann noch erzählen, was ihm zugestoßen ist, stirbt dann aber bei Sonnenaufgang und wird in einem Grabhügel bestattet.

Þiðrandi hatte keine Feinde, und so scheitern alle Versuche, seine Mörder zu finden. Eine Erklärung der Ereignisse wird erst vorgebracht, als Síðu-Hallr seinen hellsichtigen Freund Þórhallr fragt, wer die Schuld an Þiðrandis Tod trägt. Þórhallr meint, dass es sich bei den Mördern wohl um die „Fylgjen" von Síðu-Halls Familie gehandelt haben wird, die das Kommen eines neuen Glaubens vorhergesehen hätten; diese „Disen" gehörten zum heidnischen Glauben, und es hätte ihnen wohl nicht gefallen, dass Síðu-Halls Familie sich von ihnen abwenden werde. Da hätten sie sich selbst noch eine letzte Opfergabe geholt. Die weißen Frauen aber seien wohl die Vertreterinnen des kommenden Glaubens gewesen; sie seien besser als die Vertreterinnen des alten Glaubens, aber wären nicht in der Lage gewesen, Þiðrandi zu helfen. In der Zukunft werden sie Síðu-Halls Familie aber nützlich sein.

Nach diesen Geschehnissen will Síðu-Hallr nicht mehr auf Hof bleiben und zieht nach Þvottá um. Dieses Anwesen existiert heute noch; wer auf der Ringstraße von Süden her nach Hof fährt, passiert Þvottá gut sieben Kilometer vor der Abzweigung, die ins Hofsdalur hinaufführt. Auch dort ist der hellsichtige Þórhallr wieder ein gerngesehener Gast. Eines Tages ist Þórhallr zu Besuch und verbringt die Nacht in einem Zimmer mit einem kleinen Fenster. Am Morgen lächelt er.

> *Hallr sprach: „Warum lächelst du jetzt?"*
> *Þórhallr antwortete: „Ich lächle deswegen, weil sich manch ein Hügel öffnet und jedes nur erdenkliche Wesen – sowohl klein als auch groß – seine Tasche packt, und sie umziehen."*

Und nur wenig später kam der christliche Missionar Þangbrandr nach Island.

Der *Þiðranda þáttr ok Þórhalls* legt eine Behandlung des Bekehrungsthemas vor, die in Island eine vergleichsweise große Bekanntheit erlangt zu haben scheint. Auch in der *Njáls saga* wird die Tötung Þiðrandis durch die Disen beiläufig erwähnt, und gerade die Beiläufigkeit der Behandlung dieses Themas in der Saga von Njáll legt nahe, dass der Verfasser dieser Saga bei seinen Lesern eine grundsätzliche Vertrautheit mit der Geschichte voraussetzen konnte. Nichtsdestoweniger ist die Erzählung von Þiðrandi keine „traditionelle" Geschichte, die heidnisches Mythengut in unvoreingenommener Weise tradieren würde, sondern eine klerikale Auseinandersetzung mit dem Übergang von der vorchristlichen Zeit zum Christentum: Die Zeichnung der alten Fylgjen bzw. Disen als mörderische, schwarzgekleidete Wesen gleicht diese Figuren ebenso offenkundig an die Dämonen der christlichen Hölle an, wie die weißgewandeten Frauengestalten auf christliche Engelsvorstellungen verweisen. Dass diese Engels-Frauen den schwarzgekleideten Teufelinnen im Kampf um den jungen Þiðrandi unterliegen, ist im Gesamtzusammenhang der Erzählung nur stimmig: Þiðrandi und seine Familie sind noch Heiden, und als Heiden sind sie den Fängen des Teufels und seiner Schergen ausgeliefert. Erst mit der Ankunft des Christentums werden diese Wesen ihre Macht verlieren und zurückweichen – und genau dies geschieht in der letzten Szene der Erzählung, als sich die Hügel öffnen und ihre Bewohner das Land verlassen. Hiermit kündigt sich die Ankunft des Missionars Þangbrandr und damit der christlichen Lehre an, und der hellsichtige Þórhallr beobachtet diese Ereignisse mit Freude, weiß er doch, dass nun eine neue Zeit des Heils anbricht.

Beim *Þiðranda þáttr ok Þórhalls* handelt es sich somit nicht um eine Behandlung vorchristlicher Mythenmotive, die heidnische Vorstellungen für die Nachwelt aufzeichnen will, sondern um eine durchkomponierte, polemische Darstellung des Religionswechsels aus einer christlichen Perspektive. Damit geht einher, dass die Behandlung der vorchristlichen Religion massive Ungenauigkeiten aufweist: In der Schilderung der schwarzen und weißen Reiterinnen werden Motive aus ganz unterschiedlichen Quellen zusammengeworfen und miteinander kombiniert. Dies betrifft dabei nicht nur die Beeinflussung der Schilderung durch christliche Vorstellungen von weißen Engeln und schwarzen Teufeln, sondern beginnt wohl schon damit, dass Þórhallr die Reiterinnen einmal als Fylgjen (*fylgjur*) und ein andermal als Disen (*dísir*) bezeichnet. Eine Figur von der Art der Fylgjen ist uns bereits in Nordisland begegnet (→Munkaþverá); bei solchen „Folgegeistern" scheint es sich um eine Art von Schutzgeistern gehandelt zu haben, die mit einzelnen Menschen verbunden waren und bei deren Tod auf andere Mitglieder ihrer Familie übergehen konnten. Die Disen hingegen scheinen ursprünglich primär eine Art von weiblichen Gottheiten gewesen zu sein, die einen Kult empfingen, denen man Opfer darbrachte und für die Tempel errichtet wurden. Dabei dürften sie insbesondere mit dem Thema der Fruchtbarkeit verbunden gewesen sein. Zwei Isländersagas – die *Víga-Glúms saga* und die *Egils saga* – berichten von einem „Disenopfer" (*dísablót*), das im Herbst in Norwegen gefeiert worden sei. Details zum Ablauf eines solchen Opfers enthalten diese Schilderungen jedoch nicht; aus ihnen geht nur hervor, dass das Opfer mit einem Gastmahl verbunden war. Andere Quellen verbinden einen Disenkult besonders mit Uppsala in Schweden, wobei in diesem Zusammenhang auch von einem „Disentempel" (*dísarsalr*) die Rede ist. Dabei gibt es Indizien dafür, dass die Disenopfer in Uppsala nicht im Herbst abgehalten wurden, wie dies die *Víga-Glúms saga* und die *Egils saga* für die norwegischen Disenopfer behaupten, sondern im Februar. Eine allgemeine Bestätigung dafür, dass ein Kult der Disen tatsächlich einen etablierten Teil der vorchristlichen Religion Skandinaviens bildete, liefern ferner einige schwedische und norwegische Ortsnamen. Insgesamt lässt sich aus diesen Zeugnissen jedoch kein auch nur annäherungsweise detailliertes Bild der vorchristlichen Disenvorstellungen entwickeln, da sie durchgehend keine Details bieten und in den wenigen Einzelheiten, die sie enthalten, oftmals wohl unzuverlässig sind. Tatsächlich kann man die Vermischung der Kategorien „Fylgjen" und „Disen" im *Þiðranda þáttr* dem Verfasser dieses Texts kaum persönlich zum Vorwurf machen: Neben dem spezifischen Bezug auf eine Klasse von Göttinnen, die in Skandinavien einen Kult empfingen, wurde der Begriff „Disen" in der nordischen Literatur schon früh auch in einem weiteren bzw. übertragenen Sinne gebraucht. So werden etwa die Walküren (→Hlíðarendi) gerade in der Dichtung immer wieder als „Disen" bezeichnet, und darüber hinaus kann „Dise" sogar als ein einfaches Synonym für „Frau" verwendet werden.

Insgesamt ist der *Þiðranda þáttr ok Þórhalls* somit zwar ein Text, der einige mythische Ereignisse und das Auftreten mythologischer Figuren am Álftafjord beschreibt, aber als Quelle für die Mythologie der vorchristlichen Zeit ist diese hochmittelalterliche Erzählung kaum aussagekräftig. Vielleicht die religionsgeschichtlich authentischste Aussage des Texts ist die kurze Passage ganz an seinem Ende, in der beschrieben wird, wie allerlei Wesen in den Hügeln um Síðu-Halls Anwesen leben (und bei der Ankunft des Christentums ihre Koffer packen). Denn die Vorstellung solcher Landgeister passt sehr genau zu den Vorstellungen, die von verschiedenen Quellen mit übernatürlichen Wächtern der isländischen Küsten verbunden werden (→Seyðisfjörður); und noch im 19. Jahrhundert wurde aus dem Nordwesten Islands berichtet, dass dort gewisse Steine als „Landdisensteine" (*landdísasteinar*) bezeichnet und mit besonderer Achtung behandelt wurden.

40. Papey: Von irischen Pilgern und der Hoffnung auf das Paradies*

Nur wenige Kilometer vor der Spitze der Landzunge, auf der sich die kleine Stadt Djúpivogur um ihren malerischen Hafen schmiegt, liegt die Insel Papey. Papey hat heute keine festen Einwohner mehr, sondern ist inzwischen ganz in der Hand der vielen Seevögel, die dort nisten. Während der Landnahmezeit zog diese kleine, gerade einmal zwei Quadratkilometer große Insel jedoch durchaus Siedler an: Der Archäologe Kristján Eldjárn grub in den 1970er Jahren auf Papey einen Hof aus dem 10. Jahrhundert aus. (Diese Ausgrabung leitete er übrigens während seiner Amtszeit als isländischer Staatspräsident.) Heute ist Papey während der Sommermonate, von Anfang Juni bis Ende August, mit einem Ausflugsboot von Djúpivogur aus zu erreichen.

Der Name „Papey" bedeutet „Insel der *papar*". Sprachlich ist der Begriff *papar* verwandt mit dem deutschen, heute nur noch abfällig gebrauchten Wort „Pfaffen", der deutschen Bezeichnung für einen griechisch-orthodoxen Priester (einen „Popen"), und der Amtsbezeichnung des „Papstes". Alle diese Bezeichnungen für christliche Priester sind letztlich vom lateinischen *papa* und dem griechischen πάππα (*páppa*) abgeleitet. Im Altnordischen bezeichnete das Wort *papar* insbesondere eine spezifische Art irischer Kleriker: asketische Eremiten, die sich vor dem Beginn der nordischen Landnahme in Island aufgehalten und hier Mönchsklausen bewohnt haben sollen. Die *Íslendingabók*, das „Buch der Isländer" aus dem 12. Jahrhundert, schreibt in diesem Sinne Folgendes über Island zur Zeit der ersten Landnahme durch skandinavische Siedler im späten 9. Jahrhundert:

> *Damals waren hier christliche Männer, die die Nordmänner ‚papar' nennen; aber sie fuhren dann weg, da sie hier nicht zusammen mit heidnischen Männern leben wollten. Und sie ließen irische Bücher und Glocken und Krummstäbe zurück; daraus konnte man ersehen, dass sie Iren waren.*

---

* Ferðakort-Straßenatlas 11 AG9.

Abenddämmerung am Hafen von Djúpivogur, von wo das Schiff nach Papey ablegt.

Ein noch deutlich früheres Zeugnis für solche irische Eremiten im Nordatlantik findet sich in der Schrift *Von der Vermessung des Erdkreises*, die der irische Gelehrte Dicuil um das Jahr 825 am Hof Karls des Großen verfasste. Dort erwähnt Dicuil die Insel Thule, mit der wohl Island gemeint ist, und zitiert einen Augenzeugenbericht über die Helligkeit der Sommernächte auf dieser Insel. Diesen Bericht will er dreißig Jahre zuvor von Klerikern gehört haben, die die Zeit vom ersten Februar bis zum ersten August auf dieser Insel verbracht hatten. In den Tagen um die Sommersonnenwende, so erzählten diese Männer Dicuil, war es dort so hell, dass man alles tun konnte, was man wollte – sogar sich die Läuse vom Hemd klauben. Wer heute zur Zeit der Sommersonnenwende nach Island reist, wird dies bestätigen können – wenn auch hoffentlich nur im Prinzip, und nicht spezifisch mit Bezug auf Läuse.

Das Zeugnis Dicuils wird zumeist als Beleg dafür gewertet, dass irische Kleriker auf der Suche nach einem Ort für ihre Meditation gegen Ende des 8. Jahrhunderts bis nach Island gelangten. Bald darauf kam die irische Praxis solcher Pilgerfahrten zur See auf der Suche nach einem Ort monastischer Abgeschiedenheit jedoch zu einem Ende – und der Grund für dieses Ende waren, wie es schon das „Buch der

Isländer" andeutete, die Fahrten der Nordmänner. Dicuils Werk enthält auch hierzu eine interessante Bemerkung. Diese Bemerkung wird üblicherweise spezifisch auf die Färöer bezogen, dürfte jedoch auch auf andere Inseln des Atlantiks übertragbar sein:

> *Es gibt noch jene anderen ganz kleinen Inseln, die fast alle zugleich durch schmale Meerengen voneinander getrennt sind. Auf diesen hatten für beinahe hundert Jahre Eremiten gelebt, die zu Schiff aus unserem Irland gekommen waren. Aber wie sie [=die Färöer] vom Beginn der Welt an stets verlassen gewesen waren, so sind sie jetzt aufgrund der skandinavischen Piraten leer von Anchoriten und voll mit zahllosen Schafen und verschiedenen, über jedes Maß hinaus vielen Arten von Seevögeln.*

Die Vorstöße irischer Asketen auf Inseln des Nordatlantiks waren diesem Zeugnis zufolge über einen langen Zeitraum hinweg ein fester Bestandteil der irischen Mönchskultur. Ein Ende setzte ihnen erst die stete Bedrohung durch skandinavische Plünderer während der Wikingerzeit, die im späten 8. Jahrhundert begann.

Welche Träume waren es jedoch, die irische Asketen so weit in den Nordatlantik hinaustrieben, dass sie auf ihren Pilgerfahrten möglicherweise sogar die Färöer und Island erreichten? Eine Antwort hierauf – wenn auch vielleicht nicht die einzig mögliche Antwort – gibt ein in lateinischer Sprache verfasster Text aus der Feder eines irischen Autors, der heute zumeist ins späte 8. oder frühe 9. Jahrhundert datiert wird: die *Navigatio Sancti Brendani*, die „Seefahrt des Heiligen Brendan". Der größte Teil dieses Texts beschreibt, wie der Heilige Brendan für viele Jahre die See durchsegelt und dort nach dem „Gelobten Land der Heiligen" sucht – und es am Ende auch findet. Das einleitende Kapitel dieses Texts beschreibt ausführlich, wie es überhaupt dazu kam, dass Brendan zu seiner Suche aufbrach. Verantwortlich hierfür, so unser Text, war der Heilige Barrind.

Dieser Barrind kommt eines Tages in ausgesprochen aufgewühltem Zustand ins Kloster Brendans in Clonfert. Auf

Der Blick über die Spitze der Halbinsel Búlandsnes hinaus auf die Insel Papey, die „Pfaffeninsel".

die nachdrückliche Aufforderung Brendans hin erzählt Barrind schließlich, was ihn so erschüttert hat. Barrind war eines Tages aufgebrochen, um seinen Schüler Mernóc zu besuchen, der inzwischen selbst Abt eines Inselklosters war und viele Wunder wirkte. Beim Kloster Mernócs angekommen, wurde Barrind aufs herzlichste empfangen. Am Morgen nach seiner Ankunft brachte Mernóc seinen früheren Lehrer an die Westküste der Insel, auf der sich sein Kloster befand; dort fanden sie ein Boot vor, und Mernóc forderte Barrind auf, mit ihm zusammen nach Westen zum „gelobten Land der Heiligen" zu segeln. Nachdem sie in See gestochen waren, umhüllte sie bald ein dichter Nebel; eine Stunde später aber fanden sie sich plötzlich in großer Helligkeit wieder und gelangten zu einem Land, in dem alle Pflanzen Blüten und alle Bäume Früchte trugen, und wo alle Steine Edelsteine waren. Sie erkundeten dieses Land, bis sie an das Ufer eines Flusses gelangten. Dort erschien ihnen ein Engel und verkündete ihnen, dass sie das Land erreicht hätten, das Gott einst seinen Heiligen geben wird; den Fluss jedoch durften sie nicht überqueren. Der Engel offenbarte ihnen auch, dass sie sich ein ganzes Jahr auf der Insel aufgehalten hatten – sie hatten es nur nicht bemerkt, da zu den wunderbaren Eigenschaften dieses Eilands zählt, dass es dort keinen Hunger, keinen Durst, keine Müdigkeit und keine Nacht gibt. Barrind und Mernóc kehrten nun zu ihrem Boot zurück und segelten damit wieder durch den dichten Nebel nach Hause zum Inselkloster Mernócs. Die dortigen Mönche waren bei ihrer

Rückkehr überglücklich, wenngleich sie sich verhalten darüber beklagten, so lange ohne ihren spirituellen Vater gewesen zu sein. Barrind jedoch tröstete sie mit dem Hinweis darauf, dass sie „vor der Pforte des Paradieses" leben:

> *„Hier in der Nähe liegt eine Insel, die das Gelobte Land der Heiligen genannt wird, wo weder die Nacht nahe ist noch der Tag endet. Dorthin geht euer Abt Mernóc häufig zu Besuch. Ein Engel Gottes nämlich bewacht sie. Erkennt ihr nicht am Geruch unserer Gewänder, dass wir im Paradies Gottes gewesen sind?"*
>
> *Da antworteten die Brüder, indem sie sagten: „Abt, wir wissen, dass du im Paradies Gottes in der Weite des Meeres gewesen bist, aber wo jenes Paradies sein mag, das wissen wir nicht. Denn oft haben wir den Duft der Gewänder unseres Abtes kennengelernt, der sich verbreitete, wenn er nach einer Spanne von vierzig Tagen von dort zurückkehrte."*

Die nächsten zwei Wochen waren Barrind und Mernóc von ihrem Aufenthalt im „Paradies Gottes in der Weite des Meeres" noch so durchdrungen, dass sie weder Trank noch Speise benötigten. Schließlich verabschiedete sich Barrind und machte sich auf den Heimweg; und auf dieser Reise besuchte er auch das Kloster Brendans, das auf seinem Weg lag. Dort erzählt Barrind nun seine Geschichte, und im Folgenden beschließt Brendan, dass auch er sich auf die Suche nach dem „Gelobten Land der Heiligen" in den Weiten des Meeres begeben wird.

Das „Paradies Gottes in der Weite des Meeres" greift in allen seinen Details – den fruchttragenden Bäumen, den Edelsteinen, dem ewigen Licht, dem Fluss – auf Elemente der zwei Schilderungen des Paradieses zurück, die die Bibel im Buch Genesis und in der Offenbarung des Johannes gibt. Nur die Lokalisierung des Paradiesgartens auf einer Insel westlich von Irland ist eigentümlich irisch, und neben vielen anderen Faktoren könnten hier die Anderweltsinseln der irischen Mythologie auf die geographische Verortung des Paradieses einen Einfluss genommen haben. Wie dem auch sei, in jedem Fall war das Motiv der Paradiesinsel westlich von Irland ein ungemein erfolgreiches Motiv, das in der irischen

Literatur in einem ganzen Genre von Texten immer wieder behandelt wird. In dieser Literatur kommt eine Haltung zum Ausdruck, die mit den Weiten des Ozeans eine Hoffnung auf spirituelles Heil, Glück und Erlösung verbindet. Diese Hoffnung auf ein Paradies inmitten des Meeres wurde mit größter Inbrunst verfolgt; sie war keine bloße Metapher, sondern es gibt sogar explizite Zeugnisse dafür, dass die Paradiesinsel im Westen als ein reales Element der Schöpfung aufgefasst wurde. Dies änderte sich übrigens auch nicht, als die „Seefahrt des Heiligen Brendan" in Kontinentaleuropa bekannt und geradezu zu einem mittelalterlichen Bestseller wurde: Der Text konnte von seinen Lesern überraschend wörtlich genommen werden. Auf diese Weise wurde die „Insel des Heiligen Brendan", das insulare irdische Paradies, zu einem festen Element der Kartographie. Selbst der berühmte Globus des Martin Behaim aus dem Jahr 1492 lokalisiert diese Insel noch als eine reale Insel im Atlantik.

Die Vorstellung, dass das Heil, sogar das irdische Paradies auf einer Insel im Atlantik zu finden ist, übte auf die irischen Mönche des Mittelalters eine ungemeine Faszination aus. Es war diese Faszination, die hinter den Pilgerfahrten zur See stand, die die *papar* bis nach Island geführt zu haben scheinen, wo das kleine Inselchen Papey noch heute ihren Namen trägt. Diese irischen Asketen wurden damit zu den ersten Menschen, die ihren Fuß auf isländischen Boden setzten – mit dem Ziel, dort die Erlösung und das Paradies zu finden. Vielleicht kann man als Besucher auf Papey ja selbst heute noch einen Schatten dieser Hoffnung spüren.

3. Anhänge

1. Einige Ruinenstätten und archäologische Fundplätze in Island

Ostisland

Geirsstaðir (Ferðakort-Straßenatlas 9 AF5, unmittelbar gegenüber Litlibakki): In Sichtweite des Hofs Litlibakki an der Straße 925 wurde in den 1990er Jahren ein wikingerzeitlicher Hof ausgegraben. Eine Tafel informiert über die Ergebnisse der Grabung. Die mittelalterliche Grassodenkirche wurde rekonstruiert und ist im Sommer von 11.00-17.00 Uhr geöffnet. Von der Straße aus deutlich sichtbar sind sowohl die rekonstruierte Grassodenkirche als auch eine aus Feldsteinen und Holz errichtete Skulptur eines Wikingerschiffs.

Horn (Ferðakort-Straßenatlas 11a/11 AD/AE10, ca. 7 km östlich von Höfn an der Ringstraße): Folgt man von der Ringstraße der Ausschilderung zum Café Viking auf die Halbinsel Horn, dann gelangt man nicht nur zum fraglichen Café (sowie einem Denkmal für den Landnehmer Hrollaugr Rögnvaldsson und der ein Stück dahinter gelegenen Filmkulisse eines „Wikingerdorfs"), sondern zugleich auch auf eine Halbinsel voller Ruinenstätten. Diese Ruinenstätten (Hofruinen und die Reste einer britischen Militärbasis aus der Weltkriegszeit) lassen sich vom Parkplatz beim Café Viking aus erwandern. Beim Parkplatz ist eine Faltkarte mit den Wanderwegen auf der Halbinsel und mit Informationen zu ihren historischen Orten und Ruinenstätten zu bekommen. Der Handelsplatz Papós im Osten der Halbinsel lässt sich in einer langen Wanderung mit den Stätten auf ihrer Südseite verbinden. Alternativ kann man Papós auf einer Stichstraße, die unmittelbar östlich der Halbinsel von der Ringstraße nach Süden abgeht, separat mit dem Auto ansteuern. Dazu folgt man unmittelbar östlich des Almannaskarð-Tunnels dem Hinweisschild in Richtung „Fjörður", biegt auf einer holprigen Schotterpiste kurz vor dem Hof nach links ab und folgt der Piste bis zur Informationstafel zu Papós. Neben den Informationstafeln sind auch hier die historischen Wanderkarten für die Halbinsel erhältlich. Vor Ort in Papós sind die Reste von Grassodengebäuden und die Fundamente der

Horn: die Reste der britischen Militärbasis aus dem Zweiten Weltkrieg.

Holzhäuser zu sehen, die in der zweiten Hälfte des 19. Jahrhunderts die Handelsstation beherbergten. Eines der Gebäude steht heute zehn Kilometer weiter westlich in Höfn, wo es als „Gamlabúð" das Informationszentrum des Nationalparks beherbergt. (Aufgrund des großen Werts von Holz im holzarmen Island wurden Holzhäuser im Fall eines Umzugs meist demontiert und am neuen Standort wieder aufgebaut.) Unmittelbar bei Papós befindet sich auch eine Ruine, die vom Volksmund mit den *papar* verbunden wird, den irischen Eremiten, die Island noch vor den Skandinaviern entdeckt haben sollen.

Hrafnkelsdalur (an der Str. 923/F923; Ferðakort-Straßenatlas 10 AC7/8): Beim (früheren) Hof Laugarhús Hinweisschild auf sichtbare archäologische Reste (seit der Landnahmezeit) an der Piste. Ein weiteres Hinweisschild befindet sich bei Aðalból. Neben dem Hof der mutmaßliche Grabhügel Hrafnkels (N 65°01.167' W015°34.196').

Mjóifjörður (Ferðakort-Straßenatlas 9 AH7): Entlang des Nordufers des Fjords eine Vielzahl moderner Hofruinen, dazu ein gestrandetes Stahlschiff. Am Südufer sollen sich die Reste einer norwegischen Walfangstation befinden, was zum

Zeitpunkt der Recherchen aufgrund eines zu hohen Wasserstands in der Furt aber nicht verifiziert werden konnte.

Papós (Ferðakort-Straßenatlas 11/11a AE10): →Horn.

Seljavellir (Ferðakort-Straßenatlas 11/11a AD10): Ca. 100 Meter westlich der Zufahrtsstraße zum Hof Seljavellir führt ein Feldweg von der Ringstraße nach Norden, dessen Zufahrt durch ein weißes Zauntor versperrt ist. Die Besitzer erlauben die Durchfahrt (2014), aber das Zauntor ist nach der Durchfahrt unbedingt wieder zu schließen, da hier Schafe gehalten werden. Nach der Durchfahrt folgt man der Schotterstraße ins Tal hinein. Kurz vor einer markanten Geländestufe (Kieswall), die quer durch das ganze Tal verläuft, biegt man nach links zu einem kleinen, grau und dunkelgrün gestrichenen Gebäude ab. Hiervon nur ca. 30 Meter entfernt wurde ein Hof der Wikingerzeit ausgegraben (die Fundstätte trägt den Namen Hólmur). Ein Grubenhaus, das vom Ausgräber als ein Kultgebäude gedeutet wurde, befindet sich dem Hofgebäude gegenüber auf der anderen Seite des Bachs, auf einem kleinen Hügel am Fuß der Geländestufe. Vier Pfosten wurden dort rekonstruiert. Gut sichtbar sind zudem die Grube des (sehr kleinen) Grubenhauses und der aus Steinplatten gebaute Herd im Grubenhaus. Die Aufstellung von Informationstafeln war 2014 in Planung.

Skriðuklaustur (Ferðakort-Straßenatlas 10 AE7): Vorbildlich aufbereitete Ausgrabung eines spätmittelalterlich-frühneuzeitlichen Klosters. Wechselnde Ausstellungen zur Grabung und Führungen im bzw. durch das Museum unmittelbar nebenan. http://www.skriduklaustur.is/.

Útstekkur (an der Str. 954; Ferðakort-Straßenatlas 10 AH7): Handelsplatz aus der Zeit des dänischen Handelsmonopols, beschildert an der Str. 954. Die eigentlichen Ruinen liegen an der Küste beim heutigen Hof Útstekkur (Privatgrund). Günstige Parkgelegenheit: wenige hundert Meter

Skriðuklaustur: die Klostergrabung.

westlich des Hofs Útstekkur Parkplatz an der 954 (Aussichtspunkt auf einer Kuppe). Weitere Informationen und Führungen zu historischen Stätten der Umgebung bei der Pension Mjóeyri (mit Campingplatz) am Ostrand von Eskifjörður (http://www.mjoeyri.is/). Zwischen Útstekkur und Eskifjörður liegen auch die historische Doppelspatmine Helgustaðanáma und die Reste einer Walfangstation (artistisches Arrangement von Maschinen- und anderen Metallteilen sowie einem baumgroßen Walknochen; geringfügige Gebäudereste). Wenige hundert Meter westlich von Helgustaðanáma beginnt die Trasse eines Handelswegs des 18. Jahrhunderts, die von der Küste über die Berge führt und heute als Wanderweg markiert ist (an der Straße beschildert, mit Parkgelegenheit).

Südisland

Hjörleifshöfði (Ferðakort-Straßenatlas 13 S14): Ein wenig südlich der Ringstraße und von dieser aus ausgeschildert befindet sich inmitten einer schwarzen Sandebene der Vulkanberg Hjörleifshöfði. Hier soll sich der Landnehmer (Hjör-)Leifr niedergelassen haben, der von seinen irischen

Sklaven erschlagen wurde (→Vestmannaeyjar). Verschiedene historische und Ruinenstätten auf dem Berg sind durch einen Wanderweg miteinander verbunden (Informationstafel beim Parkplatz). In einer atemberaubenden Naturumgebung sind u.a. ein Gipfelfriedhof, der mutmaßliche Grabhügel (Hjör-)Leifs und umfangreiche Ruinen von Hofgebäuden zu sehen.

Kirkjubæjarklaustur (Ferðakort-Straßenatlas 13 U12): In Kirkjubæjarklaustur wurde vor wenigen Jahren das Nonnenkloster teilweise ausgegraben, von dem der Ort seinen Namen erhalten hat (*klaustur*: „Kloster"). Die Grabung befand sich grob zwischen der modernen Kirche und dem Friedhof. Dort stehen heute Informationstafeln, außerdem ist ein Stein ausgestellt, der im Klostergebäude als Türschwelle diente und noch entsprechende Nutzungsspuren zeigt. Weitere Informationen zur Klostergrabung bekommt man in der Touristeninformation von Kirkjubæjarklaustur, die sich in unmittelbarer Nähe der Kirche im großen modernen Gebäude auf der anderen Straßenseite befindet (Infobroschüre + Computer mit einer digitalen Präsentation der Grabungsergebnisse). Im Friedhof sind ferner die Reste der Torfkirche zu sehen, in der im 18. Jahrhundert die „Feuermesse" gelesen wurde, die einen Lavastrom zum Stehen gebracht haben soll (markiert durch ein hohes weißes Gedenkkreuz).

Loftsalahellir (Ferðakort-Straßenatlas 14 R14; Loftsalahellir selbst ist nicht eingezeichnet, aber der aufgegebene Hof Loftsalir unmittelbar bei der Höhle): Fährt man auf der Str. 218 zum Felsentor von Dyrhólaey, dann kommt man an der Höhle Loftsalahellir vorbei, die bis 1901 für die Bewohner des Mýrdalur als Versammlungsstätte diente. Sie liegt linker Hand der Straße unmittelbar vor dem Beginn des Damms, der nach Dyrhólaey führt. Informationstafel vor Ort.

Skálholt (Ferðakort-Straßenatlas 1 N11): Gut aufbereitete Ausgrabungen des Komplexes von Schule und Bischofsresidenz neben der Kathedrale. Museum. http://skalholt.is/.

Steinahellir (Ferðakort-Straßenatlas 14 P13; Steinahellir selbst ist nicht eingezeichnet, aber der Hof Steinar, nach dem die Höhle benannt ist): Diese Höhle am Fuß des Berges Steinafjall wurde von 1818 bis 1905 als Tagungsort der Bezirksversammlung verwendet. Sie liegt ca. 2 km westlich des Eyjafjallajökull Visitor Centre unmittelbar nördlich der Ringstraße. Informationstafel vor Ort.

Stöng und Þjóðveldisbær (Ferðakort-Straßenatlas 21 P11): Ausgrabung und Rekonstruktion eines nach dem Heklaausbruch 1104 verlassenen Hofs, ausgeschildert zu beiden Seiten der Straße Nr. 32 durch das Þjórsárdalur. Die Halle von Stöng befindet sich unter einem Schutzbau, dieser ist jedoch 24 h geöffnet. (Die Straße dorthin ist übrigens deutlich schlechter, als sie zunächst aussieht.) Öffnungszeiten des rekonstruierten Gebäudes: 1. Juni bis 31. August, 10.00-17.00 Uhr. http://www.thjodveldisbaer.is/.

Þakgil (Ferðakort-Straßenatlas 14 S13, am Ende der Str. 214): Tief in den Bergen unterhalb der Katla liegen die Schlucht und der Campingplatz Þakgil (www.thakgil.is). Kurz vor dem Campingplatz knickt die Schlucht scharf um 90° ab. Geht man vom Campingplatz aus nach Süden und folgt der Schlucht auf der Autopiste durch diesen Knick, dann sieht man etwa fünfzig Meter hinter dem Knick rechter Hand am Fuß des Hangs die Öffnung einer kleinen Höhle (weniger als mannshoch). Diese Höhle vergrößert sich innen deutlich und enthält eine Vielzahl von Graffiti von Hirten, die hier von späten 18. bis ins frühe 20. Jahrhundert Unterschlupf fanden. Man beachte auch die Nägel, die in die Höhlenwände getrieben wurden, um Gegenstände daran aufhängen zu können.

Þingvellir (Ferðakort-Straßenatlas 1 L10): Wichtigste historische Stätte Islands. Reste von Buden der Volksversammlungsteilnehmer. Informationszentrum. http://www.thingvellir.is/.

Þakgil: Graffiti des 18. bis 20. Jahrhunderts in einer Höhle.

Vestmannaeyjar (Ferðakort-Straßenatlas 14 O14; Fährverbindung bei normalem Wetter ab Landeyjahöfn [14 O13], sonst ab Þorlákshöfn auf der Halbinsel Reykjanes): Im Tal Herjólfsdalur, wo sich heute ein Golf- und ein Campingplatz befinden, wurde ein sehr frühes landnahmezeitliches Gehöft ausgegraben. In der Nähe des Fundorts hat man eine freie Rekonstruktion errichtet (nicht zu übersehen). Knappgehaltene Informationstafel vor der Rekonstruktion. Zu beachten ist, dass das nachgebaute Gehöft keine genaue Wiedergabe des wikingerzeitlichen Befunds anstrebt.

Vík í Mýrdal (Ferðakort-Straßenatlas 14 R/S14): Für straßenbaugeschichtlich Interessierte: Eine Reihe alter Trassen um das Dorf bieten sich für Wanderungen an (Informationstafel am Ortseingang). Auf dem Berg Reynisfjall westlich über Vík befinden sich ferner die Reste einer amerikanischen Einrichtung zur Langstreckennavigation aus dem Zweiten Weltkrieg (Wanderweg, ca. 45 Minuten einfach).

Halbinsel Reykjanes

Básendar (Ferðakort-Straßenatlas 1 G12): Handelsplatz aus der Zeit des dänischen Handelsmonopols, der im Jahr

1799 von einer Sturmflut zerstört wurde. Die Gebäudereste erreicht man, indem man mit dem Auto von der Straße 45 ein wenig südlich der Kirche von Hvalsnes der Ausschilderung zum Leuchtturm auf der kleinen Landzunge Stafnes folgt (Parkplatz). Wenige Meter vor dem Parkplatz, genau gegenüber von Vestur-Stafnes, zweigt ein Fahrweg nach Süden ab, auf dem man zu Fuß in ca. 10 Minuten nach Básendar gelangt (Informationstafel vor Ort). Der Fahrweg ist für die Fahrzeuge von Besuchern gesperrt.

Garðabær (Ferðakort-Straßenatlas 1 J11): „Hofsstaðir Historic Park." Musealisierte Ausgrabung eines Gehöfts von der Landnahmezeit bis ins 12. Jahrhundert. 24 h zugänglich. Kirkjulundur, 210 Garðabær (=gegenüber der hypermodernen Kirche).

Hafnir (Ferðakort-Straßenatlas 1 G12): Ausgrabung eines wikingerzeitlichen Langhauses mit sehr gut sichtbaren Resten hinter der Kirche. Informationstafel vor Ort. Funde aus dieser Grabung sind im Museum „Viking World" (siehe unten S. 320) ausgestellt.

Krýsuvíkurkirkja (Ferðakort-Straßenatlas 1 I12, aber nicht eingezeichnet; beschildert an der Straße 42 wenige Kilometer südlich des Sees Kleifarvatn): Wenige Kilometer südlich des Sees Kleifarvatn und des Geothermalgebiets Seltún befinden sich westlich der Straße 42 und von dieser aus beschildert an einer kurzen Stichstraße die Reste der Kirche von Krýsuvík, der Krýsuvíkurkirkja. Informationstafel vor Ort.

Reykjavík (Ferðakort-Straßenatlas 1 J11): „Landnámssýningin / The Settlement Exhibition." Musealisierte Ausgrabung eines landnahmezeitlichen Gehöfts. Aðalstræti 16, 101 Reykjavík. Öffnungszeiten: täglich 9.00-18.00 Uhr. http://borgarsogusafn.is/is/landnamssyningin.

Selatangar (Ferðakort-Straßenatlas 1 I12): Ruinen einer Fischfangstation, beschildert von der Str. 427. Der Piste bis

Selatangar: in den Ruinen der Fischfangstation.

zum Parkplatz folgen (Informationstafel), dann 10-15 Minuten zu Fuß auf der (sehr sandigen und steinigen) Fortsetzung der Piste bis ans Meer. Am Strand angekommen, sind die ersten Gebäudereste östlich des Wegendes bereits zu sehen. (Aus der Entfernung sind sie jedoch nicht unbedingt leicht zu erkennen, da die Gebäude aus derselben schwarzen Lava errichtet sind, die den ganzen Küstenabschnitt dominiert.)

Strandarkirkja (Ferðakort-Straßenatlas 1 J12): Berühmte Pilgerkirche. Am Parkplatz vor der Strandarkirkja ist eine Informationstafel mit einer Karte aufgestellt, die einen Überblick über die Überreste des heute nahezu völlig verlassenen Dorfs Selvogur unmittelbar östlich der Kirche gibt.

Þorlákshöfn (Ferðakort-Straßenatlas 1 K12): Zwischen der Kirche von Þorlákshöfn und dem Meer sind mehrere historische Gebäudereste gut sichtbar ausgeschildert. Ein gekiester Weg, der unmittelbar hinter der Kirche beginnt, führt zu den Ruinen. Im Zentrum des Ruinenfelds waren weite Teile des Wegs 2014 bis zur Unkenntlichkeit überwachsen. Die deutlich sichtbaren Informationstafeln ermöglichen dennoch eine einfache Orientierung.

Viðey (Ferðakort-Straßenatlas 1 J11; Insel vor Reykjavík, regelmäßige Fährverbindung nach Reykjavík): Beschilderte Reste der Ausgrabung des mittelalterlichen Augustinerklosters. Beschilderte Reste eines verlassenen Dorfs aus der ersten Hälfte des 20. Jahrhunderts.

Westisland (mit Halbinsel Snæfellsnes)

Borgarnes (Ferðakort-Straßenatlas 2 J9): Der mutmaßliche Grabhügel des Skallagrímr, Vater des Sagahelden Egill, wurde im 19. Jh. im Bereich des heutigen Stadtparks ausgegraben. Informationstafel und rekonstruierter Grabhügel vor Ort (gegenüber der Musikschule).

Búðir (Ferðakort-Straßenatlas 15 E8): Ruinen des alten Handelsplatzes Frambúðir, zu erreichen über einen gut markierten Wanderweg, der am Parkplatz vor der historischen Holzkirche von Búðir beginnt. (Einfach ca. 30 Minuten.)

Djúpalónssandur (Ferðakort-Straßenatlas 15 D8/D9): Vom Parkplatz am Ende der Straße 572 im Südwesten der Halbinsel Snæfellsnes führt ein gut markierter Wanderweg zu einem Strandabschnitt, der mit den Trümmern eines 1948 auf Grund gelaufenen englischen Fischtrawlers übersät ist (Informationstafel vor Ort), und von dort weiter zu den Ruinen der alten Fischfangstation von Dritvík, die von der Mitte des 16. bis ins 19. Jahrhundert genutzt wurde. Unterwegs, auf der Landzunge unmittelbar südlich der Fischfangstation, sind ferner die Reste eines (undatierten, aber vielleicht spätmittelalterlichen oder frühneuzeitlichen) Labyrinths zu sehen.

Eiríksstaðir (Ferðakort-Straßenatlas 3 K7): Beschilderte Ausgrabung und Rekonstruktion des wikingerzeitlichen Langhauses, das Eiríkr dem Roten zugeschrieben wird. Öffnungszeiten der rekonstruierten Halle: 1. Juni bis 1. September, 9.00-18.00 Uhr. Die eigentliche Ausgrabungsstätte ist frei zugänglich. http://www.eiriksstadir.is/.

Djúpalónssandur: das Labyrinth bei Dritvík.

Grundarkampur (Ferðakort-Straßenatlas 15 F8, aber nicht eingezeichnet): Reste eines bis ins 17. Jahrhundert zurückgehenden Handelsplatzes. Auf dem Kieswall zwischen Straße und Meer unmittelbar östlich von Grundarfjörður. Vor Ort Informationstafel. Mit dem Auto nur mit Geländewagen erreichbar (Gewässer zwischen Straße und Kieswall), aber nur wenige Meter von der regulären Küstenstraße 54 entfernt, so dass es im Grunde unnötig ist, das letzte Stück im Auto zurückzulegen.

Gufuskálar (Ferðakort-Straßenatlas 15 D8): Reste einer alten Fischfangstation. Die Stätte besteht aus zwei Teilen zu beiden Seiten der Straße 574, unmittelbar westlich der ehemaligen LORAN-Station Gufuskálar (erkennbar am hohen Antennenmast). Meerseitig befindet sich der Anlegeplatz Gufuskálavör, wo die Fischer ihre offenen Boote aus dem Wasser zogen und die Kiele dieser Boote eine deutlich sichtbare Schramme im Stein hinterlassen haben (von der Straße 574 ausgeschildert; ein kurzer Gehweg führt zudem von hier zum Brunnen Írskrabrunnur, wozu siehe unten). Landseitig der Straße 574 befinden sich im Lavafeld die Reste der – teilweise sehr gut erhaltenen – Steinhütten, in denen der gefangene Fisch getrocknet wurde (unmittelbar an der Straße 574 ausgeschildert als „Fiskbyrgi").

Heggstaðir (Ferðakort-Straßenatlas 2 J9): Gerichtsring (Grassodenmauer) und das mutmaßliche Grab des Landnehmers Heggr. Auf der Weide hinter dem Hof, vor Ort beschildert. (Achtung: Privatgrund!)

Hellissandur (Ferðakort-Straßenatlas 15 D8): Am westlichen Rand des kleinen Fischerdorfs befindet sich die Hafenruine Krossavíkurhöfn: die Reste einer Hafenanlage der ersten Hälfte des 20. Jahrhunderts (am Ortseingang meerseitig der Straße beschildert). Am östlichen Rand des Dorfs befindet sich an der Küste die historische Anlegestelle Keflavíkurvör undir Jökli, die „Keflavík-Landestelle unter dem Gletscher" (vor Ort beschildert, an der Hauptstraße zudem ein Hinweisschild, das auf das Hinweisschild hinweist).

Húsafell (Ferðakort-Straßenatlas 2 M9): Beschilderte historische Gebäudereste, dazwischen Steinkunst des bildenden Künstlers Páll Guðmundsson. Der Beschilderung zum B&B „Gamli Bær" folgen.

Írskrabrunnur (Ferðakort-Straßenatlas 15 D8, aber nicht eingezeichnet; unmittelbar westlich von Gufuskálar an der Str. 574): Unmittelbar westlich der alten LORAN-Station Gufuskálar (erkennbar am hohen Antennenmasten), wenige Kilometer westlich von Hellissandur, befindet sich der „Irenbrunnen" Írskrabrunnur meerseitig der Straße. Er besteht aus einem mit Steinmauern gefassten Brunnengebäude, das in den sandigen Boden eingetieft und mit einem Walschädel abgedeckt ist. Von der Straße 574 ausgeschildert, Informationstafel vor Ort. Ein beschilderter Fußweg verbindet den Brunnen mit dem nur wenige Gehminuten entfernten Landeplatz von Gufuskálar (wozu siehe oben).

Gufuskálar: Schleifspuren der Kiele alter Fischerboote an der Küste.

Krosslaug (Ferðakort-Straßenatlas 2 L9/L10, im oberen Lundarreykjadalur an der Straße 52): Ein historisches Warmwasserbadebecken, das bei den Massentaufen nach der Volksversammlung des Jahres 999/1000 als Taufbecken gedient haben soll.

Öndverðarnes (Ferðakort-Straßenatlas 15 C8): An der äußersten Nordwestspitze der Halbinsel Snæfellsnes liegen unmittelbar beim kleinen Leuchtturm von Öndverðarnes am Ende der Straße 579 die Ruinen des letzten Hofs, der im Westen von Snæfellsnes bewirtschaftet wurde (Grassodengebäude, Trockensteinmauern, Betongebäude). Besonders sehenswert ist hier der gefasste, halb unterirdisch gelegene Brunnen Fálki; das Brunnengebäude ist nicht datiert, könnte aber sehr alt sein und steht unter Denkmalschutz. Bei der Anfahrt kommt man bei der Bucht Skarðsvík an der Stätte eines wikingerzeitlichen Grabs vorbei (Informationstafel vor Ort am Parkplatz über der Bucht, aber keine sichtbaren Reste).

Reykholt (Ferðakort-Straßenatlas 2 L9): „Snorralaug" (mittelalterliches Warmwasserbadebecken „Snorris Bad");

Öndverðarnes: der Eingang des Brunnens Fálki.

Ausgrabungen des mittelalterlichen Anwesens Reykholt. Informationstafeln. Ausstellung mit Sektion spezifisch zur Archäologie von Reykholt vor Ort im Mittelalterzentrum Snorrastofa. http://snorrastofa.is/.

Sönghellir (Ferðakort-Straßenatlas 15 D8): Höhle unter dem Gletscher Snæfellsjökull, die in der Vergangenheit Reisenden als Unterschlupf diente und die daher Graffiti enthält, die bis ins 18. Jahrhundert zurückreichen. Darunter befinden sich auch viele Kreuzesdarstellungen. An der Straße 570, beschildert ab der Abzweigung der 570 von der 574.

Westfjorde

Brunnaverstöð (Ferðakort-Straßenatlas 16 B5, aber im Straßenatlas nicht eingetragen; meerseitig der Straße 612, gegenüber einem kostenlosen Campingplatz, ca. 2 km vor Bjargtangar): Beschilderte Ruinen einer im 17. Jahrhundert aufgegebenen Fischereistation mit erneuter Nutzung bis ins späte 19. Jahrhundert. Bei der Anfahrt kommt man an der Spitze des Patreksfjords auch an der Garðar BA 64 vorbei, dem ältesten Stahlschiff Islands, das dort als Monument gestrandet wurde.

Flókatóftir (Ferðakort-Straßenatlas 16 F5, in der Nähe der Fähranlegestelle in Brjánslækur): Ruinen, die mit der Landnahme des Hrafna-Flóki Vilgarðsson verbunden werden, der Island seinen Namen gab; Aufstellung einer Beschilderung war 2014 geplant.

Húsavík (Ferðakort-Straßenatlas 5 K5, am Steingrímsfjord): Reste eines Kühlhauses vom Ende des 19. Jahrhunderts. Beschildert ein kurzes Stück östlich des Hofs Húsavík an der Straße 68.

Hrafnseyri/Grelutóftir (Ferðakort-Straßenatlas 17 E4, an der Nordküste des Arnarfjords): Neben der gegenwärtigen Kirche Reste ihres Vorgängerbaus. Nahebei neben der Straße Informationstafel und Reste des landnahmezeitlichen Hofs. Den genauen Weg zur landnahmezeitlichen Stätte sollte man sich im Museum neben der Kirche erklären lassen (die Informationstafel steht unmittelbar an der Straße, aber nicht unmittelbar an der archäologischen Stätte) und sich dabei auch nach der Zugänglichkeit der Stätte erkundigen, da

Laugarhóll: das (heilige) historische Badebecken Gvendarlaug.

sie zur Brutzeit ein Vogelschutzgebiet darstellt, dessen Betreten verboten ist.

Hringsdalur (Ferðakort-Straßenatlas 17 D5, an der Südküste des Arnarfjords): Wikingerzeitlicher Bestattungsplatz, beschildert. Rechts der Straße zwischen Straße und Meer kurz vor dem Hof.

Laugarhóll (Ferðakort-Straßenatlas 5 K4, an der Straße 643): Historisches heiliges Warmwasserbadebecken Gvendarlaug. Hinter dem Hotel, vor Ort beschildert.

Vatnsfjörður (Ferðakort-Straßenatlas 17 H4, Kirchhof an der Spitze des gleichnamigen Fjords): Vorbildlich beschilderte Grabung eines landnahmezeitlichen Hofs (Langhaus, Kochgruben, Schmiede und andere Nebengebäude). Unmittelbar daneben die gegenwärtig laufende Grabung des späteren Farmhügels. An diesen Ort wurde der Hof bald nach der ersten Besiedlung verlegt und befand sich dort dann für weitere 900 Jahre, ehe das Hauptgebäude des Hofs im letzten Jahrhundert zweimal erneut je um einige wenige Dutzend Meter versetzt wurde.

Nordisland

Borgarvirki (Ferðakort-Straßenatlas 4 N6): Gelegen an der Str. 717, aber schon von der Ringstraße aus ausgeschildert. Bei Borgarvirki handelt es sich um den aus Basaltsäulen bestehenden Kern eines alten Vulkans, der wohl kurz nach der Landnahme mithilfe massiver Trockensteinmauern zu einer Festung ausgebaut wurde. Eine der beeindruckendsten archäologischen Stätten Islands.

Gásir (Ferðakort-Straßenatlas 6 U4, am Ende der Str. 816): Mittelalterlicher Handelsplatz (bis 14. Jh.) mit den Fundamentresten einer Holzkirche (nach Ausgrabung aufbereitet) und vielen Torfbuden. Erklärende Schilder vor Ort. Einmal jährlich für drei Tage im Sommer bildet Gásir den Hintergrund für einen besuchenswerten Mittelaltermarkt. http://www.gasir.is/.

Glaumbær (Ferðakort-Straßenatlas 7 Q5): Grassodenhof des 19. Jahrhunderts, siehe unten S. 323. Beim grauen Haus mit dem Museumsladen steht eine Informationstafel zur Ausgrabung eines Langhauses des 11. Jahrhunderts unmittelbar beim Museumshof. Die Grabung selbst ist inzwischen jedoch wieder zugeschüttet.

Grafarós (Ferðakort-Straßenatlas 5 Q4): Gebäudereste eines Handelsplatzes des 19. Jahrhunderts auf einer Landzunge südlich der Mündung des Flusses Grafará. Die Stätte ist ausgeschildert von der Str. 77 südlich von Hofsós. An einem Aussichtspunkt über dem Handelsplatz befinden sich ein Parkplatz, ein Picknicktisch und eine Informationstafel.

Granastaðir (Ferðakort-Straßenatlas 7 U6, aber ca. 3 km zu weit nördlich eingezeichnet): Reste eines wikingerzeitlichen Gehöfts. Um Granastaðir zu finden, folgt man der Str. 821 nach Süden, bis man ca. 50 km südlich von Akureyri zur Abzweigung zum Hof Halldórsstaðir gelangt (beschildert). Man nimmt diese Abzweigung, wendet sich aber bei der T-

Borgarvirki: eine Befestigungsanlage der Landnahmezeit.

Kreuzung hinter der Brücke nicht nach links nach Halldórsstaðir, sondern nach rechts. Hinter einer Gruppe landwirtschaftlicher Nutzgebäude auf einer Kuppe, die man unmittelbar nach der T-Kreuzung erreicht, ist der Feldweg bald nur noch für Geländewagen befahrbar. Man befindet sich aber nun schon in Sichtweite von Granastaðir; von den landwirtschaftlichen Nutzgebäuden sind es noch ca. 2 km zur Stätte. Von der Kuppe mit den Nutzgebäuden hat man einen weiten Blick nach Süden ins Tal hinein. Linker Hand am Berg, etwa 2 km von der Kuppe mit den Nutzgebäuden entfernt im Südosten, sieht man eine markante Schlucht in der Talseite. Granastaðir befindet sich genau unterhalb dieser Schlucht am Fluss an der Stelle, wo die Talsohle mit einer scharfen, aber nicht sehr hohen Geländestufe zum Fluss hin abfällt (=wenige Dutzend Meter vom eigentlichen Flusslauf entfernt). In der Mitte des wikingerzeitlichen Gebäudekomplexes befindet sich ein kleines gelbes Schild an einem niedrigen Pflock, das anzeigt, dass die Stätte unter Denkmalschutz steht. Eine Informationstafel ist bislang (2014) nicht vorhanden.

Grettisbæli (an der Str. 85 ca. 15 km südlich des Museums [unmittelbar bei der Kirche] von Kópasker, letzteres zu finden im Ferðakort-Straßenatlas 19 Z2): Grettisbæli, „Grettis Unterschlupf", ist ein kleiner Unterstand aus Trockensteinmauerwerk und mit einem Dach aus massigen Basaltsäulen, der sich – von unten völlig unsichtbar – bei einem markanten Felsvorsprung in einem Geröllhang versteckt. Grettisbæli ist von der Straße 85 in einem etwa halbstündigen Spaziergang zu erreichen (am Ende abgerundet von einer kleinen Kletterei). Die Stätte ist von der Straße aus ausgeschildert und der Weg vom Parkplatz aus markiert.

Hegranesþingstaður (Ferðakort-Straßenatlas 5 Q5): Versammlungsstätte von Hegranes, beschildert ab der Str. 75 an der Südspitze des Skagafjords. Reste verschiedener Gebäude und einer großen Einhegung einer Versammlungsstätte des 10.-14. Jahrhunderts. Infotafel vor Ort.

Hólar í Hjaltadalur (Ferðakort-Straßenatlas 6/7 R5): Mittelalterlicher Bischofssitz für Nordisland. Umfangreiche Ausgrabungen, erschlossen durch eine vor Ort kostenlos erhältliche Broschüre. Rekonstruierte Bischofsresidenz des 14. Jahrhunderts.

Hraunhafnartangi (Ferðakort-Straßenatlas 19 AA1, zu erreichen auf der Str. 870 nördlich von Raufarhöfn): Mutmaßlicher Grabhügel des Þorgeir Hávarsson (Informationstafel an der Straße) und Ruinen von Torf-Fischerhütten. Beides (in entgegengesetzter Richtung) in Sichtweite des Leuchtturms.

Ingimundarhóll (Ferðakort-Straßenatlas 4 N6, aber nicht eingezeichnet): Infotafel mit Karte an der Str. 717 ca. 2 km nördlich der Abzweigung der 717 von der 716. Ein rudimentärer Wanderweg, markiert durch ehemals gelb lackierte Pflöcke, führt von der Infotafel (mit Parkgelegenheit) in etwa 20 Minuten (einfach) zu den Resten von insbesondere zwei mittelalterlichen Langhäusern.

Siglufjörður (Ferðakort-Straßenatlas 6 S3): Ergänzend zu den Museen in Siglufjörður empfiehlt sich bei einem Besuch am Siglufjord auch die kurze Wanderung zu den Ruinen der Fischmehlfabrik Evanger, der ersten großindustriellen Fischverarbeitungsanlage in Island; die Fabrik wurde 1919 durch einen Erdrutsch zerstört. Zu den Fabrikruinen gelangt man, indem man von Siglufjörður aus die Fjordspitze umrundet und kurz vor dem Rastplatz vor dem Straßentunnel nach links abbiegt, in Richtung auf den Flughafen und den Friedhof von Siglufjörður. Man fährt am Friedhof vorbei und bis zum Ende der Straße (kleiner Parkplatz am Meer). Dort befindet sich auch schon ein Pfeil, der auf den Wanderweg zu den Ruinen von Evanger weist. Danach geht man für ca. 10-15 Minuten an der Ostküste des Fjords entlang nach Norden. Die Ruinen liegen unmittelbar am Meer und sind vor Ort mit einer Informationstafel versehen.

Skálar und Halbinsel Langanes (Ferðakort-Straßenatlas 19 AE2): An der Straße 869 reihen sich die Ruinen verlassener Höfe – und am Strand mitunter auch die vom Ozean zerrissenen Reste alter Stahlschiffe – wie Perlen an einer Kette auf. Vor Ort sind jeweils zumindest die Namen der Höfe auf Schildern angegeben. Am Ende der Piste, die nur für Geländefahrzeuge angenehm zu befahren ist, befinden sich die Reste der Fischereisiedlung Skálar, die um die Mitte des 20. Jahrhunderts verlassen wurde. Die Ruinen sind vor Ort beschildert. Eine ausführliche Broschüre zur Geschichte und den einzelnen Gebäuden von Skálar ist auf Langanes im Farmhotel Ytra-Lón erhältlich oder kann als PDF heruntergeladen werden: http://svalbardshreppur.is/hreppur/fileman/skalabaeklingur.pdf?fma=viewHere. Unbedingt sehenswert sind auch die Reste der amerikanischen Militärbasis Camp Greely aus dem Zweiten Weltkrieg, die kurz oberhalb von Skálar zu beiden Seiten der Straße liegen. Skálar eignet sich für Camper gut für eine Übernachtung, da aller Abgelegenheit zum Trotz eine Hütte mit Toiletten sowie Wasch- und Spülbecken aufgestellt wurde.

Die Reste der Fischmehlfabrik Evanger am Ostufer des Siglufjords, der ersten industriellen Fischverarbeitungsanlage in Island. Die Anlage wurde 1919 von einem Erdrutsch zerstört.

Vatnsdalur (Ferðakort-Straßenatlas 4 N/O6): Die Str. 722 zieht eine lange Schleife durch das ganze Tal, indem sie sowohl auf der Ost- als auch auf der Westseite des Tals die ganze Länge des Tals entlangführt. Auf der Westseite des Tals und auf der Ostseite südlich der Farm Hof sind insgesamt zumindest fünf archäologische Fundstätten ausgeschildert. Die Schilder sind von der 722 aus jeweils nicht zu übersehen.

Hochland

Hvannalindir (Hochlandoase nahe Kverkfjöll; Ferðakort-Straßenatlas 25 Z8, an der Piste F903): Gebäudereste in der Hochlandoase, wo der Geächtete Fjalla-Eyvindur (Eyvindur Jónsson) und seine Frau im späten 18. Jahrhundert Unterschlupf gefunden haben sollen. Am besten mit einer der kostenlosen Führungen der Nationalparkwächter zu besuchen. Termine bei einer der Hütten auf dem Weg erfragen. Parkplatz ca. 500 m von der Stätte entfernt. Vor Ort beschildert (beschriebene Steinplatten).

Herðubreiðarlindir (Hochlandoase beim Berg Herðubreið; Ferðakort-Straßenatlas 25 AA7, an der Piste F88): Die restaurierten Ruinen einer Winterschutzhütte des Vogelfreien Fjalla-Eyvindur (Eyvindur Jónsson) aus dem 18. Jh. liegen einige Dutzend Meter hinter der modernen Hütte für Wanderer.

Ruinen in der Hochlandoase Hvannalindir: Die Gebäudereste werden traditionell dem berühmten Geächteten Fjalla-Eyvindur zugeschrieben, der hier um 1767 Zuflucht gefunden haben soll.

2. Museen und Ausstellungen von besonderem archäologischem, religionsgeschichtlichem oder allgemeinem mediävistischem Interesse

(Die Orte sind in grob geographischer Reihenfolge angeordnet: in Ostisland beginnend gegen den Uhrzeigersinn um die Insel. Zu den Einzelheiten der von Jahr zu Jahr wechselnden Öffnungszeiten vgl. jeweils auch die entsprechende Homepage.)

Búðardalur: Leifsbúð Culture House, 370 Búðardalur. (Unmittelbar am Hafen gelegen.) Beherbergt u.a. eine Ausstellung zu den Entdeckungsreisen Eiríks des Roten und seines Sohns Leifr. http://www.west.is/en/inspiration/services/leifsbud-culture-house.
Skriðuklaustur: Skriðuklaustur, Fljótsdalsvegur, 701 Egilsstaðir. Museum und Schriftstellerhaus Gunnarsstofnun. http://www.skriduklaustur.is/.
Skógasafn (Heimatmuseum Skógar): Austur-Eyjafjöllum, 861 Hvolsvöllur. Juni bis August: 9.00-18.00 Uhr; September bis Mai: 10.00-17.00 Uhr. Zeigt den Kirchentürring, der der Volkssage zufolge von der Schatztruhe des Landnehmers Þrasi stammt (→Jökulsá). http://www.skogasafn.is/.
Sögusetrið / Saga Centre: Hlíðarvegur 14, 860 Hvolsvöllur. 15. Mai bis 15. September: täglich 9.00-18.00 Uhr; 16. September bis 14. Mai: Samstag und Sonntag, 10.00-17.00 Uhr. http://www.sagatrail.is/is/museums/saga-centre-in-hvolsvollur/.
Eldheimar: Suðurvegur / Gerðisbraut 10, 900 Vestmannaeyjar. 28. April bis 14. Oktober, täglich 10.30-18.00 Uhr; 15. Oktober bis 27. April: Mittwoch bis Sonntag, 13.00-17.00 Uhr. Ausstellung über den Vulkanausbruch, der im Jahr 1973 einen erheblichen Teil des Orts Heimaey unter sich begrub. Im Zentrum steht die Ausgrabung eines der damals verschütteten Häuser. Die Ausstellung setzt damit das frühere Projekt „Pompeji des Nordens" in ein Museum um (eröffnet erst 2014). http://eldheimar.is/.

Húsið á Eyrarbakka (Byggðasafn Árnesinga): Eyrargata 50, 820 Eyrarbakki. 1. Mai bis 30. September, täglich 11.00-18.00 Uhr. Sehenswertes Heimatmuseum, das auch eine Vitrine mit archäologischen Funden beherbergt. In einem Nebengebäude ist ferner durch eine Glasplatte im Boden ein Keller mit Pflaster wohl des 18. Jahrhunderts zu sehen. http://www.husid.com/english/.

Skálholt: Besucherzentrum mit historischer Ausstellung und Dommuseum. http://skalholt.is/.

Viking World / Víkingaheimar: Víkingabraut 1, 260 Reykjanesbær (=in unmittelbarer Nähe des Flughafens Keflavík). Täglich 7.00-18.00 Uhr. Herz des Ausstellung ist der originalgetreue Nachbau eine Wikingerschiffs, das im Jahr 2000 von Island nach Amerika segelte. Ferner sind u.a. Funde aus der Grabung in Hafnir (siehe oben S. 304) und eine Ausstellung zur nordischen Mythologie zu sehen. http://www.vikingaheimar.is/en.

Þjóðminjasafn Íslands (Isländisches Nationalmuseum): Suðurgata 41, 101 Reykjavík (=Stadtzentrum von Reykjavík). 1. Mai bis 15. September: täglich 10.00-17.00 Uhr; 16. September bis 30. April: Dienstag bis Sonntag, 10.00-17.00 Uhr, montags geschlossen. Größte Ausstellung zur isländischen Archäologie in Island. http://www.thjodminjasafn.is/.

Þjóðmenningarhúsið / The Culture House: Hverfisgata 15, 101 Reykjavík (=Stadtzentrum). 1. Mai bis 15. September, täglich 10.00-17.00 Uhr; 16. September bis 30. April, Dienstag bis Sonntag 10.00-17.00 Uhr. http://www.culturehouse.is/.

Saga Museum: Grandagarður 2, 101 Reykjavik (=Stadtzentrum). Täglich 10.00-18.00 Uhr. http://www.sagamuseum.is/.

Landnámssýningin / The Settlement Exhibition: Aðalstræti 16, 101 Reykjavík (=Stadtzentrum). Musealisierte Ausgrabung eines landnahmezeitlichen Hofgebäudes. Täglich 9.00-18.00 Uhr. http://borgarsogusafn.is/is/landnamssyningin.

Landnámssetur Íslands / The Settlement Centre: Brákarbraut 13-15, 310 Borgarnes. Täglich 10.00-21.00 Uhr (außer 24./25./26./31. Dezember und 1./2. Januar). Ausstellungen zur isländischen Landnahme und zur Egils saga. http://www.landnam.is/.

Snorrastofa: 320 Reykholt. Historische Ausstellung zu Snorri Sturluson und zur Archäologie Reykholts. http://snorrastofa.is/.

Eiríksstaðir: Eiríksstaðir Haukadal, 371 Búðardalur. Rekonstruktion des wikingerzeitlichen Langhauses, das Eiríkr dem Roten zugeschrieben wird. 1. Juni bis 1. September, 9.00-18.00 Uhr. http://www.eiriksstadir.is/.

Strandagaldur / Museum of Icelandic Sorcery and Witchcraft: Höfðagata 8-10, 510 Hólmavík. Täglich 9.00-19.00 Uhr. http://www.galdrasyning.is/. Außenstelle Klúka (eine „Zaubererkate") neben dem Hotel in Laugarhóll (an der Straße 643 kurz vor der Küste des Bjarnarfjords).

Spákonuhof / Museum of Prophecies: Oddagata 5, 545 Skagaströnd (ca. 21 km nördlich von Blönduós). Ein der Seherin Þórdís der *Kormáks saga* (→Þingeyrar) gewidmetes Museum. http://www.northwest.is/1spakonuhof.asp.

Minjasafnið á Mánarbakka (Mánarbakki Museum): Mánarbakki, 640 Tjörnes. 10. Juni bis 31. August. Privatsammlung mit einem bunten Allerlei von Objekten, darunter auch zwei mittelalterliche Glasperlen. http://www.nordurland.is/is/moya/toy/index/place/folk-museum-at-manarbakki.

3. Musealisierte Grassodenhöfe und Grassodenkirchen

Sænautasel (Ostisland, 9 AC6): Rekonstruierter Grassodenhof des 19. Jahrhunderts an der F907. Mit Zeltplatz. http://nat.is/Museums/saunautsel_museum_east_iceland.htm.
Bustarfell (Ostisland, 9 AD5): Grassodenhof des 18./19. Jahrhunderts, bewohnt (und immer wieder umgebaut) bis in die Mitte des 20. Jahrhunderts. 10. Juni bis 10. September, täglich 10.00-18.00 Uhr. http://bustarfell.is/.
Geirsstaðakirkja (Ostisland, 9 AF5): In Sichtweite des Hofs Litlibakki an der Straße 925 wurde in den 1990er Jahren ein wikingerzeitlicher Hof ausgegraben. Eine Tafel informiert über die Ergebnisse der Grabung. Die mittelalterliche Grassodenkirche wurde rekonstruiert und ist im Sommer von 11.00-17.00 Uhr geöffnet. Von der Straße aus deutlich sichtbar sind sowohl die rekonstruierte Grassodenkirche als auch eine aus Feldsteinen und Holz errichtete Skulptur eines Wikingerschiffs.
Núpsstaður (Südisland, 12 W12): Grassodenkirche des 17. Jahrhunderts.
Hof (Südisland, 12 Y12): 1884 errichtete Grassodenkirche.
Stöng (Südisland, 21 P11): Rekonstruierter mittelalterlicher Torfhof, siehe oben S. 302.
Skógar (Südisland, 14 Q13): Die historischen Gebäude sind Teil des Heimatmuseums von Skógar, siehe oben S. 319.
Keldur (Südisland, 14 O12): Repräsentiert den ältesten erhaltenen Typ von Grassodenhaus. Im Kern des Hauptgebäudes eine auf das 12. Jh. zurückgehende Halle mit Fluchttunnel zum Fluss (13. Jh. oder früher). http://www.thjodminjasafn.is/english/for-visitors/historic-buildings-collection/nr/3416.
Árbæjarsafn (Westisland, 1 J11): Freilichtmuseum in Reykjavík. 1. Juni bis 31. August: täglich 10.00-17.00 Uhr; 1. September bis 31. Mai: tägliche Führungen um 13 Uhr und nur im Rahmen dieser Führungen zugänglich. http://borgarsogusafn.is/en/arbaer-open-air-museum.

Glaumbær (Nordisland, 7 Q5): Grassodenhof des 19. Jahrhunderts. 1. bis 19. Mai, täglich 9.00-17.00 Uhr; 20. Mai bis 20. September, täglich 9.00-18.00 Uhr; 21. September bis 20. Oktober, Montag bis Freitag, 10.00-16.00 Uhr. http://www.glaumbaer.is/.
Grenjaðarstaður (Nordisland, 6 W4): Eines der größten isländischen Grassodengehöfte. 1. Juni bis 31. August, 10.00-18.00 Uhr. http://www.husmus.is/.
Laufás (Nordisland, 6 U4): Grassodengehöft des 19. Jahrhunderts. 1. Juni bis 31. August, 9.00-17.00 Uhr. http://www.minjasafnid.is/.
Saurbær (Nordisland, 7 U6): Grassodenkirche aus dem Jahr 1858. Schlüssel im Sommer an der Rezeption des Museums unmittelbar unterhalb der Kirche.
Gröf (Nordisland, 5 Q4): Grassodenkirche des 17. Jahrhunderts. Schlüssel steckt üblicherweise.
Víðimýri (Nordisland, 7 Q5): Torfkirche aus dem Jahr 1834.

Ein allgemeines Verzeichnis von historischen Klöstern und Konventen findet sich zusammengestellt bei: http://www.nat.is/Churches/monestaries_convents_in_iceland.htm.

Die Grassodenkirche von Gröf im Nebel.

4. Verschiedenes

Arnarstapi (Westisland, Halbinsel Snæfellsnes, 15 E8): Am Rand des kleinen Fischerdorfs steht eine mehrere Meter hohe Statue von Bárðr, dem „Asen vom Snæfell", der halb-übernatürlichen Hauptfigur der spätmittelalterlichen Saga *Bárðar saga Snæfellsáss.*
Bíldudalur (Westfjorde, 17 E5): Skrímslasetur – Icelandic Sea Monster Museum. Strandgata 7, 465 Bíldudal. 14. Mai bis 10. September, täglich 10.00-18.00 Uhr. http://skrimsli.is/.
Lagarfljót (Ostisland, 10 AE/AF7, 9 AF7): Der See Lagarfljót ist der Wohnort von Islands berühmtestem (oder zumindest best-publiziertem) Seeungeheuer. An der Straße 931 am Ostufer des Sees sind verschiedene Rastplätze mit Seemonster-Hinweisschildern versehen. Manche verfügen auch über Überblickskarten, in denen bisherige Sichtungen des Seeungeheuers verzeichnet sind. Besonders ausführliches Informationsmaterial findet sich beim Zeltplatz von Atlavík.
Stokkseyri (Südisland, 1 L12): Elfen- und Trollmuseum „Icelandic Wonders" und Geistermuseum „Draugasetrið", beide Hafnargata 9, 825 Stokkseyri. 1. Juni bis 30. August, Montag bis Freitag 10.00-18.00 Uhr, Samstag und Sonntag 12.00-18.00 Uhr, sonst nach Vereinbarung. http://www.icelandicwonders.com/.
Vatnsdæla á refli (Nordisland, Blönduós, 5 O5): Im nordisländischen Blönduós wird an einem 46 Meter langen Wandbehang gearbeitet, der nach dem Vorbild des Teppichs von Bayeux die *Vatnsdæla saga* im (gestickten) Bild darstellen soll. Besucher dürfen für einen Obolus am Projekt mitarbeiten: http://textilsetur.com/vatndaelatapestry/ und http://refill.is/. Ein ähnliches Projekt zur *Njáls saga* ist im Sögusetrið/Saga Centre in Hvolsvöllur beheimatet (siehe oben S. 319).

4. Weiterführende Literatur

Bartholin, Thomas (Thomæ filius): *Antiquitatum Danicarum de causis contemptæ a Danis adhuc gentilibus mortis libri tres.* Hafniæ: Literis Joh. Phil. Bockenhoffer 1689.

Böldl, Klaus: *Götter und Mythen des Nordens. Ein Handbuch.* München: C.H. Beck 2013.

Böldl, Klaus; Vollmer, Andreas; Zernack, Julia: *Isländersagas.* Vier Übersetzungsbände und ein Begleitband. Frankfurt a.M.: Fischer 2011.

Collingwood, W.G.; Jón Stefánsson: *A Pilgrimage to the Saga-Steads of Iceland.* Facsimile edition ed. by Matthias Egeler, [London]: Viking Society for Northern Research – University College London 2015. (Originalausgabe Ulverston: W. Holmes 1899.)

Egeler, Matthias: *Vom Land der Frauen und keltischen Helden. Irische Erzählungen von den Inseln der Unsterblichkeit: ‚Brans Seereise', ‚Connles Fahrt in die Anderwelt' und ‚Cú Chulainns Krankenlager'.* (=Praesens TextBibliothek 11), Wien: Praesens 2016.

Egeler, Matthias: *Celtic Influences in Germanic Religion. A Survey.* (=Münchner Nordistische Studien 15), München: Utz Verlag 2013.

Einar Benediktsson: *Harp of the North.* Poems by Einar Benediktsson, selected and translated by Frederic T. Wood. Charlottesville: The University of Virginia Press 1955.

Gunnell, Terry: "*Hof*, Halls, *Goðar* and Dwarves: An Examination of the Ritual Space in the Pagan Icelandic Hall," in: *Cosmos* 17 (2001), S. 3–36.

Heizmann, Wilhelm: „Hvanndalir – Glæsisvellir – Avalon. Traditionswanderungen im Norden und Nordwesten Europas," in: *Frühmittelalterliche Studien* 32 (1998), S. 72–100.

Hermann Pálsson; Edwards, Paul: *The Book of Settlements. Landnámabók.* (=University of Manitoba Icelandic Studies 1), Winnipeg, Manitoba: University of Manitoba Press 1972 (Nachdruck 2012).

Ingstad, Anne Stine; Ingstad, Helge; u.a.: *The Norse Discovery of America.* 2 Bände, Oslo u.a.: Norwegian University Press 1985.

Krause, Arnulf: *Die Götterlieder der Älteren Edda.* Stuttgart: Reclam 2006.

Krause, Arnulf: *Die Götter- und Heldenlieder der Älteren Edda.* Stuttgart: Reclam 2004.

Krause, Arnulf: *Die Heldenlieder der Älteren Edda.* Stuttgart: Reclam 2001.

Krause, Arnulf: *Die Edda des Snorri Sturluson.* Stuttgart: Reclam 1997.

Mac Mathúna, Séamus: *Immram Brain. Bran's Journey to the Land of the Women*. (=Buchreihe der Zeitschrift für celtische Philologie 2), Tübingen: Max Niemeyer Verlag 1985.
Maier, Bernhard: *Die Religion der Germanen. Götter – Mythen – Weltbild*. München: C.H. Beck 2003.
Müller-Wille, Michael: *Opferkulte der Germanen und Slawen*. Darmstadt: Wissenschaftliche Buchgesellschaft 1999.
O'Meara, John J.: *The Voyage of Saint Brendan: Journey to the Promised Land*. First trade edition, Dublin: Dolmen Press – New Jersey: Humanities Press 1978 (viele Nachdrucke, zuletzt 2011).
Olaus Olavius: *Oekonomische Reise durch Island in den Nordwestlichen, und Nord-Nordostlichen Gegenden*. Aus dem Dänischen ins Deutsche übersetzt. Dresden – Leipzig: Breitkopfische Buchhandlung 1787.
Óskar Guðmundsson: *Snorri Sturluson – Homer des Nordens. Eine Biographie*. Übersetzt von Regina Jucknies, mit einem Vorwort von Rudolf Simek. Köln: Böhlau 2011.
Power, Rosemary: "'An Óige, an Saol agus an Bás', Feis Tighe Chonáin and 'Þórr's Visit to Útgarða-Loki'," in: *Béaloideas* 53 (1985), pp. 217–294.
Schier, Kurt (Hrsg.): *SAGA. Bibliothek der altnordischen Literatur*. 8 Bände, München: Diederichs – Darmstadt: Wissenschaftliche Buchgesellschaft 1996–1999.
Simek, Rudolf: *Götter und Kulte der Germanen*. 3., durchgesehene Auflage, München: C.H. Beck 2009.
Simek, Rudolf: *Lexikon der germanischen Mythologie*. (=Kröners Taschenausgabe 368), dritte, völlig überarbeitete Auflage, Stuttgart: Alfred Kröner Verlag 2006.
Simek, Rudolf: *Religion und Mythologie der Germanen*. Darmstadt: Wissenschaftliche Buchgesellschaft 2003.
Simek, Rudolf; Hermann Pálsson: *Lexikon der altnordischen Literatur. Die mittelalterliche Literatur Norwegens und Islands*. (=Kröners Taschenausgabe 490), zweite, wesentlich vermehrte und überarbeitete Auflage von Rudolf Simek. Stuttgart: Alfred Kröner Verlag 2007.
Turville-Petre, E. O. G.: *Myth and Religion of the North. The Religion of Ancient Scandinavia*. London: Weidenfeld and Nicolson 1964.
de Vries, Jan: *Altgermanische Religionsgeschichte*. 2 Bände (=Grundriß der Germanischen Philologie 12/I und 12/II), 2., völlig neu bearbeitete Auflage, Berlin: Walter de Gruyter & Co. 1956–1957.

Die übersetzten Zitate folgen im Allgemeinen den Texten der Reihe *Íslenzk fornrit* (Reykjavík: Hið íslenzka fornritafélag). Zitate aus der Snorra-Edda folgen den Ausgaben von Anthony Faulkes. Die Lieder-Edda wird zitiert nach der Ausgabe von Gustav Neckel und Hans Kuhn. *Sonatorrek* wurde übersetzt nach Bjarni Einarssons Ausgabe der *Egils saga*. Adam von Bremen wurde nach der Ausgabe Bernhard Schmeidlers übersetzt, die *Navigatio Sancti Brendani* nach der Ausgabe Carl Selmers, *Immram Brain* nach der Ausgabe von Séamus Mac Mathúna. Alle Übersetzungen stammen von mir.

5. Abbildungsnachweise

Die der Überblickskarte auf S. 8 und 330 zugrundeliegende Karte wurde dankenswerterweise zur Verfügung gestellt von *Landmælingar Íslands* (http://www.lmi.is/en/okeypis-kort/, 14.08.2014, Genehmigung: http://www.lmi.is/en/stafraengogn/skilmalar-og-gjaldskra/, 01.09.2016). Alle anderen Abb. © Verf.

Danksagung

Ohne vielfältige Hilfe – sowohl in Island als auch in der Heimat – hätte dieses Buch nie zum Abschluss gebracht werden können. Es ist mir an dieser Stelle daher eine angenehme Pflicht, all denen von Herzen zu danken, die mir auf verschiedenste Arten dabei geholfen haben, dieses Buchprojekt durchzuführen. Hier an erster Stelle zu nennen ist Hanspeter Beißer, ohne dessen Ermutigung dieses Buch nie auch nur begonnen worden wäre. Astrid van Nahl, Jan van Nahl und Sandra P. Schmidt haben das Manuskript ganz oder teilweise gelesen, mich bei einigen peinlichen Fehlern ertappt und mir wunderbare Anregungen gegeben. Vielfachen Dank schulde ich ferner den Mitarbeitern des Mittelalterzentrums Snorrastofa in Reykholt, die mich einen Sommer lang gastlich aufgenommen und meine Zeit in Reykholt mit ihrer herzlichen Gastfreundschaft und geduldigen Hilfsbereitschaft zu etwas ganz Besonderem gemacht haben. Stellvertretend herausgegriffen seien nur Bergur Þorgeirsson, Dagný Emilsdóttir, Gíslína Jensdóttir, Jónína Eiríksdóttir, Sigrún Þormar und Tryggvi Konráðsson, aber ein großes „Dankeschön" an alle! Ferner möchte ich mich in Reykholt ausdrücklich bei Sr. Geir Waage und bei Óskar Guðmundsson für ihre Gastfreundschaft und Hilfsbereitschaft bedanken. So manche Hürde wäre ohne die Reykholter nicht zu nehmen gewesen.

In der vorliegenden Form hätte das Buch darüber hinaus auch ohne die Hilfe von Birna Lárusdóttir, Bjarni F. Einarsson, Elín Hreiðarsdóttir, Haraldur Þór Egilsson, Kristín Huld Sigurðardóttir, Magnús A. Sigurðsson, Sif Jóhannesdóttir und Skúli Gautason nicht entstehen können. Weiters möchte ich mich für vielfältige Auskünfte bei Bjarney Inga Sigurðardóttir, Lilja Björk Pálsdóttir, María Axfjörð, Sif Jóhannesdóttir und Sigurður Ólafsson bedanken.

Sigurður Hrafn Jökulsson danke ich für die freundliche Erlaubnis, meine Photos der rekonstruierten Halle von Eiríksstaðir in diesem Buch verwenden zu dürfen. Sr. Svavar Alfreð Jónsson danke ich für die freundliche Erlaubnis zum Abdruck von Bildern der Buntglasfenster der Stadtkirche von Akureyri. Erlingur Thoroddssen danke ich für die freundliche Erlaubnis, Photographien der „Arctic Henge" publizieren zu dürfen. Für wichtige Hilfe bei vielen praktischen Schritten auf dem Weg vom Manuskript zum gedruckten Buch danke ich meinem Bruder Stefan Egeler. Annegret Heitmann und Wilhelm Heizmann danke ich für die Unterstützung der Publikation durch das Institut für Nordische Philologie der Ludwig-Maximilians-Universität München. Und, um noch einmal ins Umland von Reykholt zurückzukehren: Vielen Dank an Þórður Stefánsson und an die Mechaniker in Bær und in Borgarnes, die sich viel zu oft mit meinem alten Landrover auseinandersetzen mussten.

Gewidmet ist dieses Buch meinem Vater Reinhold Egeler, der meine Liebe zum Reisen teilt.

Reykholt, im September 2014

Matthias Egeler

Zum Autor:
Matthias Egeler (Promotion in Keltologie 2009, Habilitation in Altnordischer Philologie 2015, Habilitation in Religionswissenschaft 2016) ist Privatdozent am Institut für Nordische Philologie der Ludwig-Maximilians-Universität München. Er ist der Autor mehrerer wissenschaftlicher Monographien zur europäischen Religionsgeschichte, insbesondere des mittelalterlichen Island und Irland.